LITERATUR KOMPAKT

Herausgegeben von Gunter E. Grimm

Tectum

Rolf Füllmann

THOMAS MANN

PD Dr. Rolf Füllmann ist Privatdozent und Lehrkraft für besondere Aufgaben am Institut für deutsche Sprache und Literatur 2 der Universität zu Köln. Seine Forschungs- und Publikationsschwerpunkte liegen im Bereich der Didaktik, der Literaturgeschichte seit der Goethezeit, der transkulturellen Germanistik Ostmitteleuropas, der Gattungstheorie sowie des Gesamtwerks Thomas Manns. Er publizierte Einführungen und Darstellungen zur Novellengeschichte und -theorie wie die *Einführung in die Novelle* mit einem Kapitel zu Thomas Manns *Mario und der Zauberer, Die Novelle der Neorenaissance zwischen ‚Gründerzeit' und ‚Untergang' (1870–1945)* mit einem Kapitel zu Thomas Manns *Gladius Dei* (Tectum 2016) sowie unlängst zusammen mit dem Rigaer Kollegen Benedikts Kalnačs die deutschsprachigen Erzählungen des zweisprachigen lettischen Klassikers Rūdolfs Blaumanis unter dem Titel *Frost im Frühling* (2017, 2. Aufl. 2019).

Rolf Füllmann
Thomas Mann

Literatur Kompakt – Bd. 18
ISBN 978-3-8288-4467-4
eISBN 978-3-8288-7492-3

© Tectum Verlag Baden-Baden, 2021

Reihenkonzept und Herausgeberschaft: Gunter E. Grimm

Bildnachweis Umschlag: Thomas Mann: Princeton 1939. Pressenotiz auf der Rückseite des Fotos: „Germany's loss, America's gain" (‚Deutschlands Verlust, Amerikas Gewinn'), Privatbesitz des Autors

Besuchen Sie uns im Internet
www.tectum-verlag.de
www.literatur-kompakt.de

Bibliografische Informationen der Deutschen Nationalbibliothek
Die Deutsche Nationalbibliothek verzeichnet diese Publikation in der Deutschen Nationalbibliografie; detaillierte bibliografische Angaben sind im Internet über http://dnb.d-nb.de abrufbar.

Inhalt

I. Thomas Mann: Weltliteratur eines deutschen Weltbürgers – 9
II. Zeittafel – 15
III. Das Werk und seine Entwicklung – 19
   1. Im Kaiserreich 1875–1918: Bürgertum und Künstlertum – 19
   2. In der Weimarer Republik 1918–1933: Umbrüche und Nobelpreis – 34
   3. Im Exil 1933–1952: Arbeit am Mythos – die Bibel, die Weimarer Klassik, die Faustsage und Legendendichtungen – 42
   4. Wieder in der Schweiz 1952–1955: gelöster Ausklang – 58
IV. Voraussetzungen, Grundlagen, Werkaspekte – 61
   1. Bürgerliche Kultur im Zeitalter der Extreme – 61
   2. Hauptthemen, Bilder, Motive – 70
   3. Schreibaspekte, Sprache und Ästhetik der wechselnden Optik – 76
   Grafik: Wichtige Punkte – 84
V. Romane – 85
   1. *Buddenbrooks* – 85
   2. *Der Zauberberg* – 112
   3. *Bekenntnisse des Hochstaplers Felix Krull. Der Memoiren erster Teil* – 134
VI. Novellen – 147
   1. *Der Tod in Venedig* – 147
   2. *Unordnung und frühes Leid* – 169
VII. Aufsätze – 187
   1. *Von deutscher Republik* – 187
   2. *Leiden und Größe Richard Wagners* – 195
   3. *Einführung in den Zauberberg* – 209

Literatur in Auswahl — 225

Abbildungsverzeichnis — 237

Register — 251

    Werkregister — 251

    Personenregister — 253

    Sachregister — 255

Weltliteratur

I. Thomas Mann: Weltliteratur eines deutschen Weltbürgers

Das Leben Thomas Manns (1875–1955) spannt sich über die Epochenbrüche des 20. Jahrhunderts, die Revolutionen wie die beiden Weltkriege, hinweg. Im realistischen Erzählen Theodor Fontanes (1819–1898), aber auch seines norddeutschen Landsmanns Theodor Storms (1817–1888) wurzelnd, sich auf russische Vorbilder wie Lew Tolstoi (1828–1910) berufend, deckt das Schaffen Thomas Manns nicht nur einen über fünfzigjährigen Abschnitt der Kulturgeschichte von den Ausklängen der Gründerzeit bis in die Epoche des Bundeskanzlers Konrad Adenauer und des US-amerikanischen Senators Joseph McCarthy ab, sondern auch ein breites Themenspektrum. Dieses reicht von der Künstlerproblematik des bürgerlichen Zeitalters über den Komplex von Krankheit, Genie und Eros, Friedrich Nietzsches Lebensphilosophie und Arthur Schopenhauers Kulturpessimismus bis hin zu Bezügen zur italienischen Renaissance, zu Altindien und zur hebräischen Bibel. Hervorscheinend und -strahlend ist im Gesamtwerk Thomas Manns „ein Dreigestirn ewig verbundener Geister, das mächtig leuchtend am deutschen Himmel hervortritt, – sie bezeichnen nicht intim deutsche, sondern europäische Ereignisse: Schopenhauer, Nietzsche und Wagner." (GW XII, S. 72; vgl. Hilscher 1986, S. 18–41)

Eine solche dem Gesamtwerk eigene Interdiskursivität, also seine Vielgesichtigkeit und Vielschichtigkeit, eröffnet bis heute eine weltweite Rezeption. Thomas Mann ist zweifellos eine Größe in der deutschsprachigen Literatur,

Weltliteratur mit breitem Themenspektrum

Der Philosoph Arthur Schopenhauer (1859)

Der Philosoph Friedrich Nietzsche (um 1885)

die weit über den deutschen Sprachraum hinausreicht (vgl. etwa Mádl/Győri 1977; Wißkirchen in Koopmann 2005, S. 875–924). An der ‚Weltzivilisation', einer Vorstellung, die er zu Ende seines Lebens prägte (GW XII, S. 962–967), hat er im Sinne von Goethes Begriff der ‚Weltliteratur' mitgewirkt (vgl. Görner 2018, S. 69–79). Er gilt heute neben Goethe und Schiller, auf die er sich lebenslang berief, als einer der auch international anerkanntesten und einflussreichsten Repräsentanten der deutschen Literatur und Kultur. Auf diese repräsentative Rolle hatte er auch sein Leben lang hingearbeitet. Und dennoch ist dieser Autor weder von seiner Herkunft noch von seinem Lebensweg her ethnisch und auch kulturell eindeutig zu verorten. Eine gewisse Transkulturalität ist ihm eigen, die von seiner Nähe und Ferne, Nord und Süd vereinenden postkolonialen deutsch-brasilianischen Abkunft bis zu seinem zwischen der deutschen und der romanischen Welt pendelnden letzten Roman *Bekenntnisse des Hochstaplers Felix Krull* von 1954 reicht. Dieser stellt aufgrund seiner langen Entstehungszeit gleichzeitig ein jahrzehntelanges Lebenswerk seit Beginn seiner Schriftstellerkarriere dar (vgl. Pils 2012, S. 95–255). Nacheinander und teilweise notgedrungen besaß Thomas Mann die deutsche, die tschechoslowakische und die US-amerikanische Staatsbürgerschaft, und er bekannte sich auch ausdrücklich zu den Staatsideen der jeweiligen Länder, denen er zugehörte (vgl. GW XII, 820–824, 971–973; Prater 1995, S. 555–612), sei es durch Geburt oder aufgrund der Zwänge des Exils.

Internationale und intermediale Nachwirkung

Die Nachwirkung Thomas Manns, etwa in Gestalt von Filmadaptionen, ist schwer zu übersehen, nachhaltig und wurde teilweise noch zu Lebzeiten von ihm und seiner Familie organisiert. Seine Autorschaft wird hierbei familiär erweitert, wie am *Felix-Krull*-Roman und seiner Filmadaption von 1957 exemplarisch deutlich wird: Die Tochter Erika Mann (1905–1969) ist nicht nur wichtigste Beraterin beim Verfassen des Textes. Sie redigiert auch in „gewissenhafte[r] Mühewaltung" die Publikation von 1954 und Thomas Mann dankt ihr „ergriffen von der treuen Riesenarbeit, die du getan" (Brief vom 15.2.1954, Briefe III, 326 f.). Erika stellt ihm auch „Nachfragen wegen Verfilmung des Buches." (Eintrag 9.1.55, TB 1953–1955, 306) Die Tochter schreibt dann am Drehbuch zur Filmadaption, bei dem sie sich – berechtigt oder unberechtigt – auf die Autorität des mittlerweile verstorbenen väterlichen Autors beruft (Pils 2012, S. 515). Die wechselnde Optik eines Romans wechselt über zur Filmoptik (vgl. Elsaghe 2019).

Die Figur des Felix lebt im Film und auf Schallplatte wie andere Geschöpfe des Autors Mann, etwa *Tonio Kröger,* stimmlich belebt durch seinen Schöpfer und seine Familie fort. Dies ist eine Überschreitung über den Tod hinaus: auf Filmzelluloid und durch Autorenlesungen Thomas Manns auf Vinyl. Das Diktum des französischen Philosophen Michel Foucaults (1926–1984) „Was liegt daran, wer spricht?" kann im Fall Thomas Manns nur dahingehend beantwortet werden, dass es hier fast jeden kümmert. Es ist aufschlussreich, wenn der Schriftsteller bewusst kurz vor seinem Tod das *Lob der Vergänglichkeit* im Kuckuck-Kapitel des *Krull*-Romans auf Schallplatte spricht, um seine eigene Vergänglichkeit zu überwinden. Er haucht seinen Figuren mit der Autorität des Autors und dessen Stimme als Phänomen interpretierend Leben ein.

Darüber hinaus finden sich zahlreiche Verweise in den Werken anderer. *Der Tod in Venedig* (1912) wird nicht nur als allbekannte novellistische Weltliteratur in Woody Allens Filmkomödie *Annie Hall/Der Stadtneurotiker* (1976) erwähnt. Neben Luchino Viscontis italienischer Filmadaption von 1971 und der polnischen Oper *Król Roger* (1926) von Karol Szymanowski sowie Benjamin Brittens Oper *Death in Venice* (1973) können als Belege für eine weltweite Aufnahme Thomas Manns unter anderem drei englischsprachige Werke aufgeführt werden, die offensichtlich auf die Italiennovelle über das

Schicksal eines Autors verweisen: *Ganymede* (1959), eine Kurzgeschichte von Daphne du Maurier, der skandalöse Einakter *Suddenly, Last Summer / Plötzlich im letzten Sommer* (1958) von Tennessee Williams (1959 mit Elizabeth Taylor verfilmt) sowie der Venedig-Roman *The Comfort of Strangers / Der Trost von Fremden* (1981) des britischen Autors Ian McEwan (verfilmt 1990 von Paul Schrader). Michael Cunninghams Roman *Before Nightfall* (2010) basiert ebenfalls auf *Der Tod in Venedig* (Tobin 2012, S. 68). Aber auch in der deutschen Literatur gibt es mehrere Werke, deren Titel bereits eine Beziehung zur Novelle von Aschenbachs Ende zeigen: *Der Tod in Rom* (1954) von Wolfgang Koeppen, ein bekannter Nachkriegsroman über die Nazi-Vergangenheit, *Der Tod in Weimar* (1999) von Henning Boetius, eine Novelle über Goethes letzte Liebe zu einem jungen Mann, und *Tod in Habana* (2008) von Hans Christoph Buch (vgl. u. a. Füllmann 2016a). 2005 hat wiederum der Franzose Hédi Kaddour mit *Waltenberg* eine Fortsetzung des *Zauberberg*-Romans publiziert, die mit dem renommierten Prix Goncourt ausgezeichnet wurde.

Bis in die jüngste Zeit wird auch Thomas Manns Leben zum Gegenstand literarischer und filmischer Werke. So schildert etwa im Roman *Königsallee* (2013) Hans Pleschinski lebhaft den Aufenthalt Thomas Manns in Düsseldorf im Sommer 1954. Dort besucht der Autor das kurz zuvor in seiner letzten Novelle *Die Betrogene* von 1953 geschilderte Schloss Benrath zum ersten Mal; das Erlebnis liegt hier zeitlich hinter der Dichtung. Zum Fernsehereignis wurde zuvor die semifiktionale, von der Tochter Thomas Manns Elisabeth Mann Borgese (1918–2002) begleitete aufwendige Fernsehdokumentation *Die Manns – Ein*

Das Thomas Mann-Haus in Brentwood, Los Angeles

Jahrhundertroman von 2001 (vgl. Breloer/Königstein 2001), die auch zur Rekonstruktion des Familienhauses in der Münchner Poschingerstraße inspirierte. Das Thomas-Mann-Haus im kalifornischen Pacific Palisades, das ‚Weiße Haus' des Exils, wiederum ist seit 2018 eine internationale Begegnungsstätte unter der Ägide der deutschen Bundesregierung. Nicht nur auf Papier und Zelluloid, auch in Stein scheint das Nachleben Thomas Manns im 21. Jahrhundert weltweit gesichert zu sein (vgl. Blödorn/Marx 2015, S. 382 f.).

Thomas Mann mit seiner Ehefrau Katia und seiner Tochter Erika (Princeton, USA 1939)

Thomas Manns Mutter
Julia Mann (1851–1923)

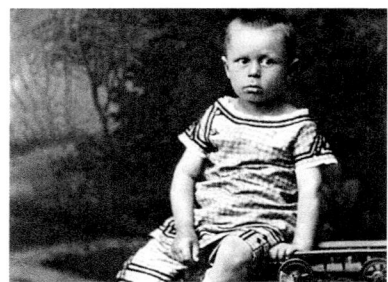

Thomas Mann im Alter von sechs Jahren

Familie Mann

Der neunjährige Thomas Mann

II. Zeittafel[1]

1875	6. Juni: Paul Thomas Mann als zweites Kind von Julia und Thomas Johann Heinrich Mann in Lübeck geboren
1877	Wahl des Vaters zum Lübecker Senator auf Lebenszeit
1889	Einschulung im Lübecker Katharineum (Humanistisches Gymnasium)
1891	13. Oktober: Tod des Vaters; Auflösung der familieneigenen Firma infolge des väterlichen Testaments
1893	Übersiedlung der Mutter mit den drei jüngsten Geschwistern nach München. Herausgabe der Schülerzeitung *Der Frühlingssturm*
1894	Abgang von der Schule mit der Mittleren Reife. Umzug nach München, Volontär einer Feuerversicherungsgesellschaft, Gasthörer an der Technischen Hochschule, Verfassen der Novelle *Gefallen*
1897	Bis 1898: gemeinsamer Aufenthalt mit Bruder Heinrich in Rom und Palestrina
1898	*Der kleine Herr Friedemann* (Novellen). Redakteur der Satirezeitschrift *Simplicissimus* (bis 1899)
1901	*Buddenbrooks* (Roman)
1903	*Tonio Kröger* (Novelle)
1905	*Schwere Stunde* (Novelle über Schiller). 11. Februar: Heirat mit Katia Pringsheim, Wohnsitz in München bis 1933. 9. November: Erika Mann als erstes Kind des Ehepaares Mann geboren

---

1   Die Lebensdaten basieren weitgehend auf Bürgin/Mayer 1980.

Thomas Mann (1905)

1906	18. November: Klaus Mann als zweites Kind geboren
1909	*Königliche Hoheit* (Roman). 27. März: Golo Mann als drittes Kind geboren
1912	*Der Tod in Venedig* (Novelle)
1914	Bezug des Münchener Wohnhauses in der Poschingerstraße 1
1915	Abbruch der Beziehungen zwischen Heinrich und Thomas Mann wegen unterschiedlicher Einstellung zum Krieg
1918	*Betrachtungen eines Unpolitischen*. 24. April: Elisabeth Mann als fünftes Kind geboren
1919	*Herr und Hund* (Tiergeschichte). 21. April: Michael Mann als sechstes Kind geboren. Ehrendoktorat der Universität Bonn
1921	*Goethe und Tolstoi* (Essay)
1922	*Von deutscher Republik* (Politische Rede)
1924	*Der Zauberberg* (Roman)
1925	*Unordnung und frühes Leid* (Novelle)
1926	*Pariser Rechenschaft* (Essay), *Lübeck als geistige Lebensform* (Vortrag)
1929	10. Dezember: Nobelpreis für Literatur wird verliehen
1930	*Deutsche Ansprache. Ein Appell an die Vernunft* (Vortrag), *Mario und der Zauberer* (Novelle)
1933	*Leiden und Größe Richard Wagners* (Vortrag). Emigration über Sanary-sur-Mer nach Küsnacht bei Zürich, dort bis 1938. *Die Geschichten Jaakobs* (Roman)
1934	*Der junge Joseph* (Roman)
1936	*Joseph in Ägypten* (Roman). Annahme der tschechoslowakischen Staatsbürgerschaft (19.11.), Aberkennung der deutschen Staatsbürgerschaft (2.12.), Aberkennung des Ehrendoktors der Universität Bonn (19.12.)
1938	Übersiedelung in die USA, Gastprofessor an der Universität Princeton
1939	*Lotte in Weimar* (Roman), *Bruder Hitler* (Essay)

Zeittafel

1940	*Die vertauschten Köpfe* (Erzählung über Altindien). Beginn der Rundfunkansprachen der BBC: *Deutsche Hörer!*
1941	Umzug Thomas und Katia Manns nach Kalifornien
1942	Thomas und Katia Mann bauen ein eigenes Haus in Pacific Palisades, Wohnsitz bis 1952. Consultant in Germanic Literature der Library of Congress, Washington
1942	*Joseph, der Ernährer* (Roman)
1944	Erwerb der amerikanischen Staatsbürgerschaft
1945	*Deutschland und die Deutschen* (Rede)
1947	*Doktor Faustus* (Roman). Erste Europa-Reise nach dem Krieg. *Nietzsches Philosophie im Lichte unserer Erfahrung* (Essay)
1948	*Joseph und seine Brüder* (Gesamtausgabe der vier Joseph-Romane)
1949	Reden im Goethe-Jahr in Frankfurt und Weimar. 21. Mai: Freitod von Klaus Mann
1951	*Der Erwählte* (Roman)
1952	Übersiedelung von Thomas, Katia und Erika Mann in die Schweiz. Besuche in Deutschland
1953	*Die Betrogene* (Novelle)
1954	*Bekenntnisse des Hochstaplers Felix Krull* (Roman)
1955	*Versuch über Schiller* (Vortrag). Thomas Mann wird Ehrenbürger Lübecks. 12. August: im Kantonsspital in Zürich verstorben

Thomas und Katia Mann
in Frankfurt/Main 1949

III. Das Werk und seine Entwicklung

1. Im Kaiserreich 1875–1918: Bürgertum und Künstlertum

Die Novelle, gedruckt in populären und vielfach verkauften Journalen, ist ein Genre, mit dem Thomas Mann zunächst schriftstellerisch Erfolg hatte. Auch späterhin plante er Großromane wie den *Zauberberg* zunächst als Novellenprojekte (vgl. GKFA 5.2, 15). Thematisch steht das Erzählwerk des Autors zunächst vor allem im Zeichen der Dekadenz des Fin de Siècle, des ausgehenden 19. Jahrhunderts. Gebrochene bürgerliche Gestalten prägen das Frühwerk Thomas Manns in den ersten Münchner Junggesellenjahren. Als Typ des ‚homme fragile' entsprechen sie eben nicht dem wilhelminischen Männlichkeitsideal (vgl. Wortmann/Zilles 2016). Thomas Mann bewegt sich in seiner zweiten Novelle mit dem mehrdeutigen Titel *Gefallen* (1894) zudem explizit in der Tradition der „Novellenform" (vgl. GKFA 2.1, 17). Er benutzt Giovanni Boccaccios (1313–1375) altitalienische Technik des Erzählrahmens, um von einem gefallenen Mädchen, das allseits Gefallen findet, zu berichten (vgl. Koopmann 2005, S. 246). Wie viele spätere Gestalten Thomas Manns hat auch diese schon einen sprechenden Namen: Sie heißt als weltlich-sündige Frau ‚Irma Weltner'. Die Binnennovelle rückt ihre Untreue in den Mittelpunkt im Sinne der ‚unerhörten Begebenheit', die nach Goethe die Novelle kennzeichnen soll. Publiziert wurde die Liebesgeschichte in der Zeitschrift *Die Gesellschaft*, die sich dem zeitgenössischen Naturalismus verschrieben hatte,

Erste literarische Gehversuche als Novellist

einer literarischen Strömung, die auf eine exakte Beschreibung von Natur und Gesellschaft setzte. In derselben Zeitschrift war 1888 auch schon die heute noch als Schullektüre bekannte naturalistische wie novellistische Studie *Bahnwärter Thiel* von Gerhart Hauptmann (1862–1946) publiziert worden.

Der Wille zum Glück – **ein frühes Schlüsselwerk**

Biografie und Werk des Bürgersohns Thomas Mann sind sein ganzes Leben hindurch miteinander verwoben. Das kann beispielhaft an einer seiner frühen Novellen verdeutlicht werden. Schon in *Der Wille zum Glück*, 1896 im bekannten Magazin *Simplicissimus* (1. Jg., H 21–23) veröffentlicht, nahm er nahezu prophetisch seine eigene spätere Biografie, den Weg eines Bürgers als Künstler im Wilhelminischen Zeitalter, vorweg. Gleich zu Beginn heißt es in Anknüpfung an die mütterliche Herkunft des Autors: „Der alte Hofmann hatte sein Geld als Plantagenbesitzer in Südamerika verdient. Er hatte dort eine Eingeborene aus gutem Hause geheiratet und war bald darauf mit ihr nach Norddeutschland, seiner Heimat, gezogen." (GKFA 2.1, 50) Und auch die Beschreibung der Hauptfigur Paolo greift als Selbstbild der Skizzierung von Felix Krull und Tonio Kröger als Mischwesen zwischen den Gender-Rollen und Kulturregionen vor. Der spätere Maler erscheint dem Erzähler am ersten Schultag als „ein mageres Bürschchen mit gelblicher Gesichtsfarbe. Ich sehe ihn noch. Er trug sein schwarzes Haar damals in langen Locken […]." (ebd.)

Auch die Schulung des Erzählers Thomas Mann durch die vorbildliche Prosa Heinrich Heines fließt in die frühe Narration ein. Sie betont das ironische „‚Pathos der Distanz' dem größten Teile unserer Mitschüler gegenüber, das jeder kennt, der mit fünfzehn Jahren heimlich Heine liest und in Tertia das Urteil über Welt und Menschen entschlossen fällt." (GFKA 2.1, 51) Der Protagonist Paolo Hofmann, späterhin ein Münchner Maler, eine Doppelnatur zwischen Norden und Süden, heiratet Ada von Stein. Ada ist eine schöne Aristokratin jüdischer Abstammung, die mit ihren Eltern – wie Katia

Pringsheim, die spätere Braut des Autors – in einem prächtigen Domizil residiert. Der sensible Paolo ist ansehnlich, aber gesundheitlich schwer angeschlagen. Er wird die wegen seiner Herzschwäche jahrelang hinausgezögerte Hochzeitsnacht mit der üppig-fordernden Ada nicht überstehen. Er stirbt allen Vorwarnungen zum Trotz als ‚homme fragile' gewissermaßen an ‚gebrochenem Herzen'. Im Sinne der pessimistischen Philosophie Schopenhauers hat der *Wille zum Glück* den jugendlichen Helden auf dem Gewissen. In männliche Engel auf Renaissancegemälden verliebt, versagt er vor den Ansprüchen der Gesellschaft, die Heterosexualität als soziale Norm setzt. Dies fügt sich zu Thomas Manns Aussagen zu seiner zeitgleichen frühen Schopenhauer-Lektüre (Blödorn/Marx S. 202) und ihren Bezügen zur Konzeption des *Buddenbrooks*-Romans:

> Das kleine, hochgelegene Vorstadtzimmer schwebt mir vor Augen, worin ich [...] tagelang hingestreckt auf ein sonderbar geformtes Langfauteuil oder Kanapee, *Die Welt als Wille und Vorstellung* las. Einsam-unregelmäßige, welt- und todsüchtige Jugend – wie sie den Zaubertrank dieser Metaphysik schlürfte, deren tiefstes Wesen Erotik ist und in der ich die geistige Quelle der Tristan-Musik erkannte! So liest man nur einmal. Das kommt nicht wieder. (GW XII, 72)

Nach diesem Leserausch über die Nichtigkeit des Lebens gilt es nicht allein die Romanfigur „Thomas Buddenbrook zu Tode zu bringen" (ebd.). Vor seinem todessüchtigen Dahinscheiden hat der hoffnungslose Paolo Hofmann, jene andere Kreatur von Paul Thomas Mann, sich in Italien über die Kunst der Renaissance bilden wollen. *Der Wille zum Glück* ist mithin auch eine frühe Italiennovelle Manns, zumal das Glück des Novellenhelden symbolisch mit einem Glas am Trevibrunnen im Zentrum Roms zerbricht. Zuvor flammt „der ganze Himmel in einem blendenden, lang anhaltenden Feuerscheine auf"

Der Trevi-Brunnen in Rom

(GKFA 5.1, 69), sodass sich der ebenso todgeweihte wie nervöse Paolo nachhaltig entsetzt. Im Urlaubsland Italien erschreckt der Sonnengott Helios die Sterblichen zu Tode. Die kurze Novelle ist mithin ein Dokument der ‚Nervenkunst' um 1900, das wie die spätere Italiennovelle *Der Tod in Venedig* diesen Tod mit dem Eros, hier in einer nahezu mörderischen Hochzeitsnacht mit Ada als fataler und doch liebender Frau, verquickt.

Der kleine Herr Friedemann – der behinderte Mann als Außenseiter

Erstausgabe der Novellensammlung *Der kleine Herr Friedemann* (1898)

Doch nicht allein im sonnigen Süden ereignen sich die erotischen Novellenabenteuer der bildungsbeflissenen Bürgerfiguren Thomas Manns. Eine der ersten bekannten wie erfolgreichen Novellen Thomas Manns ist *Der kleine Herr Friedemann* (1897). Sie gab seinem ersten Novellenband den Titel und führt in das hansestädtische Kaufmannsmilieu des *Buddenbrooks*-Romans (vgl. Kurzke 2010, S. 56–59). Die Haupt- und Titelfigur der Novelle, Johannes Friedemann, hat eine missgebildete Gestalt. Der kleine Geschäftsmann aus gutbürgerlichem Hause hat sich zum Ausgleich seiner Organminderwertigkeit im Sinne des Psychologen Alfred Adler eine eigene ästhetische Lebensordnung geschaffen, die manche künstlerische Gestalten Thomas Manns charakterisiert (vgl. Kurwinkel 2011, S. 45–63). Geistige Bildung soll gegen die körperliche Missbildung ankämpfen. Herr Friedemann ist wie eine andere Außenseiterfigur, *Der arme Spielmann* in der gleichnamigen Novelle des Österreichers Franz Grillparzer (1791–1872), die Thomas Mann sehr schätzte (Kurzke 2010, S. 162), ein dem Violinspiel ergebener gesellschaftlicher Außenseiter. Sein Name ist nicht umsonst sprechend: Nicht nur das Ringen um den Seelen-‚Frieden', auch der autobiografische Anklang an den Nachnamen seines Erfinders, mit dem ihn Herkunftsmilieu und Lebenshaltung verbinden, spricht für sich. Friedemann liebt dem Zeitgeschmack folgend – wie Thomas Mann – die berauschende Musik Richard Wagners (1813–1883). Für den Novellenprotagonisten ist sie ein Lebenselixier. Die Frauenwelt hingegen meidet der mit geringer erotischer Attraktivität versehene Außenseiter Friedemann in seinem sublimierenden Lebensstil, mit dem er den unterdrückten Geschlechtstrieb in Kunst umzusetzen sucht. Plan- und genussvoll lebt er friedlich vor sich, bis die zerstörerische Macht der Triebe sein Leben unterminiert. Die weibliche Erotik wird in der kleinen Hansestadt geradezu personifiziert durch die Frau des neuen Bezirkskommandanten, Gerda von Rinnlingen. Sie hat – ein altes Zeichen gefährlicher Fraulichkeit – als Femme fatale des Fin de Siècle rotblonde Haare. Bei einer Aufführung von Wagners *Lohengrin*, einer ritterlichen Entsagungsoper mit äußerst sinnlicher Musik, ist die Offiziersgattin in der Loge seine Nachbarin. Die körperliche Nähe der Frau verwirrt den kunstsinnigen Asketen Friedemann mit ihrer Sinnlichkeit. Am nächsten Tag nimmt Friedemann eine Einladung zu einer Gesellschaft im Hause Rinnlingen wahr. Dort fordert ihn die gefährlich-verführerische Frau zum gemeinsamen Musizieren auf. Langsam entwickelt sich die Tragödie aus dem Geist der Musik. Bei einer weiteren Begegnung sinkt Friedemann im Park von Gerdas Anwesen benommen vor ihr auf die Knie und macht ihr ein Liebesgeständnis. Sie lacht ihn aus und geht fort. Er taumelt zum Wasser und lässt sich wie ein Lurch in die Tiefe gleiten. Zuletzt vernimmt man das grausame Lachen des den kleinen Mann übertrumpfenden Über-Weibes. Friedemann geht den umgekehrten Weg, den die Lebewesen in der Evolution gegangen sind und der Zoologe Ernst Haeckel (1834–1919) damals durch seine Schriften popularisiert hatte. Zunächst in der kultivierten Verfeinerung, der Lebensform des gründerzeitlichen Bildungsbürgertums, lebend, entdeckt er erst den Eros, um dann animalisch gleichsam im Urschlamm zu verschwinden. Aus dem durch die Tradition des Bildungsromans vorgezeichneten Weg wird ein Rückbildungsweg. Das Männlichkeitsbild der Epoche ist trotz seiner schimmernden Wehr stets gefährdet.

Der Psychologe Alfred Adler (1870–1937)

Der österreichische Dichter Franz Grillparzer

Ernst Haeckel, Biologe und Naturphilosoph

*Tonio Kröger –
der Künstler als Bürger*

Thomas Mann um 1900

In den Bereich der traditionellen Künstlernovelle wagt sich Thomas Mann mit *Tonio Kröger* (1903) vor (vgl. Kurzke 2010, S. 100–110). Dieser Erzähltext, ein beliebter Schulstoff, ist folgerichtig autobiografisch getönt. Wie Thomas Mann selbst ist die Hauptfigur südländischer und hanseatischer Abstammung. Das soll auf Kreativität einerseits und Strenge andererseits hindeuten. So plagt den Protagonisten Tonio Kröger der innere Widerspruch des bürgerlichen Künstlers. Seine Doppelexistenz wird schon in seinem ‚sprechenden' Namen, dem südländischen Vor- und dem norddeutsch-bodenständigen Nachnamen, symbolisiert. Der an Thomas Buddenbrook erinnernde Vater Konsul Kröger ist ein angesehener „Herr mit der Feldblume im Knopfloch" (GKFA 2.1, 290). Seine Sehnsucht nach Klarheit und Lebenstüchtigkeit rückt Tonio als Schuljunge in die Nähe des blonden Hans Hansen, dem seinerseits jedoch wenig an den literarischen Schwärmereien Tonios gelegen ist. Zwei Jahre später fällt Tonio gar in der Tanzstunde aus seiner Gender-Rolle und gerät bei einer Quadrille unter die Mädchen. Seine neue Liebe ist die blonde Inge Holm, ähnlich unkompliziert wie Hans Hansen. Auch in dieser Beziehung lässt sich Tonio schwer verorten: Er muss sich – leitmotivisch – immer wieder selbst versichern, dass er kein ‚Zigeuner im grünen Wagen', sondern Konsul Krögers Sohn ist. Nach dem Tod des Vaters und der Auflösung des Geschäfts zieht Tonio Kröger, der inzwischen längst in den Süden fortgegangen ist, Bilanz in einem Kunstgespräch mit der Malerin Lisaweta Iwanowna. Dies markiert die Lebenswende: Er reist zurück in seine nördliche Heimat, wird irrtümlich von der Polizei für einen Betrüger gehalten (hier erscheint der Künstler als Hochstapler) und begegnet weiterreisend in Dänemark wachträumend Inge Holm und Hans Hansen, den blonden fernen Idolen seiner Jugend, im Hotelsaal. Schließlich hat der Entsagende seine Liebe zum Harmlos-Menschlichen, aber vor allem seine Außenseiterrolle als Künstler, der das Leben eher darstellt als selbst auslebt, akzeptiert.

Viel extremer, gleichsam grausam proto-expressionistisch, gestaltet Thomas Mann das männliche Außenseiterschicksal in *Tobias Mindernickel* (1898). Auch hier hat die Hauptfigur mit dem charakterisierenden Namen unter ihrer körperlichen Missbildung zu leiden. In diesem Fall kommt aber eine seelische Missbildung des minderbemittelten Mindernickel hinzu, die sich an der Misshandlung, ja Tötung eines Hundes, seines einzigen Gefährten, zeigt (vgl. Blödorn/Marx 2015, S. 98 f.). Die Novellette ist eine Art Gegenstück zu Thomas Manns späterer einfühlsamer Tiergeschichte und präzise kulturökologischer Hundestudie *Herr und Hund* (1918).

Minderwert des Hasses: Tobias Mindernickel

Unter dem Gender-Aspekt hochinteressant ist demgegenüber die im besitzbürgerlichen Milieu angesiedelte subversive Novelle *Luischen* (1900), die in der naturalistischen Zeitschrift *Die Gesellschaft* publiziert wurde, nachdem sie zuvor von der Zeitung *Jugend* und auch vom Satireblatt *Simplicissimus* abgelehnt worden war (Blödorn/Marx 2016, S. 104). Eine trostlose, ausgelieferte Männerfigur schildert Thomas Mann in dieser Groteske. Der Rechtsanwalt Jacoby erscheint als unförmiger Fleischberg. Er wird von seiner Frau systematisch unterdrückt, der er hörig ergeben ist. Er weiß nicht, dass sie ihn, ganz der Erzählstruktur des novellistischen Dreiecks folgend, mit einem jungen, erfolgreichen Schlagerkomponisten mit dem vielsagenden Namen Alfred Läutner betrügt. Hier wird die männliche Hauptfigur, die am Schluss transvestitisch zur Titelfigur *Luischen* mutieren wird, nicht aufgrund einer Behinderung, sondern aufgrund ihrer verfetteten Trägheit und Schüchternheit an der (weiblichen) Mitwelt zugrunde gehen. Der Höhepunkt einer Kette von Demütigungen ist, dass Jacoby in einem rotseidenen Kleinmädchenkleid bei einer Festveranstaltung auftreten soll. Am Klavier begleiten ihn seine Frau und der junge Komponist. Jacoby bricht tot auf der Bühne zusammen, nachdem seine Rollenidentität als wilhelminischer Mann schon längst vorher erloschen ist. Die Frau wirkt auch in dieser Novelle Thomas Manns fatal. Durch einen

Luischen: Gender Trouble im Kaiserreich

öffentlich zelebrierten Gender Trouble demontiert Thomas Mann demonstrativ die als Regel vorgegebene Männlichkeit (vgl. Lange-Kirchheim 2008, S. 187). Die öffentliche Inszenierung dieser grotesken Tragödie entspricht dem Konzept der Novelle als Schwester des Dramas, das hier im Sinne Richard Wagners auch ein Musikdrama ist.

Die hysterische Renaissance – Gladius Dei

Ein Sittenbild zeigt auch die Novelle *Gladius Dei* (1902), zu Deutsch das ‚Schwert Gottes'. Freilich rührt die zeitspezifische Dekadenz hier nicht von körperlichen Defiziten her, sondern von der aus der Neorenaissance erwachsenen ‚hysterischen Renaissance' der Jahrhundertwende (vgl. Görner 2018, S. 2–10). Den Begriff hat Heinrich Mann in seinem Roman *Die Göttinnen* (1902) geprägt. Gemeint ist das Bestreben, anknüpfend an das Renaissancebild Nietzsches und Arthur de Gobineaus (1816–1882), mit der, aber eben auch gegen die Moderne, den freien, moralisch ungebundenen Renaissancemenschen in sich zu entdecken. In *Gladius Dei* (1902) spiegelt sich diese Wiedergeburt der Renaissanceepoche schon in den die Novellenstadt Florenz imitierenden Prachtstraßen Münchens wider. Üppige Lebensfreude und gründerzeitlicher Kunstsinn prägen in Thomas Manns Wahlheimat die Szenerie (vgl. Füllmann 2016b, S. 275–310). Aber in dieser historisierenden Kulisse ist auch eine Gestalt wiedererstanden, die der Autor ungefähr zeitgleich in seinem einzigen vollendeten Drama *Fiorenza* (1905) zum Leben erweckte: der fanatisch-asketische Sitten- und Bußprediger und Mönch Savonarola (1452–1498). Er wandert als Kapuzenträger mit düsterem Blick durch all die urbane Herrlichkeit (vgl. Bastek/Pfäfflin 2014, S. 136–139). In seinem *Brief an eine katholische Zeitung* versicherte Thomas Mann: „Man hat gemeint, ich sei in *Fiorenza* ein Verherrlicher der Renaissance.

Fra Bartolomeo: Savonarola (um 1498)

Das ist ein Irrtum. Ich bin darin vom ersten bis zum letzten Wort ein Kritiker der Renaissance" (GW XI, 561).

Obwohl solche Selbstaussagen bei Thomas Mann mit Vorsicht zu genießen sind, scheint es doch kein Zufall zu sein, dass er nicht einen der großen Protagonisten dieser Epoche, sondern ihren ersten großen Kritiker ironisch karikiert zur Novellengestalt formt. Gebrochen im fernen Spiegel der Historie wird in der Novelle weniger die Renaissance selbst als die Uneigentlichkeit einer modernen Gegenwart kritisiert, die sich in den Hausfassaden und Neorenaissance-Salons hinter historisierenden Formen versteckt, um ihre innere Leere zu verbergen. Mit diesem Text setzt Thomas Mann seiner neuen Heimat München ein Denkmal (vgl. Tworek 2016, S. 76–110; Kolbe 1987, S. 31–89). Die Novelle *Gladius Dei* beginnt mit einer Phrase, die zu einem geflügelten Wort wurde: „München leuchtete" (GKFA 2.1, 222). Spiegelt diese Feststellung das Leuchten der Renaissance über sprachliche und natürliche Grenzen nach Norden, folgt darauf die Ausmalung einer zeitgenössischen Münchner Szenerie – passend zur malerischen Tradition, zu München als dem Wirkungsort von renaissancehaften Malerfürsten wie Franz von Lenbach (1836–1904). Dieser proträtierte auch die spätere Gattin des Autors, Katia Pringsheim, als junges Mädchen. In das frühlingshafte Strahlen „in dem Sonnendunst eines ersten, schönen Junitages" (ebd.) wird die personifizierte Askese als Wiedergeburt des finsteren Mittelalters eindringen – ein exakter Gegenentwurf zum durch den Neorenaissance-Diskurs erst formierten ruchlosen Renaissancemenschen. Der komische Heilige, der die Neuzeit mit dem ‚Schwert Gottes' strafen will, wird hier indes an der Münchner Moderne scheitern.

Franz von Lenbach: Porträt von Katia Pringsheim

Thomas Manns Novellenband *Tristan*

Franz Stassen (1869–1949): Szene aus Wagners *Tristan*

Wagners *Walküre* mit Siegmund und Sieglinde (Liebigs Sammelbilder, 1893)

Thomas Manns *Tristan* und die Tragikomik der Halbkunst

Wenn allein der Wille zur Kunst ohne entsprechendes Vermögen die Charaktere prägt, dann gleiten sie vollends ins Tragikomische ab. Das ist zum Beispiel der Fall bei dem erfolglosen Salonschriftsteller Detlev Spinell aus dem östlichen Lemberg und Frau Klöterjahn aus dem hanseatischen Kaufmannsmilieu, beides Gestalten mit vielsagenden Namen in Thomas Manns *Tristan*-Novelle (1903). Das seltsame Paar begegnet sich in einem Sanatorium namens ‚Einfried' und inszeniert in dieser Umgebung quasi den Liebestod aus Richard Wagners keltisch-sagenhafter *Tristan*-Oper als bürgerliches Trauerspiel der Kaiserzeit nach (vgl. Koopmann 2005, S. 557–560; Mertens 2006, S. 33–42). Deutlich ist der Kontrast zwischen der Kunstsphäre und der banalen modernen Alltäglichkeit, die vor allem durch den derben Mann und den monströs vitalen kleinen Sohn der fragilen Frau Klöterjahn personifiziert wird.

Die Herkunftsschicht seiner Frau Katia, die er 1905 geheiratet hatte, hat Thomas Mann in seiner von der Musik seines (und seines Schwiegervaters) Lieblingskomponisten inspirierten Novelle *Wälsungenblut* (1906/1921) karikierend gezeichnet. In ihr spiegelt sich die Geschwisterliebe Siegmunds und Sieglindes in Richard Wagners *Walküre* in der Liebe eines fast gleichnamigen äußerst attraktiven Geschwisterpaares der modernen jüdischen Oberschicht Berlins wider. Das Antisemitisch-Unerhörte in *Wälsungenblut* sorgte für einen Münchner Skandal und den Rückzug des Werkes durch den Autor, der sich selbst als bieder-blonder teutonisch-tumber Tor und betrogener Bräutigam der schönen Schwester karikierte (vgl. Blödorn/Marx 2015, S. 132–134).

Wälsungenblut und jüdischer Wagnerismus

Ein ironisches, ja satirisches Bild der modernen Gesellschaft des deutschen Kaiserreichs entwirft Thomas Mann auch in der Novelle *Das Eisenbahnglück* (1909). Sie ist zugleich ein Porträt des Schriftstellers in der zeitgenössischen Lebenswelt, verstärkt gezeichnet durch eine erzählerische Ich-Perspektive (Karthaus 1994, S. 65–69; Füllmann 2007). Wenn der Novellenerzähler berichtet, wie er sein „bedeutsames Schicksal mit dem" des Nachtzugs verbindet (GKFA 5.1, 471), dann ist dies auch in diesem Fall ironisch zu verstehen. Die Erzählung basiert im Sinne von Goethes Novellenkonzept auf einem wahren Erlebnis. Thomas Mann hatte das Eisenbahnunglück in Regenstauf (Bayern) am 1. Mai 1906 als Fahrgast miterlebt (vgl. Mendelssohn 1997, Bd. 2, S. 1149). Das Schock-Erlebnis und die Dichtung sind in diesem Fall also anekdotisch miteinander verbunden. Obwohl sich der Unfall auf Schienen für den Protagonisten und Passagier durchaus in einem Grad der Heftigkeit, der ihm neu ist, auswirkt, scheint er ihm im angedeuteten Erzählrahmen nicht unerhört genug, um novellistisch zu sein: „Etwas erzählen? Aber ich weiß nichts. Gut, also ich werde etwas erzählen." (GKFA 2.1, 470) In der nun folgenden Eisenbahnnovelle treffen sich typische Vertreter der zeitgenössischen Gesellschaft im D-Zug-Wagen. Das zermalmende kollektive Schicksal anderer Technik-

Das Eisenbahnunglück – Parodie des (Künstler-)Schicksals

katastrophen wird hier allerdings durch eine ironische Plauderei des Protagonisten, eines Schriftstellers und angehenden Dichterfürsten – „Man repräsentiert, […] man zeigt sich der jauchzenden Menge; man ist nicht umsonst ein Untertan Wilhelms II." (ebd.) – ersetzt. Das (relativ harmlose) Eisenbahnunglück bringt einen arroganten Herrenreiter mit Monokel völlig aus der Fassung und zur Anrufung Gottes. Der Schaffner berichtet demgegenüber von dunklen Ahnungen, die ihn vor dem Vorfall befallen haben (GKFA 2.1, 476). Immerhin gehören die Untergangspropheten seit antiken Zeiten zur Katastrophe.

Der dichtende Protagonist seinerseits fürchtet vor allem um den schicksalhaften Verlust eines Manuskripts. Das „kostbare Konvolut" (GKFA 2.1, 471), das die Novelle als Leitmotiv prägt, geht zeitweilig verloren, bevor es dann doch wieder auftaucht. Hier zeigt sich ein Leitthema im Werk Thomas Manns: das der Vorzugsstellung der Schrift, des Literatentums als einer Lebensform, die der Überwindung der Lebensängste dient. Wenn der Dichter sein Herz prüft, ist ihm die Literatur wichtiger als das Leben. Glücklicherweise sind am Schluss nicht nur die Menschen, sondern auch das Manuskript, der sogenannte Fuchsbau mit seinen ‚Bauformen des Erzählens', gerettet. Manuskripte sind im Leben der Dichter anscheinend wichtiger als ihr eigenes Leben und das Leben anderer, weil sie die Menschen überleben können. Die Schrift hat den längeren Atem und muss vor allen anderen gerettet werden: Wenn man die Mann'sche Ironie außer Acht ließe, könnte man die Betrachtungen mit einem Zitat aus Friedrich Hölderlins (1770–1843) Gedicht *Andenken* schließen: „Was bleibet aber, stiften die Dichter."

Königliche Hoheit – ein Märchen über eine ungleiche Liebe

Das vielgestaltige Novellenwerk der Frühzeit Thomas Manns ergänzt der beim Publikum mehr als bei der Kritik erfolgreiche, vielfach aufgelegte zweite Roman des Autors. *Königliche Hoheit* erschien 1909 (vgl. Kurzke 2010, S. 86–

90; Detering 2010) und wurde noch zu Lebzeiten Thomas Manns unter der Betreuung seiner Tochter Erika 1953 mit Ruth Leuwerik und Dieter Borsche in den Hauptrollen verfilmt. Erika Mann spielte als Kinderkrankenschwester dabei sogar in einer Nebenrolle mit. Die Handlung des zunächst als Fortsetzungsroman in der *Neuen Rundschau* des S. Fischer Verlags publizierten „Lustspiel[s] in Romanform" (GKFA, 5.2, 10) entführt uns in das idyllische, aber leider dem Staatsbankrott entgegengehende deutsche Duodezfürstentum bzw. Großherzogtum Grimmburg. Es ähnelt damit in der seinerzeitigen Realgeschichte beispielsweise dem Fürstentum Waldeck-Pyrmont, das existenziell durch Staatsbankrott gefährdet war. Männliche Hauptfigur ist wie in *Der kleine Herr Friedemann* wieder eine körperlich defizitäre Gestalt: Der auf die in der Familie Mann verbreiteten Namen Klaus und Heinrich getaufte Prinz weist wie der damalige deutsche Kaiser Wilhelm II. einen verkümmerten Arm auf. Er heiratet nach langen Wirrungen in seinem Märchenglück die selbstbewusst-bürgerliche US-amerikanische Milliardärstochter und Studentin Imma Spoelmann, deren Großvater es – wie der klingende Name andeutet – aus einfachen Verhältnissen gleichsam vom Tellerwäscher zum Magnaten gebracht hat. Der moderne überseeische Kapitalismus rettet so die überständige Feudalaristokratie Europas: Am Schluss duften eventuell die Rosen des Grimmburger Dornröschenschlosses im Zuge der Erlösung des Prinzen, dessen Genderrolle hier im Gegensatz zu den Märchen der Brüder Grimm (nach denen das Ländchen benannt ist) ins Passive verschoben

Die Märchensammler und -bearbeiter Jacob und Wilhelm Grimm

wurde. Schon hier deutet sich für Thomas Mann im Nachhinein eine „geistige Wendung zum Demokratischen" (GW XI, 581) an, seine viel spätere Hinwendung zum egalitären Amerikanismus, der mit dem Erwerb der entsprechenden Staatsbürgerschaft einherging. Die pagenhafte Imma wiederum ist nicht nur bürgerlicher, sondern auch (wie Thomas Manns Mutter) kreolischer Abstammung und war ursprünglich als Jüdin konzipiert (Detering in Blödorn/Marx 2016, S. 28). Hier wiederum knüpft der Autor an seine eigene Heirat mit der akademisch ambitionierten Katia Pringsheim an, die 1901 als eine der ersten Frauen in Bayern das Abitur abgelegt hatte.

Begeisterte Gedanken zum Kriege von 14/18

Mit dem Ersten Weltkrieg bahnt sich indes das endgültige Ende des alten Fürstendeutschlands an. Der auch gegen den Geist von ‚1789', also gegen den zivilisatorischen Geist der Französischen Revolution gerichtete ‚Geist von 1914' wird nun von Thomas Mann in seinen Essays *Gedanken zum Kriege* oder in der umfangreichen Abhandlung *Betrachtungen eines Unpolitischen* beschworen. Dieses Buchprojekt verzögerte groß angelegte Romanpläne des Autors wie den *Zauberberg*, aber auch das *Felix-Krull*-Projekt wesentlich. Im Rahmen der *Betrachtungen eines Unpolitischen* entwickelte Thomas Mann einige der Konstanten und späteren Variablen seines politischen Denkens, etwa den Gegensatz zwischen ‚Kultur' und ‚Zivilisation'. Beide Größen werden zwei Himmelsrichtungen zugeordnet: die Zivilisation dem Westen, die Kultur dem Osten (vgl. Kurzke 2010, S. 51–53; Blödorn/Marx 2016, S. 315 f.). Inspiriert war diese Konzeption am Ende des Wilhelminismus durch das Bekenntnis des Bruders und stetigen Konkurrenten Heinrich Mann zu eben jenem republikanischen Westen. Der westlichen Zivilisation will Thomas Mann eine seelenvolle politische Romantik entgegensetzen. Er schöpft hier aus einem Reservoir der deutschen Geistes- und Ideengeschichte, das er späterhin, zum ‚Wanderprediger der Demokratie' und Vorkämpfer der freien Welt konvertiert (vgl. Vaget 2011, S. 29–66), gegen sich selbst bzw. seine eigene politische Vergangenheit und vor allem im Kampf gegen den deutschen Faschismus instrumentalisieren kann. Seine Analysen einer dunkeldeutschen ‚Märchenseele' (vgl. Kurzke 1999, S. 357) sind auch deswegen so subtil und treffend, weil es Selbstanalysen sind. Als aufklärender Moralist und verworfener Dichter (Poète maudit) in einer Person hat er gleichsam im braunen Sumpf gebadet, um ihn später instinktsicher analysieren zu können. In den Tagebüchern finden sich nach der Novemberrevolution von 1918 an seine Romanfigur Naphta aus dem *Zauberberg* gemahnende antisemitische Ausfälligkeiten gegen den „Typus des russischen Juden, des Führers der Weltbewegung, dieser sprengstoffhaften Mischung aus jüdischen Intellektual-Radikalismus und slawischer Christus-Schwärmerei", die er aus seinen Gesprächen mit seiner Gattin Katia aus dem Hause Pringsheim niederschreibt (Eintrag 4.5.1919, TB 1918–1921, 223). Im Zuge des Ost-West-Konzepts verbleibt seine Einschätzung der bolschewistischen Oktoberrevolution von 1917 dagegen recht gemäßigt: Die ideologische Problemlage verkennend, sieht der an Tolstoi und Fjodor Michailowitsch Dostojewski literarisch geschulte Thomas Mann die Vorgänge in Russland als genuin russische Revolution, als eine Art Aufstand der russischen Seele und nicht als Klassenkampf. So kann er dann auch halb ironisch Visionen eines deutsch-russischen Bündnisses aus Seelenverwandtschaft entwickeln, das gegen die „westliche[] Lügendemokratie" (Eintrag 24.3.1919, TB 1918–1921, 178) gerichtet sein sollte.

2. In der Weimarer Republik 1918–1933: Umbrüche und Nobelpreis

Pariser Rechenschaft: Die Wendung nach Westen

Mit seiner Rede *Von deutscher Republik* von 1922 und mit seinem Großessay *Pariser Rechenschaft* von 1926 wird sich Thomas Mann dann entschieden der westlichen Zivilisation zuwenden. Zwischen diesen beiden Bekenntnissen ist 1924 der Gesellschaftsroman *Der Zauberberg* erschienen und auch eine Versöhnung mit dem linksrepublikanischen Bruder Heinrich erfolgte in jener Zeit (Koopmann 2005b, S. 329–345).

Während das Bekenntnis zur deutschen Republik noch die deutsche Romantik als Berufungsinstanz bemüht, ist später in der *Pariser Rechenschaft* eine aufrichtige Sympathie für die französische Metropole als Zentrum einer zivilisierten Latinität zu erspüren. In den *Betrachtungen eines Unpolitischen* hatte Thomas Mann sich noch – im Einklang mit dem Klischee der russischen Seele – über das Franzosentum lustig gemacht nach dem Motto: „Bei den russischen Erzählern tritt kein Franzose auf, der nicht ein Windbeutel, sei es ein boshafter oder nur lächerlicher wäre. Tolstoi macht sich überall über sie lustig, besonders in *Krieg und Frieden*." (GW XII, 439) Der nunmehr nach Westen blickende, sogar die dort noch übliche Todesstrafe ablehnende (GKFA 15.1, 1097) Autor berichtet in der *Pariser Rechenschaft* von einer neuntätigen Reise in jene Metropole, für die er nach seiner ohnehin schon erfolgten Wende zur Republik von der Rechtspresse massiv angegriffen worden war. Schon der Zwischenaufenthalt in Mainz, also in ‚Limesdeutschland', erscheint als Vorstufe zum Eintritt in die lateinische Welt. In Paris angekommen, äußert sich der Autor zwar abfällig über unpraktische Hotelzimmer, doch der Pariser Charme, „die milde, halbdurchsonnte, silbrig neblige Pariser Luft" (GKFA 15.1, 1122) hat ihn rasch ergriffen. Im Gespräch mit Henri Lichtenberger (1864–1941), einem Pariser Germanistikprofessor, *Faust*-Übersetzer und Wagner-Experten, erfühlt der Besucher von jenseits des Rheins „den ganzen aristokratischen Reiz der humanistischen Zivilisation des Westens […] beim Lauschen." (GKFA 15.1, 1123) Er „spürt auch genau, was diese Alte Welt unter ‚Barbarei' versteht und weiß dabei, daß es eine todgeweihte Welt ist, schon tot eigentlich, im Begriffe, von östlich-proletarischen Wogen verschlungen und begraben zu werden. Am Ende hieße es nicht der Weltgeschichte in die Speichen fallen, wenn man zugäbe, daß es immerhin irgendwie ein bißchen schade darum ist …" (ebd.)

Der französische Germanist Lichtenberger

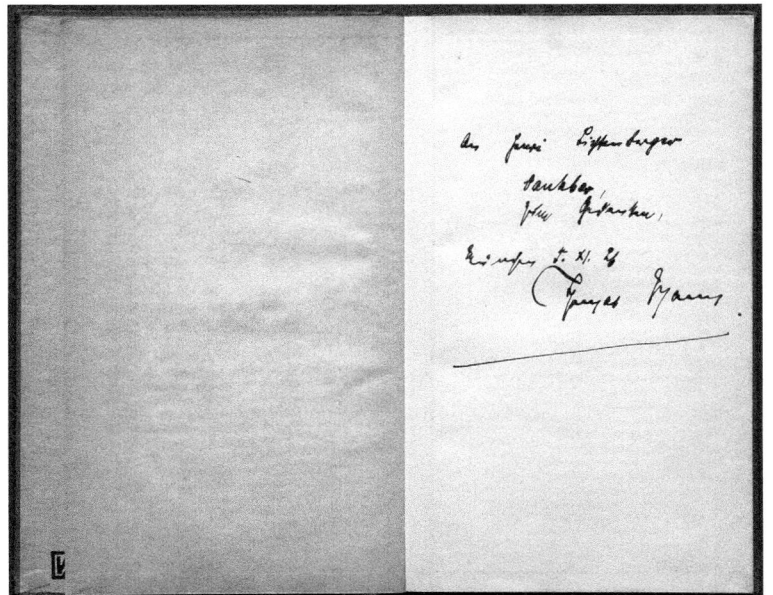

Thomas Manns Widmungsexemplar der *Pariser Rechenschaft* an Henri Lichtenberger

Der Dichter als Friedensstifter

Dem Repräsentanten Thomas Mann kommt aus Sicht des französischen Gelehrten wiederum eine Schlüsselrolle bei der transnationalen wie transkulturellen Versöhnung nach dem großen Krieg zu. Schließlich sei sich Lichtenberger sicher,

> daß diejenigen, die [Thomas Mann] sehen und hören würden, Vertrauen fassen müßten in den guten Willen Deutschlands, sich friedlich in ein versöhntes Europa einzufügen. Und da es ihm andererseits undenkbar scheine, daß dem Spürsinn eines Dichters das ungeheure Verlangen nach Frieden und Versöhnung sollte entgehen können, das heute Frankreich beseele, so sei zu vertrauen, daß ich nicht umsonst diese winterliche Reise nach Frankreich auf mich genommen hätte. (GKFA 15.1, 1126)

Thomas Mann wiederum betont in seiner Antwort auf das französische Freundschaftsangebot 1926 einen Erkenntnisstand, mit dem er die seit der zweiten Jahrhunderthälfte etablierte Einigung Europas vorwegnimmt. Auch die damit verbundene „Durchrepublikanisierung Europas" (GKFA 15.1, 1130) klingt als politisches Konzept erstaunlich aktuell:

> Es werde das kein Ergebnis gereifter Sittlichkeit sein, sondern ein solches der primitivsten Vernunft und der baren Notwendigkeit, da allzu offenbar geworden sei, daß Europa als Ganzes stehe oder falle: dies sei es, was heute den Tendenzen der Verständigung, des Ausgleichs und des Friedens über die immer noch reichlich vorhandenen Leidenschaften ein wachsendes Übergewicht verleihe. Ich sprach fernerhin […] von Vernunftemanzipation, Universalität und Gesellschaftlichkeit, die ein anderes Wort für Demokratie ist – von Kultur also und Zivilisation. (GKFA 15.1, 1127)

Die Abkehr von den Ideen der *Betrachtungen eines Unpolitischen* trotz aller Reserve gegenüber allzu viel „Clarté" (GKFA 15.1, 446), romanischem Rationalismus und „radikale[r] Republik" (GKFA 15.1, 448) markiert Thomas Manns Absage an eine wohlfeile politische Romantik. Diese wird er späterhin mit dem Begriff der deutschen ‚Märchenseele' und ihrer Sehnsucht nach dem Führer, nach einem ‚weißen Ritter' als Erlöser aus dem ‚Unbehagen in der Kultur', umreißen. Er distanziert sich „von der Entartung des Romantismus, die uns für einige Zeit zu Einsamen und outlaws habe machen können, von der schal gewordenen Romantik, die dem Kaisertum Wilhelms II. angehaftet habe." (GKFA 15.1, 1128) Die deutsche Verbindung von modernster Technologie und aggressiv-regressiver Gegenmoderne fasst Thomas Mann in das Bild „derbster Imperialwirtschaftlichkeit […] eines reichlich brutalen Generaldirektors […], der sich von einem elektrischen Grammophon Schuberts Lindenbaumlied" (ebd.) vorspielen lässt. Hier handelt es sich um eine Leitmelodie, die kurz zuvor auch Thomas Manns Romanhelden Hans Castorp aus *Der Zauberberg* in die Materialschlachten des Ersten Weltkrieges begleitete. Diese Selbstverstümmelung Europas, zu der Thomas Mann durch seine Schriften zum Ersten Weltkrieg zumindest zeitweise seinen Beitrag leistete, soll jetzt beendet werden. Noch ist der deutsche Botschafter mit dem, was Thomas Mann als Vertreter des geistigen Deutschlands an der Seine zu verkünden hat, sehr einverstanden. Die Szenerie des „Pariser Europäismus" (GKFA 15.1, 1132), die „Wohlerhaltenheit der westeuropäischen Sitten" (GKFA 15.1, 1133), formt sich zum schönen Gesamtkunstwerk: „Der Blumenschmuck des riesigen Tisches war reizend" (ebd.). Unter Anwesenheit französischer Minister, darunter der spätere Ministerpräsident Édouard Daladier, wird im „große[n] Anzug" (GKFA 15.1, 1131) in der Botschaft gespeist. So zukunftsweisend Manns Worte letztendlich sind, seine Visionen eines geeinten Europas scheitern zunächst in einer neuerlichen historischen Katastrophe, die von Deutschland ihren Ausgang nimmt.

Der österreichische Komponist Franz Schubert (1797–1828)

Die 'wilden Zwanziger': Manns Werk zwischen Jugend-, Welt- und Alltagskultur

Zu Mitte der zwanziger Jahre hat Thomas Mann die Hoffnung noch nicht aufgegeben, dass die damalige Jugend das neue friedliche Europa zu errichten vermöge. In den Texten der damaligen Zeit wird zunächst ein lebhaftes und auch positives Bild einer westlich-weltläufigen Jugend gezeichnet: So in der ‚Inflations-Novelle' *Unordnung und frühes Leid* (1925). Der junge Mann, der neue Sozialisationstypus der Weimarer Republik, wird in Thomas Manns Essay *Die Ehe im Übergang* (vgl. Detering 2002, S. 273–278) als befreit „von Salon, von Ritter- und Damentum" beschrieben, da von

> Galanterie […] nicht viel mehr zu spüren ist. Beim Jüngling fällt das Martialische weg, der Stock im Rücken, das Hackenzusammenschlagen, der Schnurrbart. Er rasiert sein Gesicht, was die großzügigere Schönheit seiner Jugend (sofern alle Jugend schön ist) doch der weiblichen annähert, und seine Haltung hat modisch-zeitbestimmter Weise eher etwas feminin Gedrehtes und Weiches, ins Tänzerhafte Schlagendes. (GKFA 15.1, 1029 f.)

Der Gender Trouble birgt für den älteren Beobachter zunächst einmal ein egalitär-demokratisches Potenzial. Die Prüderie zumindest, die das ganze 19. Jahrhundert prägte, ist verschwunden, die neue Kameradschaftsehe mit ihrer „menschlich ausgeglichenen Kameradschaft zwischen den Geschlechtern" hat die altväterlichen Verhältnisse ersetzt:

Zufall ist es wohl nicht, daß die Entstehung ihrer Möglichkeit mit der psychoanalytischen Entdeckung der ursprünglichen und natürlichen Bisexualität des Menschen zusammenfällt. Und wenn überhaupt unser junges Volk – wir wollen es beglückwünschen dazu! – zu den geschlechtlichen Dingen sich heiterer und seelenruhiger verhält, als frühere Generationen es vermochten; wenn dieses Gebiet überhaupt seiner ehemaligen Tabu-Schrecken nun so gut wie entkleidet scheint. (GKFA 15.1, 1030 f.)

Erika und Klaus Mann, 1927   Thomas, Katia, Erika und Klaus Mann, 1929

Vor der großen Verdunklung scheint mit dem Anschluss Deutschlands an die westlich-demokratische Welt ein modernes Zeitalter angebrochen zu sein. Thomas Mann äußert sich zu der neuen Nachsicht der Älteren mit den Jüngeren und umgekehrt der Jugend mit den Alten in einem Interview, das gleichzeitig mit Klaus Manns Aufsatz *Die neuen Eltern* 1926 in der Zeitschrift *Uhu* veröffentlicht wurde. Hierbei referiert er die Thesen seines Sohnes zum Generationenkonflikt:

> „Die Eltern hätten sich also geändert", sagt Thomas Mann […] und seine Stimme klingt zweifelnd. „Sie hätten veraltete Autoritätsansprüche aufgegeben, wären keine Tyrannen mehr, die alles und jedes mit dem Wort

‚Pubertätserscheinungen' abtun, und kein Sohn brauche mehr zum ‚Vatermord' aufzurufen." (Hansen/Heine 1983, S. 95)

Ein neuer Frieden zwischen den Generationen scheint auf. Auch in den Publikationen der ältesten Kinder der Familie Mann, Klaus und Erika, wird die neue Freiheit gefeiert, bevor etwa bei seinem Sohn Klaus die Erkenntnis wächst, dass die eigene Generation sich immer mehr für den Faschismus öffnet.

Nobelpreis und die Auseinandersetzung mit dem Faschismus

Zunächst jedoch steht Thomas Mann nach seinem allseits gefeierten fünfzigsten Geburtstag, aus dessen Anlass eine erste umfangreiche Biografie von Arthur Eloesser erscheint, jedoch eine Ehrung bevor, die jedes Schriftstellerleben krönt: die Verleihung des Literaturnobelpreises im Jahr 1929. Sie erfolgt ausdrücklich mit Bezug auf seinen ersten Roman von 1901, *Buddenbrooks*, der als allgemeingültiges und weit über den norddeutsch-hanseatischen Raum hinaus repräsentatives Porträt der bürgerlichen Epoche des 19. Jahrhunderts gilt. Thomas Mann avancierte somit endgültig zum nationalen Repräsentanten, der 1930 mit einer *Deutschen Ansprache*, einem *Appell an die Vernunft*, die deutsche Demokratie zu retten trachtete. Dieser Versuch der Annäherung an Republik und Sozialdemokratie wurde bereits von in Smokings verkleideten SA-Männern gestört. Der anwesende rechtsradikale Autor Ernst Jünger billigte dieses Vorgehen – immerhin verkündete er zeitgleich in den *Süddeutschen Monatsheften* Parolen wie „Im gleichen Maße […], in dem der deutsche Wille an Schärfe […] gewinnt, wird für den Juden auch der letzte Wahn, in Deutschland Deutscher sein zu können, unvollziehbarer werden" (vgl. Kurzke 1999, S. 364 f.). Im Kontext dieser Rede steht auch Thomas Manns bedeutende, zunächst als *Tragisches Reiseerlebnis* bezeichnete Novelle *Mario und der Zauberer*. Berichtet wird in ihr von einer als Zaubervorstellung getarnten Massenhysterie, in die eine Familie deutscher Touristen im damals schon faschistischen Italien Mussolinis gerät. Am Schluss wird der faschistoide

Thomas und Katia Mann im Grand Hotel in Stockholm, 1929

Hypnotiseur Cipolla von Mario, einem jungen Mann, den er manipulierte und bloßstellte, erschossen. Individuelle Urlaubsabenteuer fügen sich in das Schicksal der Nationen. Insofern ist *Mario und der Zauberer* Reisenovelle und Schicksalsnovelle zugleich. Thomas Mann betont denn auch in einem Brief im Jahr 1941 an den Arzt und Hörspielautor Hans Flesch, „dass die Novelle entschieden einen moralisch-politischen Sinn hat" (zitiert nach Koopmann in: Hansen 1993, S. 156; vgl. Füllmann 2010, S. 125–133; Pils/Ulrich 2010).

1933, gleichzeitig mit Hitlers Machtergreifung, hielt sich Thomas Mann auf einer Urlaubs- und Vortragsreise unter anderem in der Schweiz auf. Der SS-Funktionär Reinhard Heydrich beabsichtigte den missliebigen demokratischen Autor – auch wegen der Tatsache, dass er „judenfreundlich" (Harpprecht 1995, S. 764, vgl. auch Bürgin/Mayer 1980, S. 140) sei – in ‚Schutzhaft' zu nehmen, also eventuell in ein KZ zu verbringen. Thomas Mann hatte in seinem Essay *Zur jüdischen Frage* ohne Umschweife und nicht ohne Ironie bekannt, dass es, „nicht nur in Wien oder Berlin, fast ohne Ausnahme Juden" seien, „die [ihn] empfangen, herbergen, speisen und hätscheln"(GKFA 15.1, 412), und dass sie „ihre eingeborene Liebe zum Geist" (GKFA, 15.1, 437) von den übrigen Deutschen unterscheide. Mithilfe seiner noch in München verbliebenen Kinder, zuvorderst Erika und Golo Mann, gelang es Thomas Mann dann 1933 einen Teil seines Hausrats, seiner Bibliothek und vor allem seine intime Geheimnisse verbergenden Tagebücher aus Hitlerdeutschland zu schaffen und so zu retten. Nach einem Aufenthalt im südfranzösischen Sanary sur Mer wählte er zunächst ein Exil in der Schweiz.

Philosemitismus und die politische Verfolgung durch die SS

Thomas Mann in Sanary-sur-Mer, 1933

3. Im Exil 1933–1952: Arbeit am Mythos – die Bibel, die Weimarer Klassik, die Faustsage und Legendendichtungen

Thomas Manns schwieriger Weg ins Exil

Thomas Mann hatte sein Exil anders als viele andere Autoren nicht bewusst gewählt. Erst die Intervention seiner beiden ältesten Kinder und das langsam auch im Ausland deutlicher werdende Vorgehen der Nationalsozialisten gegen Oppositionelle, insbesondere gegen Künstler, veranlasste ihn, sich damit abzufinden, dass seine Exilzeit möglicherweise lang andauern würde.

Nachbau der Thomas Mann-Villa in der heutigen Thomas-Mann-Allee, vormaligen Poschingerstraße, München

Die auch in der Emigration spürbare materielle Einschränkung tat ihr Übriges, um Thomas Mann in eine depressive Stimmung zu stürzen. Statt in seiner gediegenen Villa in der Poschingerstraße am Münchner Herzogpark musste er nun zunächst in zum Teil wenig standesgemäßen, schlecht ausgestatteten Hotelzimmern leben, obwohl er auch im Exil noch über beträchtliches Vermögen verfügte, wie Klaus Harpprecht in seiner umfangreichen Thomas-Mann-Biografie nachgewiesen hat. Ihm sei das Dasein als Exilant nicht an der Wiege gesungen worden, vielmehr sei er seinem Selbstverständnis nach der bürgerliche Repräsentant Deutschlands gewesen, eines Landes, in dem auch immer noch seine Bücher publiziert werden konnten. Trotz der für den Autor lebensgefährlichen Absichten der SS befand sich Thomas Mann mithin noch nicht auf den Listen jener Autoren, die aus dem Buchhandel, den Bibliotheken verschwinden mussten oder sogar der öffentlichen Bücherverbrennung anheimfielen. Sein Verlag riet Thomas Mann deshalb auch, von öffentlichen Stellungnahmen gegen das Dritte Reich abzusehen. Dies war der tiefere Anlass für Erika Mann, massiv im antinazistischen Sinn auf den Vater einzuwirken.

Jüdische, aber auch Goethe'sche, etwa faustische Mythen sollten in Zukunft Abhilfe gegen die nazistische wie antisemitische Barbarei schaffen und *Bruder Hitler*, den „zehnfach Gescheiterten, […] extrem faulen, zu keiner Arbeit fähigen Dauer-Asylisten und abgewiesenen Viertelskünstler" (GW XII, 846), bekämpfen (vgl. Pils in Blödorn/Marx 2015, S. 168–171). Gerade zu Beginn des Exils werden an Thomas Mann merkwürdige Ansinnen herangetragen, die die Naivität der Deutschen angesichts der mörderischen Absichten des Nationalsozialisten offenbaren. So heißt es im Tagebuch vom 25. April 1933 über einen Juristen an der schweizerischen Universität Freiburg (Fribourg): „Gespräch über eine Äußerung von Prof. Overbeck, ich möge zur nationalsozialistischen Bewegung übertreten, ‚um sie zu veredeln'. Über die ‚Märchenseele' des deutschen Volkes und die Austreibung des schwarzen Elementes aus

Humanisierung des Mythos versus pseudomythischer Faschismus

seinem Lichtkörper. Der verhunzte Mythus. Heruntergekommene Romantik und […] giftige Kleinbürger-Reaktion." (TB 1933–1934, 60). Später wird er Hitler in einem gleichnamigen Essay als *Bruder Hitler* mit der nordischen Märchen- und Sagenwelt, mit dem „Volksgemüt" verbinden. Thomas Mann stellt Bezüge her zum „Thema vom Träumerhans, der […] das ganze Reich gewinnt, vom ‚häßlichen Entlein', das sich als Schwan entpuppt […]. Dazu der ‚Jude im Dorn'" (GW XII, 848) – ein antisemitisches Märchen der Brüder Grimm (KHM 110), das auch in Wagners *Meistersinger*-Oper anklingt. Noch im Oktober 1933 erscheint indessen in Deutschland die antigermanische Mythenerzählung, der erste Band der *Joseph*-Romane von Thomas Mann, mit denen er endgültig die heimisch-hanseatischen Gefilde Norddeutschlands verlässt. Wie viele Großprojekte Thomas Manns ist der *Joseph*-Zyklus zunächst als Novelle konzipiert worden. Er reicht stofflich in die Tiefen der Historie. So geht die Romantetralogie von der modernen Gegenwart in den Jahrtausende alten Mythos zurück. In seinen Erzähltexten vertieft Thomas Mann sich im Exil dann mit *Die vertauschten Köpfe* (1940) auch in den altindischen Stoffkreis.

<aside>Das biblische Werk und die hebräische Begründung der Zivilisation</aside>

Die Motivation für die Auswahl hebräischer Stoffe erklärt Thomas Mann 1942 in seinem Vortrag *Joseph und seine Brüder* indes auch aus der Zeitgeschichte:

> Man hat in *Joseph und seine Brüder* einen Judenroman, wohl gar nur einen Roman für Juden sehen wollen. Nun, die alttestamentarische Stoffwahl war gewiß kein Zufall. Ganz gewiß stand sie im geheimen trotzig-polemischen Zusammenhang mit Zeit-Tendenzen, die mir von Grund aus zuwider waren, mit dem in Deutschland besonders unerlaubten Rassewahn, der einen Hauptbestandteil des faschistischen Pöbel-Mythos bildet. (GW XI, 663)

Trotz dieser deutlichen Unterstützungsleistung für das verfolgte jüdische Volk beschäftigt sich Thomas Mann im Exil nicht allein mit hebräischen, sondern auch mit katholisch-mittelalterlichen Themen, so etwa in der romanhaften Legendendichtung *Der Erwählte* (1951), die unter anderem dem *Gregorius* des Hartmann von Aue (um 1190) nachgestaltet ist. Die Legende zeichnet den Weg eines Sünders zum Papstamt nach und ist mit Anachronismen gespickt; so sprechen Fischer auf einer Kanalinsel, die Gregorius als Waisenknaben auffinden, Thomas Manns heimisches Plattdeutsch (GW VII, 74–78). Thomas Mann verfolgt in all diesen Fällen mythologischer Dichtung einen extremen Historismus. Das wiederum hat nicht zuletzt damit zu tun, dass er sich vom heimatorientierten Themenspektrum zu Beginn seiner schriftstellerischen Laufbahn abzusetzen sucht. Hauptschauplätze der Romane um Joseph sind nicht mehr Hamburg, Lübeck, München oder Davos; es handelt sich vielmehr um das altägyptische Memphis und Theben, das heutige Luxor. Für seine Recherchen holte sich Thomas Mann Hilfe bei dem Münchner Ägyptologen Wilhelm Spiegelberg, der ihn sogar in den Orient begleitete. Ein literarisches Vorbild waren wohl auch die seinerzeit populären historischen Romane des Ägyptologen Georg Ebers (1837–1898), etwa *Eine ägyptische Königstochter*, die bereits in einer geschichtlichen Spiegeltechnik politische Geschehnisse des 19. Jahrhunderts, etwa Bismarcks Kulturkampf, ins antike Ägypten zurückprojizierten. Auch das unter anderem auf Deutsch erschienene Drama *Joseph*

Thomas Mann: *Der Erwählte*, Erstausgabe 1951

Georg Ebers, Ägyptologe und Romanautor

Der lettische Dramatiker und Lyriker Rainis (1865–1929), der auch in deutscher Sprache schrieb

und seine Brüder (1919) des Letten Rainis (1865–1929) könnte Mann als Vorbild gedient haben.

<small>Ein schillernder Held in biblischer Welt</small>

Der Held der *Joseph*-Tetralogie, an der Thomas Mann 16 Jahre schrieb, trägt nicht wie Hans Castorp oder *Felix Krull* Maßanzüge, obwohl er wie jene zunächst auch weichgezeichnete Züge aufweist. Den Jüngling Joseph umgibt ein „Strahlenkranz von Schönheitsruhm" (GKFA 7.1, 8); seine bronzene Haut erinnert an den verführerischen Felix Krull. Sein Schicksal ist seinerseits novellistisch knapp erzählbar: Der hübsch gewandete wie schöne junge Joseph, ein Lieblingssohn des Jaakob, wird von seinen niderfüllten Brüdern an vorbeiziehende Händler verkauft, also versklavt. Die Menschenhändler bringen ihn nach Ägypten, wo er an den Hof des Pharao gelangt. Prophetisch begabt, deutet er sieben Jahre des Wohlstandes und sieben Jahre der Hungersnot voraus und avanciert zum Hauptverwalter des Reiches. Später kommen seine einst verräterischen Brüder aus dem Lande Kanaan nach Ägypten, um dort Abhilfe von Hunger zu erwirken. Der Ausgestoßene triumphiert am Ende.

<small>Der Abstieg in die Urgründe der Zivilisation</small>

Der erste Absatz der *Joseph*-Romane, die *Höllenfahrt* genannt, beginnt mit den Worten: „*Tief* ist der *Brunnen* der *Vergangenheit. Sollte man ihn* nicht unergründlich nennen?" (GKFA 7.1, I) Der Text setzt so zur literarischen Zeitgenossenschaft einen deutlichen historistischen Kontrapunkt (vgl. Assmann 2006, S. 13–20; Kasper/Bauer 2019, S. 13–94). Die Humanisierung des Mythos bleibt in der ganzen Exilzeit Programm des Gesamtwerks Thomas Manns (vgl. GW XI, 651). Es geht ihm auch beim Rückgang zu den kultur- und religionsgeschichtlichen Ursprüngen um das

> Menschenwesen […], dessen Vergangenheit in Rede und Frage steht: dies Rätselwesen, das unser eigenes natürlich-lusthaftes und übernatürlich-elendes Dasein in sich schließt […]. Denn da nun gerade geschieht es, daß, je

tiefer man schürft, je weiter hinab in die Unterwelt des Vergangenen man dringt und tastet, die Anfangsgründe des Menschlichen, seiner Geschichte, seiner Gesittung, sich als gänzlich unerlotbar erweisen und vor unserem Senkblei […] immer wieder und weiter ins Bodenlose zurückweichen. (GKFA 7.1, IX)

Thomas Mann entwirft hier eine (prä-)historische Anthropologie, ein in die Gegenwart der 1930er-Jahre hinein strahlendes Menschenbild, das in einem nicht allein biblischen, sondern auch altägyptischen „Ur-Beginn" (ebd.) wurzelt, ganz ferne liegt, doch realiter auch mit der „Volkheit" (ebd.) seiner jüdischstämmigen Ehefrau verbunden ist. Die langwierige und tiefgründige Geschichte ruht auf biblischer Basis und kreist um Joseph, „Jaakobs Sohn" (ebd., X). Joseph erscheint zunächst als ein hübscher, etwas androgyner, also weibliche wie männliche Züge aufweisender Jüngling, gleichsam ein motivischer Prototyp aus dem Werk des Autors. Er wird, einmal nach Ägypten verschleppt, dort eine erstaunliche politische Karriere ablegen und als *Joseph der Ernährer* ein gerechter Herrscher sein. In seinem wohltätigen und wohlabgewogenen Handeln spiegelt sich vielleicht sogar der ‚New Deal' des seinerzeitigen US-amerikanischen Präsidenten Franklin D. Roosevelt (1882–1945) wider, den Thomas Mann sehr verehrte und den er als bekannter deutscher Exilant auch im Wahlkampf unterstützte. Im biblischen Predigertum reflektiert sich in einem sehr fernen Spiegel die Gestalt des Autors, der sich in Zeiten faschistischer Weltbedrohung nicht nur eine eigene epische Welt formt, sondern sich auch zum ‚Wanderprediger der Demokratie' stilisiert.

Franklin Delano Roosevelt (1933)

Die Stoffwahl der zwischen 1933 und 1943 publizierten *Joseph*-Tetralogie ist schon bei Goethe, der im Exil immer mehr zum Idol und Leitbild Thomas Manns wurde, vorgeprägt. Die Gliederung des jüdisch-sagenhaften Epos in vier Teile wiederum orientiert sich strukturell an Richard Wagners germanischem Musiktheater-Epos *Der Ring des Nibelungen*. In seiner Autobiografie *Dichtung und Wahrheit* beschreibt Goethe den Einfluss dieses biblischen Stoffes auf seine religiöse Jugendbildung: Joseph lässt für den jungen Goethe „eine Gestalt sehen, an der sich besonders die Jugend mit Hoffnungen und Einbildungen gar artig schmeicheln kann […]. Höchst anmutig ist diese natürliche Erzählung, nur erscheint sie zu kurz, und man fühlt sich berufen, sie ins Einzelne auszumalen." (HA 9, 140)

Schon Goethe spricht hier vom „Ausmalen biblischer, nur im Umriß angegebener Charaktere und Begebenheiten" (ebd.) als narrativer Technik. Davon angeregt, verfasst Thomas Mann dann auf der Basis der dürren Angaben in Genesis 37–50 ein gewaltiges Epos. Es enthält sowohl einzelne anrührende Schilderungen, wie etwa die Darstellung der der Bastet, der Tochter des ägyptischen Sonnengottes Re, geweihten Katzenstadt (GKFA 8.1, 742–744), als auch nach *Der Tod in Venedig* und *Der Zauberberg* eine erneute Beschäftigung mit dem Hermes-Mythos. Die Erzählhaltung der *Joseph*-Romane ist hierbei hochkomplex, wie Käte Hamburger herausstreicht:

Die altägyptische Katzengottheit Bastet

> Nicht unmittelbar, nicht als ob sie eine gegenwärtige wäre und wir ihres Vergangenseins vergäßen, läßt Thomas Mann den Leser die Welt erleben, der er dreitausend Jahre tief auf der ‚Brunnenwiese' der Vergangenheit begegnen wird. Denn er selbst nimmt nicht ganz seinen Standpunkt in dieser Welt, sondern tritt zugleich auch wieder von ihr zurück; und in demselben Atemzug sozusagen, indem er in ihr, sie mit ungeheurer dichterischer In-

tuition und Phantasie verwirklichend, lebt, betrachtet er sie auch als Objekt einer historisch-psychologischen Erkenntnis. (Hamburger 1984, S. 27)

Eine wichtige Quelle war ihm hier, wie er in einem Brief vom 19. Januar 1945 an Anna Jacobsohn betont, Karl Kerényi, der „ungarischen Mytholog, dem ich so viel verdanke" (Briefe II, 409). Kerényis grundlegende Studie *Hermes, der Seelenführer* war Thomas Mann eine wichtige Stütze. Für den gegenüber dem väterlichen Werk nicht unkritischen Sohn Golo haben die *Joseph*-Romane den Rang eines homerischen Hauptwerks (Reich-Ranicki 1986, S. 60). Thomas Mann ehrt in seinem biblischen Romanwerk das jüdische als das bedeutendste Kulturvolk der Menschheitsgeschichte, dessen Staatsgründung er überdies nachdrücklich unterstützte (GW XIII, 508–512, 515f.).

Sigmund Freud (1856–1939)

Ähnliches gilt auch für die Moses-Novelle *Das Gesetz* (Erstdruck 1944 als Vorzugsausgabe). Die Urbegründung einer allgemeingültigen Ethik ist hier in der Person des Moses verankert. Die Erzählung basiert auf den biblischen Büchern Exodus bis Deuteronomium. In seiner Geschichte des Religionsgründers folgt Thomas Mann Sigmund Freuds (1856–1939) spätem Essay *Der Mann Moses und die monotheistische Religion* (1939). Dies gilt nicht, was die Beziehung des jüdischen Monotheismus zum Ein-Gott-Glauben des Pharaos Echnaton (um 1350 v. Chr.) angeht.

Das Gesetz: Manifest gegen die Gesetzlosigkeit

Der Prophet des einen Gottes ist hier als Findelkind, unstatthafter Sohn einer Pharaonentochter und eines hebräischen Sklaven, aufgefunden im Körbchen am Nilufer, von unordentlicher Geburt. Er hat zudem in Gestalt einer von Thomas Mann zur Bibel hinzugedichteten Geliebten eine normwidrige erotische Beziehung zu einer Afrikanerin. Gerade deshalb aber strebt er über sich selbst und über sein Volk hinaus nach Reinheit und Klarheit. So heißt es bei Thomas Mann:

Statuenkopf des Echnaton (Luxor)

Mose dagegen, kraft seiner Begierde nach dem Reinen und Heiligen, war tief beeindruckt von der Unsichtbarkeit Jahwe's; er fand, daß kein sichtbarer Gott es an Heiligkeit mit einem unsichtbaren aufnehmen könne. (GW VIII, 808)

Die Erzählung stammt aus der Zeit des Zweiten Weltkriegs. In diesen Jahren hielt Thomas Mann auch seine warnenden, ja prophetischen Reden an die *Deutschen Hörer* über den britischen Rundfunk (vgl. Ridley/Vogt 2009, S. 55–57), die BBC, die aufgrund der damals größeren deutschen Sprachgemeinde oft auch eine niederländische und tschechoslowakische Hörerschaft fanden. *Das Gesetz* endet mit einem Fluch: „Aber Fluch dem Menschen, der da aufsteht und spricht: ‚Sie gelten nicht mehr.' Fluch ihm, der euch lehrt: ‚Auf, und seid ihrer ledig! Lügt, mordet und raubt, hurt, schändet und liefert Vater und Mutter ans Messer, denn so steht's dem Menschen an, und sollt meinen Namen preisen, weil ich euch Freiheit verkündete.'" (GW VIII, 875) So endet die Mose-Novelle gleichsam mit einem Bannfluch gegen Hitlers Nihilismus. Er ist der Auslöscher des Regelsystems, das Moses aufgebaut hat, einschließlich seines Volkes. Moses arbeitet bei Thomas Mann an der Erziehung jenes widerspenstigen Volkes wie ein Bildhauer am Stein. Dabei weckt der Autor Assoziationen zu Michelangelo (1474–1564), dem Schöpfer einer großen Moses-Statue in der italienischen Renaissance:

Der Moses des Michelangelo (1513–1515, San Pietro in Vincoli, Rom)

Er sprengte mit dem Meißel an ihnen herum, daß die Stücke flogen, und das war sehr wörtlich zu nehmen, denn mit den Ahndungen, die er auf die schlimmsten Überschreitungen der Schranken setzte, war es kein Spaß, und hinter seinen Verboten standen der junge Joschua und seine Würgengel. (GW VIII, 850)

Denn der Prophet ist ein bildender Künstler; er „formt das ABC des Menschenbenehmens, aber auch in dein Fleisch und Blut soll es gemetzt sein, Israel" (GW VIII, 875). Thomas Mann folgt hier Schillers Vorlesung *Die Sendung Moses* sowie vor allem Heines *Geständnissen*, der dort trotz seines „hellenischen Naturells" betont, dass Moses „Menschenpyramiden" errichtete, „er meißelte Menschenobelisken, er nahm einen armen Hirtenstamm und schuf daraus ein Volk." (zitiert nach Hamburger 1984, S. 188)

Thomas Mann selbst predigt gegen *Bruder Hitler*. Die wesentliche Frage ist hierbei stets, wie barbarisch der Kampf gegen die Barbarei, wie unzivilisiert der Krieg gegen Zivilisationsverweigerer sein darf (vgl. TB 1944–1946, 199). Diese Dialektik des Kampfes wird in der Moses-Novelle personifiziert in der Gestalt des Joschua. Ein athletischer junger Kämpfer für Moses Ideen, vollzieht er anscheinend als Würgeengel die Tötung der ägyptischen Erstgeborenen und erledigt später die Hinrichtungen im eigenen Volk nach dem Tanz um das goldene Kalb (GW VIII, 872). Er ist der gleichsam jakobinische Täter zu Moses Gedanken (GW VIII, 817 f.), eine Figur, die ähnlich schon in Heinrich Heines Versepos *Deutschland. Ein Wintermärchen* (1844) auftaucht (Heine 1959, Bd. 2, S. 113 f.). Nicht ohne Grund wird selbst der Pakt des Propheten mit Gott bei Thomas Mann quasi faustisch mit Blut besiegelt, das die von Moses selbst geschaffenen Schriftzeichen der zehn Gebote auf der Steintafel verstärken soll. Letztlich obsiegt der Prophet, der sein Volk aus der Gefangenschaft geführt hatte, mit seinem überzeitlichen Regelwerk: „Und alles Volk sagte Amen" (GW VIII, 876).

Neben den historischen Urgründen der Zivilisation geht Thomas Mann im Exil auch seinem Vorbild Goethe nach. Dies geschieht auf zweierlei Weise: einerseits biografisch, andererseits mit Bezug auf Goethes international bekanntestes Hauptwerk, den *Faust*. Ihm setzt Thomas Mann mit seinem nach

Mit Goethe gegen den deutschen Sonderweg

Erstausgabe des Romans, Stockholm 1939

Angelika Kauffmann: Der junge Goethe (1787)

Goethes Jugendgeliebte Charlotte Buff (verh. Kestner, 1753–1828)

eigener Einschätzung „wildeste[n] Buch" (GKFA 19.1, 412), dem Roman *Doktor Faustus*, ein eigenes Pendant mit kulturphilosophischem wie -politischem Anspruch entgegen. In *Lotte in Weimar* (1939) umreißt er in neun Kapiteln den historisch verbürgten Besuch der mittlerweile dreiundsechzigjährigen Charlotte Kestner, gleichsam Werthers Lotte, bei ihrer längst zum Staatsmann und Klassiker avancierten Jugendliebe Goethe, der mittlerweile 67 Lenze zählt. Das erste Kapitel beschreibt die Ankunft „Lottes" im Weimarer Hotel Elephant, der skurrile Kellner Mager erkennt das Urbild der Geliebten Werthers in der alten Dame, das eine goetheanisch-enthusiastische Irin namens Miss Cuzzle im zweiten Kapitel dann zeichnerisch festhalten möchte. Der Reigen der Goethe-Bilder wird im dritten Kapitel ergänzt durch den kritischen Standpunkt von Friedrich Wilhelm Riemer (1774–1845). Riemer ist der Sekretär Goethes, der sich über die Kälte des Meisters beklagt und Charlotte Kestner und sich selbst als „Complicen in der Qual" (GKFA 9.1, 106) ansieht. Im vierten Kapitel tritt dann Adele Schopenhauer auf, die Schwester von Thomas Manns Lieblingsphilosophen neben Nietzsche, die Lotte über die Verhältnisse in der Residenz Weimar gründlich aufklärt. Sie fungiert im folgenden fünften Kapitel als Erzählerin einer Binnennovelle über Ottilie von Pogwisch, die spätere Schwiegertochter Goethes, und deren Bewunderung für einen schönen Kriegsjüngling, der den erwachenden deutschen Nationalismus in den „Befreiungskriegen" gegen den vom Weltbürger Goethe bewunderten Franzosenkaiser Napoleon (1769–1821) personifiziert. Er erscheint wie eine nicht unbedenkliche Naturerscheinung:

Adele Schopenhauer, Scherenschnitt

> Im Holz, in dem feuchten Grase lag der schönste Jüngling, ein verwundeter Krieger, […], das lockige Blondhaar verwirrt und verklebt, einen keimenden Bart um das edel geschnittene Antlitz, dessen fiebrige Wangenröte höchst schreckhaft gegen die wächserne Blässe der Stirne stand, die […] Montur befleckt […] von ebenfalls halb getrocknetem Blut. Entsetzlicher und doch auch erhebender, das tiefste Gefühl aufrufender Anblick! (GKFA 9.1, 176)

Der erhabene Jüngling verkörpert eine gerade im 20. Jahrhundert problematische und in der Goethezeit erst aufkeimende deutsche Zukunft, während der noch zu Lebzeiten des Meisters verstorbene August von Goethe, Sohn Johann Wolfgang von Goethes, im sechsten Kapitel nicht mehr als ein „Nachspiel" (GKFA 9.1, 323) des Genies darstellt. Auch für Augusts Braut ist er nur ein Stellvertreter des bewunderten Vaters. Zum Höhepunkt des Romans kulminiert dann das siebte Kapitel, in dem die Erzählinstanz nach der etwa in Arthur Schnitzlers Novelle *Leutnant Gustl* (1900) vorgeprägten Manier des

Thomas Mann: *Doktor Faustus*, Erstausgabe Stockholm 1947

Bewusstseinsstroms das Innere Goethes widerspiegelt. Seine Skepsis gegenüber der deutschen Mentalität und sein Selbstbild als „Repräsentant" kommen an dieser Stelle zum Vorschein. Die Landsleute erscheinen Goethe als „unseliges Volk", mit dem es „nicht gut ausgehen wird". Die von der westdeutschen Kritik nach 1945 bemängelte Selbstspiegelung Thomas Manns in seinem Goethebild scheint in Feststellungen wie „Die Besten lebten bei ihnen immer im Exil" (GKFA 9.1, 335) auf. Eine Absenkung der Spannungskurve erlebt die Romanhandlung dann anlässlich der Schilderung des gemeinsamen Mittagessens der einstmals Verliebten am 25. September 1816, bei dem Lottes Skepsis angesichts der Unterwürfigkeit gegenüber Goethe aufkeimt. Im neunten und letzten Kapitel kommt sie dann zu dem Fazit ihrer Begegnung:

> Nur so viel, ich habe eine neue Bekanntschaft von einem alten Manne gemacht, welcher, wenn ich nicht wüsste, dass es Goethe wäre, und auch dennoch, keinen angenehmen Eindruck auf mich gemacht hat (GKFA 9.1, 431).

Auch in diesem Fall, nicht nur mit dem tiefen Rückblick durch den ‚Brunnen der Vergangenheit' des alten Ägyptens, versucht sich Thomas Mann an der Vermenschlichung scheinbar übermenschlicher Heldenfiguren.

Doktor Faustus – die Psychoanalyse dunkeldeutscher Märchenseele

Das Erhabene an Goethe ist das Faustische. Schon Goethes zentrales Drama war für Thomas Mann in seiner ebenfalls im Exil verfassten *Phantasie über Goethe* „das erstaunliche Produkt dieser inneren Weiträumigkeit, dieser enzyklopädischen Weltbeherrschung" (GKFA 19.1, 343). Der Anspruch, sich noch einmal des Faust-Stoffs zu bemächtigen, ist folglich so hoch, wie er nur sein kann. Mit dem *Doktor Faustus*, einem Roman über den *deutschen Tonsetzer Adrian Leverkühn, erzählt von seinem Freunde*, wandte sich Thomas Mann erneut der hochproblematischen deutschen Seele zu. Seine Aktualisierung des Fauststoffes verband er mit der revolutionären Zwölfton-Musik Arnold Schönbergs und den musikwissenschaftlichen Schriften Theodor W. Adornos, eines Schicksalsgenossen im kalifornischen Exil. Damit verschränkte er den modernen Avantgarde-Diskurs mit einer altertümlichen Erzählform, den Aufzeichnungen über den „Tonsetzer", die im Roman eine aus der Zeit gefallene Gestalt, der katholische Humanist Serenus Zeitblom, vornimmt.

Man Ray: Foto von Arnold Schönberg, 1927

Ein wichtiges Leitmotiv im Werk Thomas Manns ist zudem die Verbindung von Kunst und Krankheit. Der Komponist Adrian Leverkühn geht seinen faustischen Teufelspakt nicht allein mit dem Mephisto aus Goethes Originalstoff ein; er sucht vielmehr die Infektion mit Syphilis, die seine schöpferische Kreativität steigern soll. Der damit absehbare Tod und die Aufgabe des Lebens variieren das Grundmotiv Thomas Manns: Kunst und Produktivität isolieren den Künstler, Kunst und Krankheit gehen eine höchst problematische Verbindung ein. Wie der Tonsetzer Leverkühn ist auch der Schriftsteller ein letztlich aus der bürgerlichen Gesellschaft Ausgeschiedener, der um seiner ideellen Produktivität willen und durch seine Sensibilität dem bürgerlichen Erwerbsideal nicht entspricht. Und doch entspringt der Teufel, der Leverkühn im italienischen Palestrina, dem Urlaubsort der jungen Brüder Mann wie einem Entstehungsort der *Buddenbrooks*, begegnet, auch hier altdeutschen Bildtraditionen im Sinne Dürers (vgl. Bastek/Pfäfflin 2014, S. 210). Er fordert sein Gegenüber zudem zur rechten Sprachwahl auf:

> Sprich nur deutsch! Nur fein altdeutsch mit der Sprache heraus, ohn' einzige Bemäntelung und Gleißnerei. Ich versteh es. Ist gerad recht meine Lieblingssprache. Manchmal versteh ich überhaupt nur deutsch. (GKFA 10.1, 326)

Julius Nisle: Der Teufelspakt

Das verqueere Erscheinungsbild des Leibhaftigen ist vergleichbar den seltsamen wie verführerischen Gecken in Thomas Manns Novelle *Der Tod in Venedig*. Er ist gezeichnet durch

> rötliche Wimpern auch an geröteten Augen, käsig das Gesicht, mit etwas schief abgebogener Nasenspitze; über quer gestreiftem Trikothemd eine karierte Jacke mit zu kurzen Ärmeln, aus denen die plumpfingrigen Hände kommen; widrig knapp sitzende Hose und gelbe, vertragene Schuhe, die man nicht länger putzen kann. Ein Strizzi. Ein Ludewig. Und mit der Stimme, der Artikulation eines Schauspielers. (GKFA 10.1, 327)

Bei seiner Schilderung seiner Heimstatt, der Hölle, tauchen indes Assoziationen zu Folter- und Gestapo-Kellern auf:

> Das ist die geheime Lust und Sicherheit der Höllen, daß sie nicht denunzierbar, daß sie vor der Sprache geborgen ist, daß sie eben nur ist, aber nicht in die Zeitung kommen, nicht publik werden, durch kein Wort zur kritisierenden Kenntnis gebracht werden kann, wofür eben die Wörter ‚unterirdisch', ‚Keller', ‚dicke Mauern', ‚Lautlosigkeit', ‚Vergessenheit', ‚Rettungslosigkeit' die schwachen Symbole sind. (GKFA 10.1, 357)

Die komplexe Erzählstruktur des *Doktor-Faustus*-Romans ist gekennzeichnet durch lutherische Spiegelungen und historische Verschiebungen zwischen der NS-Zeit, dem Münchner Fin de Siècle und deutscher Renaissance und Reformation, die das Geschehen grundieren. Zunächst ist hier Serenus Zeitbloms Erzählzeit zu nennen, die sich von 1943 bis 1945 erstreckt und in der der fiktive Biograf seines Freundes, des Komponisten Leverkühn, in seltsam altertümlichem Deutsch seiner Verzweiflung inmitten der Verheerungen des Dritten Reiches Ausdruck gibt. Die einfühlende Leistung des kalifornischen

Exilanten Thomas Mann bei der Schilderung dieser Kriegssituation jenseits des Atlantiks ist immens. Deutschland erscheint hier selbst als kollektive Verkörperung des faustischen Prinzips:

> Deutschland, die Wangen hektisch gerötet, taumelte dazumal auf der Höhe wüster Triumphe, im Begriffe, die Welt zu gewinnen kraft des einen Vertrages, den es zu halten gesonnen war, und den es mit seinem Blute gezeichnet hatte […]. Ein einsamer Mann faltet seine Hände und spricht: Gott sei euerer armen Seele gnädig, mein Freund, mein Vaterland. (GKFA 10.1, 738)

In der Binnenhandlung des Romans wird indes als erzählte Zeit die Spanne von Adrian Leverkühns Leben von 1885 bis 1940 umrissen: *Das Leben des deutschen Tonsetzers Adrian Leverkühn, erzählt von seinem Freunde* steht schon beim Titel im Mittelpunkt des Geschehens. In der Schilderung der fiktiven mitteldeutschen Stadt Kaisersaschern, Adrians Jugendstadt, offenbart sich zudem als weitere Ebene ein Zeitgrund als urdeutscher Humus der Luther-Zeit, von Reformation und Renaissance – „die ethische Luft, der faustische Duft, Kreuz, Tod und Gruft." (Nietzsche, vgl. GW IX, S. 558) An diesem detailliert geschilderten Ort, dessen Erfindung ein mentalitätsgeschichtliches Meisterstück darstellt, findet der dunkeldeutsche wie dämonische Teufelspakt von Genie und Wahn stellvertretend seine kulturelle Grundlegung, der dann in der nazistischen Katastrophe der bitterbösen ‚deutschen Märchenseele' endet.

Auf biografischer Ebene aufschlussreich ist, dass das seelische Gift dieses Stoffes Thomas Mann nach seiner Selbstdeutung schwer schädigte. Nicht zufällig ist während der Entstehung des *Doktor Faustus* eine schwere Lungenkrankheit aufgetreten, ein Karzinom, dass ihm im Billings Hospital in Chicago entfernt wurde. Thomas Mann, dem gegenüber das böse Wort ‚Krebs' nie genannt wurde (Harpprecht 1995, S. 1559), spricht etwas undeutlich von einer Lungenaffektion. Er selbst hat seine Erkrankung indes mit der Entstehung dieses ihn sehr belastenden deutschen Stoffes in Verbindung gebracht.

4. Wieder in der Schweiz 1952–1955: gelöster Ausklang

Thomas Manns Rückkehr nach Europa gestaltete sich mithin schwierig. Er suchte – wie schon zu Beginn seines Exils – den deutschen Sprachraum. Dabei floh er nicht nur vor den politischen Entwicklungen in den Vereinigten

Das Thomas-Mann-Haus in Kilchberg bei Zürich

Staaten, vor dem Geist des fanatischen Antikommunismus des Senators Joseph McCarthy; es zeigte sich eben auch die Anhänglichkeit an den alten Kontinent. Er wollte, wie er dem Schriftsteller Hans Carossa in einem Brief versicherte, in der alten Erde ruhen (vgl. Harpprecht 1995, S. 1875). Oberhalb des Zürichsees in Kilchberg fand er schließlich seinen letzten Wohnsitz (vgl. Sprecher/Gutbrodt 2000). In der Schweiz verblieb er, weil er den Deutschen zutiefst misstraute. So schrieb er an Walter von Molo und andere Schriftsteller, die sich selbst als Teil einer ‚inneren Emigration' verstanden, eine Absage mit dem Titel *Weshalb ich nicht nach Deutschland zurückkehre* (vgl. Valentin 2015, S. 290–300). Darin legt er auch eine Art frühes Bekenntnis zur Globalisierung ab:

> Weltökonomie, die Bedeutungsminderung politischer Grenzen, eine gewisse Entpolitisierung des Staatenlebens überhaupt, das Erwachen der Menschheit zum Bewußtsein ihrer praktischen Einheit, ihr erstes Ins-Auge-Fassen des Weltstaates – wie sollte all dieser über bürgerliche Demokratie weit hinausgehende *soziale Humanismus*, um den das große Ringen geht, dem deutschen Wesen fremd und zuwider sein? (GW XII, 961 f.)

Insbesondere die Tochter Erika stand den deutschen Zuständen zunehmend ablehnend gegenüber, da sie die Restauration insbesondere in Westdeutschland außerordentlich kritisch sah. Ehemalige SS-Freiwillige wie der damals prominente Kritiker Hans Egon Holthusen feindeten ihren Vater an (Wißkirchen in Blödorn/Marx 2015, S. 380 f.). So blieb denn die Schweiz, die Thomas Mann respektvoll aufnahm, und so sollte die Eidgenossenschaft auch für Golo, Erika und Katia Mann zur letzten Heimat werden.

Den Schlussstein seines Novellenwerks bildet Thomas Mann indes mit *Die Betrogene* (1953), einem Dokument der geistigen Heimkehr, größtenteils vor

Die Betrogene – Tod in Düsseldorf

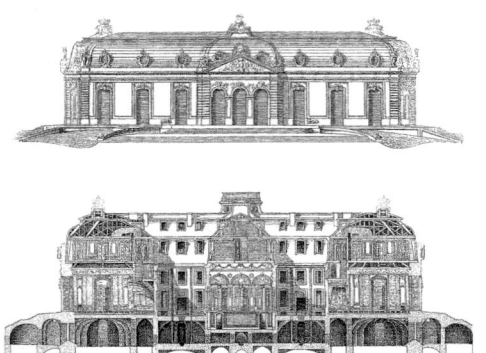

Bauzeichnung von Schloss Benrath
von Nicolas de Pigage (1723–1796)

der Rückkehr in den deutschen Sprachraum verfasst. Die Handlung spielt in seinem Westen, im Düsseldorf der zwanziger Jahre; auch ein Ausflug nach Schloss Benrath, das hier Holterhof heißt und von Thomas Mann anhand eines aktuellen *Merian*-Hefts (4. Jahrgang/5/1951, S. 56–60) erschlossen wurde, belebt die Handlung. Das ‚Unerhörte' der Novelle ist die scheinbare Wiederkehr der Monatsblutung der weiblichen Titelfigur, einer Frohnatur, „Rheinländerin von Geblüt und Mundart" (GW VIII, 877), wie der etwa zeitgleich vollendete Felix Krull. Sie hat sich in einen jungen muskulösen, aber auch etwas unbedarften Amerikaner namens Ken Keaton verliebt. In dieser Gestalt, die wohl nicht zufällig den Nachnamen eines beliebten Stummfilmkomikers trägt, setzt Mann seinem langjährigen Gastland ein durchaus launiges Denkmal. Betrogen wiederum wird die weibliche Protagonistin nicht von dem jungen naiven Amerikaner, sondern durch ihren eigenen Körper: Die Blutung erweist sich nicht als Fruchtbarkeits-, sondern als Krebssymptom. Dennoch scheidet Rosalie von Tümmler versöhnt aus dem Leben, während um sie herum der Frühling blüht. Ihre letzten Worte sind im Sinne von Goethes Naturauffassung zu verstehen, erscheinen hier bei Thomas Mann jedoch pessimistisch gebrochen (vgl. Blödorn/Marx 2015, S. 145 f.): „‚Die Natur – ich habe sie immer geliebt, und Liebe – hat sie ihrem Kinde erwiesen.' Rosalie starb einen milden Tod, betrauert von allen, die sie kannten." (GW VIII, 950)

Thomas Mann *Die Betrogene*,
Erstdruck von 1953

IV. Voraussetzungen, Grundlagen, Werkaspekte

1. Bürgerliche Kultur im Zeitalter der Extreme

Bürgerlichkeit ist ein durchgängiges Ideal in Thomas Manns politischem Konzept, selbst dann, wenn es sich als unpolitisch maskiert. Dies ist eine Taktik, die manche seiner Interpreten etwas zu ernst genommen haben (vgl. Valentin 2015, S. 297 f.). Für die neue Weimarer Republik entwickelt Thomas Mann in *Für das neue Deutschland* schon 1919 folgendes Konzept:

Maß und Mitte als Richtschnur der Bürgerlichkeit

> Der soziale Volksstaat, wie er sich jetzt bei uns befestigen will, lag durchaus auf dem Wege der deutschen Entwicklung. Gewiß ist mir aber auch, daß gerade in Deutschland der soziale oder sozialistische Staat ohne einen Einschlag bürgerlichen Geistes nicht lebens- und leistungsfähig sein würde [...] Die reine Arbeiter-Republik, die Diktatur des Proletariats, wäre die Barbarei. (GKFA 15.1, 233)

Dem sowjetischen Revolutionsführer Lenin bescheinigt Thomas Mann „vernichtenden Gotteseifer[]" (GKFA 15.1, 734) und die Sowjetunion sieht er in der Tradition des altrussischen Autoritarismus (vgl. GKFA 19.1, 720). Sich selbst präsentiert er hingegen als Mann der Mitte und des Maßes, auch zwischen „Völkischen" und „Internationalisten" (GKFA 15.1, 1013).

Wladimir Iljitsch Lenin (1870–1924)

Bürgerlichkeit in der Abwehr des Totalitarismus

Die Niederlage im Ersten Weltkrieg und der heraufziehende Nationalsozialismus ließen Thomas Mann mit der Sozialdemokratie sympathisieren. Sie sah er trotz ihrer Herkunft aus der Arbeiterbewegung als parteiliches Rückgrat der bürgerlichen Republik an. Noch um 1930 stufte indes Werner Mahrholz ihn nicht zufällig „von allen deutschen Schriftstellern seiner Generation" als „der innerlich konservativste" ein (Mahrholz 1931, S. 70). So sah Thomas Mann sich während der Weimarer Republik, aber noch mehr in der Zeit des Exils als Repräsentant der bürgerlichen Werte gegenüber den extremen politischen Bewegungen, die aus seiner Sicht eine bedrohliche Bedeutung in der Welt erlangten. Insbesondere der deutsche Faschismus und der Sieg Hitlers schienen ihm eine Bedrohung der humanitären bürgerlichen Welt, für die er stand. Zu Beginn seiner politischen Entwicklung war Thomas Manns Bild des Bürgers jedoch noch nicht vom Begriff des US-amerikanischen Citizen oder des französisch-jakobinischen Citoyen geprägt, sondern eher von Richard Wagners opernhaften *Meistersingern*, Stadtbürgern im alten Nürnberg der Dürer- und Lutherzeit. Auf sie bezieht die er sich in seinen *Betrachtungen eines Unpolitischen* (1918) ausdrücklich:

> […] der *Bürger* – und das ist ein Motiv dieses Buches – ist kosmopolitisch, *denn* er ist deutsch, deutscher als Fürsten und ‚Volk': dieser Mensch der geographischen, sozialen und seelischen ‚Mitte' war immer und bleibt der Träger deutscher Geistigkeit, Menschlichkeit und Anti-Politik […]. (GW XII, 31)

Die Problematik der im Geschäftsleben unpraktischen, im Ernst- und Kriegsfall unsoldatischen, also uneigentlichen Künstlerexistenz fasst Thomas Mann in *Gute Feldpost* mit den Worten zusammen: „Was ist Künstlerfreiheit und Künstlerschicksal? – Im Gleichnis zu leben." (GKFA 15.1, 48)

Das Goethe-Schiller-Denkmal vor dem Nationaltheater in Weimar

Die Köpfe von Goethe und Thomas Mann auf dem Goethe-Schiller-Denkmal

Das Goethe-Mann Denkmal

Repräsentanten bürgerlicher Kultur sind und waren in Deutschland seit jeher die beiden Weimarer Klassiker Johann Wolfgang von Goethe (1749–1832) und Friedrich von Schiller (1759–1805). Sie entstammten beide dem Bürgerstand, Goethe dem Frankfurter Patriziat, das aus dem Wirts- und Handwerkerstand aufgestiegen war, Schiller eher aus kleinbürgerlichen Verhältnissen Schwabens, die sich berufsmäßig zwischen Hofgärtnerei und Militär bewegten. Der hanseatische Kaufmannssohn Thomas Mann orientierte sich an beiden Idolen und Vorbildern des deutschen Bürgertums. Diese Anverwandlung wurde in der Öffentlichkeit durchaus bemerkt und führte unter anderem dazu, dass in einer Karikatur Thomas Manns Kopf auf den Sockel des bekannten Goethe-Schiller-Denkmals vor dem Weimarer Nationaltheater gesetzt wurde (vgl. Wysling/Schmidlin 1994, S. 422). Zentral ist für Thomas Mann

Goethe und Schiller als Leitbilder des bürgerlichen Humanismus

in seinem Verhältnis zu Schiller und Goethe die im Zeitalter eines kollektivistischen Totalitarismus gefährdete Idee der bürgerlichen Persönlichkeit. Sie ist ein Ideal, das sowohl mit dem väterlichen Kaufmanns- als auch mit dem persönlichen Künstlertum vereinbar ist. In seiner *Phantasie über Goethe*, einer Einleitung für eine Goethe-Ausgabe in der bürgerlich-revolutionären Demokratie der USA, hält Thomas Mann im Exil zu diesem Persönlichkeitsideal fest, dass wir Goethe

> *Dichtung und Wahrheit, Aus meinem Leben*, die beste und jedenfalls liebenswürdigste Autobiographie der Welt verdanken, einen Ich-Roman, der in unbeschreiblich angenehmem Tonfall darüber unterrichtet, wie ein Genie sich bildet, Glück und Verdienst nach irgendwelchem Gnadenschlusse sich unauflöslich verketten, eine Persönlichkeit unter der Sonne höherer Gunst sich entfaltet … Persönlichkeit! Goethe hat sie ‚das höchste Glück der Erdenkinder' genannt. (GKFA 19.1, 304)

In der Humanität Goethes entdeckt Thomas Mann so auch eine Sinnstiftung im ‚Zeitalter der Extreme', wie der österreichisch-britische Historiker Eric Hobsbawm (1917–2012) das kurze 20. Jahrhundert nennt. Mann machte überdies schon früh Schiller zum Gegenstand einer kurzen Novelle zur Feier von dessen hundertstem Todestag im Jahr 1905. Anknüpfend an die Erzähltechnik des Bewusstseinsstroms, taucht er darin in das Ich des klassischen Dichters während einer nächtlichen *Schweren Stunde* ein. Schillers fiktiver Gedankenfluss wird hier mit all seinen Assoziationsketten unmittelbar widergespiegelt.

Goethe und Schiller sowie die Beschäftigung mit diesen Autoren sind zugleich aber häufig Ausdruck einer repräsentativen Rolle Thomas Manns: Er beschäftigt sich mit den Klassikern nicht zuletzt, weil er als Repräsentant der deutschen

Literatur, ja eines von ihm für sich reklamierten Welt-Deutschtums (vgl. Valentin 2015, S. 289), als Redner in Ost und West bei entsprechenden Jubiläen, Schiller- und Goethefeiern (etwa 1949 und 1955) gefragt war. Das Maßhalten und die Mitte sind zu diesen Anlässen Eigenschaften, die Thomas Mann in seiner privaten Lebensgestaltung lebt und die er im Gefolge Goethes dem öffentlichen Leben anempfiehlt. Der politische Radikalismus hat in diesem Kontext nicht nur Kampf und Gegenwehr, sondern auch, ganz im Sinne der allumfassenden Ironie Thomas Manns, Spott verdient, wie er in *Goethe und die Demokratie* 1949 betont:

Erstdruck von *Goethe und die Demokratie*, 1949

> Und es fragt sich nun, wie weit Größe sich mit Demokratie verträgt – eine vielleicht unvorsichtige Frage, wenigstens wenn man Deutschland dabei im Auge hat, wo immer die Größe zu einem undemokratischen Hypertrophieren neigt […] Seine Lebensverbundenheit, demokratisch im Gegensatz zum poetischen Aristokratismus des Todes, hat viele Fazetten […]. Es ist ja kein Zufall, daß diese Lebensverbundenheit sich im gleichen Satz und Atem als ein Trumpfen auf seine vitale Ausdauer und als Spott auf den politischen Radikalismus äußert. (GKFA 19.1, 617 f.)

Thomas Mann bescheinigt Goethe „Großartige Naivität, naive Großartigkeit der Selbstschau" (GKFA 19.1, 301); er selbst, der Ironiker und Spätling, als der er sich verstand, konnte diese Naivität, diese Liebe zur eigenen wie zur All-Natur der Welt nicht mehr aufbringen.

Neben den beiden Idolen des deutschen Bürgertums, Goethe und Schiller, treten auch noch russische Autoren vor den geistigen Horizont Thomas Manns. Dabei reiste er wohlweislich nie nach Russland oder in die Sowjetunion, und das einzige slawische Volk, dessen demokratische Staatsidee er anerkannte und dessen Hauptstadt Prag er sehr gerne besuchte, waren die Tschechen (vgl.

Thomas Mann und die slawische Welt

Fjodor Michailowitsch Dostojewski, 1872, Porträt von Wassili Perow

Anton Tschechow (1860–1904)

GKFA 19.1, 112). Man hatte dem Autor die Staatsbürgerschaft dieses Landes, einer demokratischen Insel unter den Diktaturen Mitteleuropas in der Zwischenkriegszeit, geistig mithin ‚westlicher' als Deutschland, angeboten, die er dann bis 1944 behielt. Der Russe Fjodor Michailowitsch Dostojewski (1821–1881) erschien Thomas Mann – gerade nach seiner Hinwendung zur demokratischen Welt – trotz des literarischen Vorbildcharakters jetzt nur *mit Maßen* erträglich – so der Titel eines Aufsatzes von 1945. Ja er bescheinigt ihm gar ein „bleiches Heiligen- und Verbrecherantlitz" (GKFA 15.1, 580) mit „wildem Apostatentum gegen Zivilisation und Demokratie" (GKFA 19.1, 61). Tiefer ist neben der Beschäftigung mit dem Meistererzähler Anton Pawlowitsch Tschechow (vgl. GW IX, 843–869) die lebenslange Auseinandersetzung Thomas Manns mit dem Werk Lew Tolstois (1828–1910). Diesen stellt er in seinem Aufsatz *Goethe und Tolstoi* in unmittelbare Nähe zu dem Weimarer Klassiker. Tolstoi erscheint Thomas Mann dabei im Gegensatz zu Dostojewski als Zivilisationskritiker westlicher Prägung im Sinne des französischen Aufklärungsphilosophen Jean-Jacques Rousseau (1712–1778) (vgl. GKFA 15.1, 379) und nicht als getreuer Sohn der russischen Orthodoxie oder der antizivilisatorischen wie antiwestlichen Ideologie des reaktionären russischen Staatsmanns Konstantin Petrowitsch Pobedonoszew (1827–1907). Dies führt Thomas Mann zu einer deutschen Selbstbespiegelung und zu einer Forderung an das eigene Land, die sich soeben formierende erste deutsche Demokratie und ihre bürgerliche Verfassung:

Lew Tolstoi

Jean-Jacques Rousseau

> Es wird nicht asiatisch sein und wild, sondern europäisch, das heißt begabt mit dem Sinn für Gliederung, Ordnung, Maß, und bürgerlich immer noch in der ältesten, würdigsten, der mittelalterlich-deutschen Bedeutung, d. h. kunstreich und gebildet durch Sachlichkeit." (GKFA 15.1, 420)

Bürgerliche Kultur, die Weimarer Klassik kann für Thomas Mann das sittliche Heilmittel gegen das Dämonische im ‚Zeitalter der Extreme' (Hobsbawm) sein. Davon legt er in seinem letzten Aufsatz Zeugnis ab. Dieser entstand anlässlich der Schiller-Feiern im Jahr 1955 kurz vor Manns Tod. Mit Blick auf die Zeit seit dem großen selbstmörderischen Krieg von 1914/18, die Zeit der revolutionären Umwälzungen, des kriegerischen Nationalsozialismus, des Holocaust und auch der Einsetzung der Atombombe, stellt der greise Schriftsteller heraus:

Thomas Mann in Weimar, 15.5.1955

Bürgerschaftliche Bildung als Heilmittel im ‚Zeitalter der Extreme'

Das letzte Halbjahrhundert sah eine Regression des Menschlichen, einen Kulturschwund der unheimlichsten Art, einen Verlust an Bildung, Anstand, Rechtsgefühl, Treu und Glauben, jeder einfachsten Zuverlässigkeit, der beängstigt. Zwei Weltkriege haben, Rohheit und Raffgier züchtend, das intellektuelle und moralische Niveau (die beiden gehören zusammen) tief gesenkt […]. Wut und Angst, abergläubischer Haß, panischer Schrecken und wilde Verfolgungssucht beherrschen eine Menschheit, welcher der kosmische Raum gerade recht ist, strategische Basen darin anzulegen, und die die Sonnenkraft äfft, um Vernichtungswaffen frevlerisch daraus herzustellen. (GW IX, 950)

Diese prägnante Zivilisationskritik beruht nicht auf enggeführter politischer Romantik, sondern auf der humanistischen Idee einer anzustrebenden ‚Welt-Zivilisation'. Den kritisierten gegenwärtigen Zuständen stellt Thomas Mann

Schillers *Eleusisches Fest* entgegen, das Schiller, Ehrenbürger des revolutionären Frankreichs, sinnigerweise auch *Bürgerlied* (vgl. Schiller 2008, S. 1436) genannt hat. Hier klagt die Ceres, die römische Göttin des Ackerbaus und der Gesetze, über die Barbarei einer gefallenen Menschheit, die von „Verdummung" heimgesucht wurde und wie dann auch im 20. Jahrhundert „ihrem schon gar nicht mehr ungewollten Untergange" entgegentaumelt:

> Find' ich so den Menschen wieder,
> Dem wir unser Bild geliehn,
> Dessen schöngestalte Glieder
> Droben im Olympus blühn?
> Gaben wir ihm zum Besitze
> Nicht der Erde Götterschoß,
> Und auf seinem Königssitze
> Schweift er elend, heimatlos? (ebd.)

Was hier Abhilfe schaffen kann, ist für Thomas Mann der dem Extremismus entgegenwirkende Humanismus der Weimarer Klassik. Auch aus seinem Land mit seiner dunklen Märchenseele soll er wieder ein zivilisiertes Gemeinwesen formen. Universalität steht hier gegen Eigennutz, Einheit gegen Entzweiung, ganz im Sinne des „alle Menschen werden Brüder" (vgl. Schiller 2008, S. 248) aus Schillers *Ode an die Freude*, die späterhin, verbunden mit Beethovens Musik, zur Europahymne werden sollte. Die oft engherzige Bürgerlichkeit einer mittelstädtisch-lübischen hanseatischen Kleinwelt weitet sich beim alten Thomas Mann, der zeitgleich Ehrenbürger seiner Vaterstadt geworden war, zu einer alle und alles verbindenden *Welt-Zivilisation*. Sie muss versuchen, ein angemessenes Gleichgewicht von Freiheit und Gleichheit zu finden; das Völker- und Staatenleben in einen Sozialismus überzuführen, der die Rechte des Individuums, den Wert des Ungleichen zu ehren weiß. Die Nationalkulturen, in denen das Menschliche sich farbig bricht und denen der liberale Humanismus so viel Liebe zuwandte, brauchen nicht zu verblassen und sterben in der Weltzivilisation der Zukunft. ‚One World', das muß nicht boredom heißen und ‚Friede' nicht Bewegungslosigkeit und die Zufriedenheit der wiederkäuenden Kuh (GW XII, 966 f.).

Er beschließt seine Rede mit einer Quintessenz nicht nur seines Werkes und seiner Werkabsicht, sondern auch mit einer Essenz kulturschaffenden Bürgersinns im Sinne Schillers:

Entgegen politischer Unnatur fühle das zweigeteilte Deutschland sich eins in seinem Namen. Aber ein anderes, größeres Vorzeichen noch muß die Zeit unserer Gedenkfeier verleihen: sie stehe im Zeichen universeller Teilnehmung nach dem Vorbild seiner hochherzigen Größe, die nach einem ewigen Bunde rief des Menschen mit der Erde, seinem mütterlichen Grund. Von seinem sanft-gewaltigen Willen gehe durch das Fest seiner Grablegung […] etwas in uns ein: von seinem Willen zum Schönen, Wahren und Guten, zur Gesittung, zur inneren Freiheit, zur Kunst, zur Liebe, zum Frieden, zu rettender Ehrfurcht des Menschen vor sich selbst. (GW IX, 950 f.)

Wahre Erkenntnis und Erkenntnis der Wahrheit erwächst bei Thomas Mann wie auch bei seinen Vorbildern aus dem bürgerlichen Bildungskanon, aus der abklärenden Reifung durch das Geschichtserlebnis. So klingt es denn auch wie eine autobiografische Spiegelung, wenn er in seiner Phantasie über Goethe die „Massen von Geschichte" in Goethes langem Leben beschwört, die „seinen [Goethes] Geist bestürmt" hatten:

der Siebenjährige Krieg, der Unabhängigkeitskampf Amerikas, die Französische Revolution, Aufstieg und Fall Napoleons, die Auflösung des Heiligen Römischen Reiches, der Jahrhundertwechsel mit seinen physiognomischen und atmosphärischen Weltverwandlungen, der Anbruch des bürgerlichen, des Maschinen-Zeitalters, die Juli-Revolution" (GKFA 19.1, 301).

Auch die Welt der Automobilisierung, des Fernsehens und der Atombombe zu Ende des Lebens Thomas Manns hat mit der hanseatisch-republikanischen Kutschenwelt seiner Kindheit nichts mehr zu tun. So ist auch er wie die Klassiker aus Weimar selbst zu einem Klassiker und Vertreter bürgerlichen Erbes geworden.

2. Hauptthemen, Bilder, Motive

Mischung der Kulturen – Transkulturalität

Ein Hauptthema im Denken Thomas Manns ist die in seiner Person als ‚Halb-Brasilianer' und in seiner Herkunft angelegte transkulturelle, das heißt Kulturen vermischende, und interdiskursive, mithin geistige Welten verschränkende Verbindung von Nordischem und Südlichem, von lutherisch-hanseatischer und lateinisch-katholischer wie auch jüdischer Welt. Im Laufe seines Lebens wendet er sich immer mehr der Latinität zu. In seinen letzten großen beiden Romanen, in *Doktor Faustus* und den *Bekenntnissen des Hochstaplers Felix Krull*, sind die Erzähler kultivierte Katholiken. Krull werden bei blonden Haaren eine bronzene Haut und die Gestalt eines hellenischen Gottes zugewiesen. Es sind Gottheiten, die in seiner rheinischen Heimat in der Antike verherrlicht wurden, und auch seine Heimatstadt Eltville, abgeleitet vom lateinischen ‚alta villa', hat in ihrem Namen mehr Romanisches als Germanisches. Die bildhafte ‚Mischung des Blutes' als Hauptthema im Werk Thomas Manns klingt schon in der Namensgebung von Novellenprotagonisten wie *Tonio Kröger* an, die Norden und Süden wie ihr Schöpfer in sich vereinen und sich manchmal vor nördlichen Blonden mit Namen wie Hans Hansen, in denen sogar der ‚blanke Hans' als das Nordmeer hörbar wird, für ihren Mischlingsstatus rechtfertigen müssen. In seinen Figuren mischt sich auch die Identität des Autors, bis hin zu seiner ehelichen Verbindung mit der hebräischen Welt. In *Zur jüdischen Frage* (1921) bekennt Thomas Mann:

> Des gemischtesten Volkes Sohn, bin ich selber Mischling noch einmal, lateinischen Geblütes zu einem Viertel; Mittelalterlich-Deutsch-Bürgerliches, das entzückt erwachte, als ich jetzt eben die Türme meiner Totentanz-Heimat festlicher Weise wiedersah, kreuzt sich in mir mit minder Würdigem, Modern-Demokratischem, den Instinkten des psychologisierenden Allerwelts-Romanciers. Was verschlägt es, daß meine Kinder nun auch noch einen goldnen Kuppel-Traum von Märchen-Osten und Morgenland im Blute hegen? Mögen sie als unvollkommene Versuchsexemplare jener ‚eurasisch-negroiden Zukunftsrasse', von der die Literaten träumen, auf dem Wege des Fortschritts wandeln … (GKFA 15.1, 435)

Thomas Mann sieht hier bereits in das 21. Jahrhundert und seine Realität hinein. Er folgt dabei Friedrich Nietzsche, der feststellte, dass, wo die ‚Rassen', mithin die Ethnien, sich mischten, der Quell großer Kulturen sei (vgl. Nietzsche 1980, Bd. 12, S. 45). Was für das (metaphorisch) Biologische gilt, gilt parallel für das Geistige bzw. Diskursive: Der lutherisch geprägte und später zum die Dreifaltigkeit ablehnenden Unitarismus übergetretene Protestant Mann (vgl. GW XIII, 800–804; Detering 2012), der alle seine Kinder dementsprechend taufen ließ, hegte dennoch einen gewissen Respekt vor der römischen Kirche. Sie öffentlich zu kritisieren, versagte er sich ebenso wie übrigens wegen seines Sieges über Hitler jede allzu massive Kritik am sowjetischen Kommunismus, dessen „Machtergreifung" im Prag von 1948 er im Tagebuch insgeheim durchaus mit der der Nazis von 1933 verglich (TB 1946–1948,

235). West und Ost, Lateinisches und Germanisches, auch Nord und Süd fließen nach der Auffassung des Autors überdies auch in seinem lebenslangen Vorbild Goethe zusammen. In diesem Sinne erklärt er sich in seiner *Phantasie über Goethe* die Genese des Genies:

Der 1948 ermordete tschechoslowakische Außenminister Jan Masaryk

> Ich glaube, daß das Lindheymer'sche Blut, zu Hause ganz nahe dem römischen Limes, wo antikes und Barbarenblut von je zusammenfloß, das beste, gesundeste und glücklichst bestimmende Element im Wesen des großen Dichters war […]. Von ihr hatte er […] die Italieneraugen, den mittelmeerländischen Teint, von dieser Seite gewiß das Klassische, das Verlangen nach Form und Klarheit, Geist, Ironie und Anmut, die eigentümliche, oft kritisch degoûtierte, oft zornige Distanz zum Deutschtum, das doch, als derb-mythische Volkstümlichkeit, als […] Luther-Mitgift, auch wieder sehr mächtig in ihm war, so daß man sagen kann, nie sei die kühle und souveräne Beurteilung des Deutschen aus deutscherem Gemüte gekommen, nie habe es ein deutscheres Anti-Barbarentum gegeben … (GKFA 19.1, 306)

Übertritt von der Kultur zur Zivilisation

In Thomas Manns antithetischem Denken führt der Begriff des Barbarentums zu dem vor allem mit den Himmelsrichtungen Ost und West verbundenen Gegensatz von Kultur und Zivilisation. Zunächst war er ein Vertreter eines okkulten Kulturbegriffs, der sich im Zuge einer deutsch durchwirkten politischen Romantik herausbildete. Er nahm gerade während des Ersten Weltkriegs Positionen ein, die er später während des zweiten Weltenbrandes umso vehementer bekämpfen sollte. Und weil er diese edel-barbarische ideologische Sphäre von innen kennt, kann er sie umso präziser analysieren und dekonstruieren. In den *Betrachtungen eines Unpolitischen* wird etwa folgende sehr politische Antithese konstruiert:

> Der Unterschied von Geist und Politik enthält den von Kultur und Zivilisation, von Seele und Gesellschaft, von Freiheit und Stimmrecht, von Kunst und Literatur; und Deutschtum, das ist Kultur, Seele, Freiheit, Kunst und *nicht* Zivilisation, Gesellschaft, Stimmrecht. (GW XII, 31)

Bevor Thomas Mann während der NS-Zeit im Exil das ‚Weltdeutschtum' ebenso wie die ‚Welt-Zivilisation' für sich reklamierte, bildeten im Ersten Weltkrieg „Deutschtum und Zivilisation" noch einen scheinbar unüberbrückbaren Gegensatz. In *Gedanken zum Kriege* von 1914 heißt es da: „Zivilisation und Kultur sind nicht nur nicht ein und dasselbe, sondern sie sind Gegensätze, sie bilden eine der vielfältigen Erscheinungsformen des ewigen Weltgegensatzes von Geist und Natur" (GKFA 15.1, 27). Noch wird der Geist des Westens abgelehnt, denn der „Advokat und der Literat sind seine Meister, die Wortführer des ‚dritten Standes' und seiner Emanzipation, die Wortführer der Aufklärung, der Vernunft, des Fortschritts, ‚der Philosophie' gegen die seigneurs, die Autorität, die Tradition, die Geschichte" (GW XII, 51). Doch bald wird dieser Geist in der Gestalt Settembrinis im *Zauberberg* als sympathische, wenn auch ironisch skizzierte Figur gegen den totalitaristisch-frommen Dunkelmann Naptha auftreten.

Mit dem Bild der Blutmischung, das heute einer berechtigten Ideologiekritik unterworfen wird, verbindet sich bei vielen Gestalten Thomas Manns das Element des Androgynen oder Bisexuellen. Man findet es etwa bei Johnny Bishop in *Wie Jappe und Do Escobar sich prügelten* (1911) mit „seinen hübschen blauen, zugleich freundlich und spöttisch lächelnden Mädchenaugen" (GKFA 2.1, 482), bei dem hellenischen Polen Tadzio in *Der Tod in Venedig*, dem jungen Joseph, „der schönste unter den Menschenkindern" (GKFA 7.1, S. 365), oder bei der Gestalt des Hochstaplers Felix Krull sowie in *Tonio Kröger* und *Mario und der Zauberer*. Heute würde man dies als ‚queer' bezeichnen (vgl.

<aside>Gender Trouble und Queerness</aside>

Blödorn in Lörke/Müller 2006, S. 129–146; Liebrand in Börnchen/Mein/ Schmidt 2012, S. 353–369). In der Figur des glücklichen Felix Krull geht dies sogar mit Elementen einer Travestie im Wortsinne einher. Über seinen Paten, einen Kunstmaler, sagt er:

> Ich erwähne, daß ich ihm auch mehrmals nackend Modell stand für ein großes Tableau aus der griechischen Sagenkunde […]. Hierbei erntete ich viel Lob von seiten des Künstlers, denn ich war überaus angenehm und göttergleich gewachsen, schlank, weich und doch kräftig von Gliedern, goldig von Haut und ohne Tadel in Hinsicht auf schönes Ebenmaß. (GKFA 12.1, 30)

Der rheinische Felix erscheint so als „römischer Flötenbläser in kurzem Gewande, das schwarze Kraushaar mit Rosen bekränzt" oder „als jugendlicher Abbé der Puderzeit mit Käppchen, Beffchen, Mäntelchen und Schnallenschuhen" (ebd.) – der Gender Trouble im Sinne Judith Butlers (vgl. Butler 1991) wird in ihm personifiziert, wie auch in der Verbindung von Rausch und Form die antithetischen Gegensätze, das Dionysische und das Apollinische, der Gott des Weines und der Ekstase und der Gott der Reinheit und Sittlichkeit, in seiner Gestalt verfließen.

Was im Hochstaplerroman von 1954 wie ein komödiantisches Satyrspiel erotischer Grenzüberschreitung wirkt, wird in *Der Tod in Venedig* von 1912 noch klassizistisch ernst, aber nicht weniger ‚queer' aufgefasst. Der Münchner Dichterfürst Aschenbach begegnet hier in einer mondänen Hotelhalle, dem Arbeitsplatz des Pagen Felix im Krull-Roman, einem besonderen Sprössling der polnischen Oberschicht:

> Mit Erstaunen bemerkte Aschenbach, daß der Knabe vollkommen schön war. Sein Antlitz, bleich und anmutig verschlossen, von honigfarbenem Haar umringelt, mit der gerade abfallenden Nase, dem lieblichen Munde, dem Ausdruck von holdem und göttlichem Ernst, erinnerte an griechische Bildwerke aus edelster Zeit. (GKFA 2.1, 529 f.)

Das, was hier als Perfektion des Menschseins auftritt, manchmal auch in überirdisch schönen zarten Geschwisterpaaren wie in der Wagner-Novelle *Wälsungenblut* oder als Edelmenschen am Frankfurter Hotelbalkon, erhoben und erhaben über den ärmlichen Felix, ist bei den ‚Männerchen des Frühwerks' wie dem *kleinen Herrn Friedemann* zwar zart, aber nicht einmal schön.

Hier zeigt sich ein weiterer leitmotivischer Gegensatz in Thomas Manns Gesamtwerk: der von Gesundheit und Krankheit. Manchmal ist er sogar ehelich verbunden, wie bei der feinsinnigen Gabriele Klöterjahn in der *Tristan*-Novelle mit ihrem tüchtigen unfeinen Bürgergatten, manchmal ist er das Hauptthema ganzer Romane wie in *Der Zauberberg* oder ins Künstlerisch-Geniale gewandelt in *Doktor Faustus*. Er tritt auch in Verbindung mit dem Tod und seinen Boten auf, die die dekadenten Figuren heimsuchen und heimholen. Dies ist bei Aschenbach in den Lagunen Venedigs, bei den Lungenkranken in entlegenen Sanatorien, die Namen wie ‚Einfried' oder ‚Berghof' tragen, oder bei Rosalie von Tümmler, einer lebensfrohen Rheinländerin, die als von Mutter Natur bös *Betrogene* ihre Krebsblutung mit einer verjüngenden Periodenblutung verwechselt, der Fall. Eine frühe Krankennovelle Thomas Manns war bezeichnenderweise schlicht mit dem Titel *Der Tod* versehen. Das Gegenbild zu diesem Todesbild ist das blühende Leben, das in *Tonio Kröger* paarweise daherkommt: Hans Hansen und Inge Holm aus dem Norden stehen hier dem dunkelhaarigen Tonio gegenüber. Solche thematisch und symbolisch unterschiedlichen Antithesen tauchen immer wieder im Erzählfluss auf und

Gesundheit und Krankheit als Pole des Gesamtwerks

prägen das umfangreiche Gesamtwerk Thomas Manns. Der zum distanzierenden Betrachten verdammte Dichter Kröger kommt angesichts des bürgerlich-vitalen Lebens seiner blonden Idole zu dem Schluss- und Lebensgrundsatz:

> Aber meine tiefste und verstohlenste Liebe gehört den Blonden und Blauäugigen, den hellen Lebendigen, den Glücklichen, Liebenswürdigen und Gewöhnlichen. Schelten Sie diese Liebe nicht, Lisaweta; sie ist gut und fruchtbar. Sehnsucht ist darin und schwermütiger Neid und ein klein wenig Verachtung und eine ganze keusche Seligkeit. (GKFA 2.1, 318)

Auch hier siegt indes der Text über die Welt, die Fiktion Thomas Manns über die biografische Faktenlage im alten Lübeck. Während der dunkle Erzähler des Tonio in der Realität lebenstüchtig achtzig und achtbar wurde, verfiel sein in der Jugend bewunderter heller Held Armin Martens, Thomas Manns Mitschüler, der das Vorbild für die Figur des Hans Hansen war, in Wirklichkeit dem Alkoholismus und der Selbstzersetzung (vgl. Harpprecht 1995, S. 47).

3. Schreibaspekte, Sprache und Ästhetik der wechselnden Optik

Bürgerliche Arbeitsethik

Der Soziologe Max Weber, 1918

Wie sein Vater als hanseatischer Kaufmann, vor dem der Sohn ein Leben lang bestehen wollte, jeden Morgen seine Arbeit im Kontor verrichtete, so setzte sich Thomas Mann im Sinne einer bürgerlich-protestantischen Leistungsethik, wie sie auch der zeitgenössische Soziologe Max Weber (1864–1920) beschrieb, allmorgens an seinen Schreibtisch, um sein Tagwerk zu verrichten. Dieses Riesenwerk wäre nicht denkbar ohne die Verbindung von Talent und Disziplin. Eindeutig spricht sich Thomas Mann 1928 auch in seinen literaturtheoretischen Schriften gegen das vom Geniegedanken der Goethezeit, vor allem aber auch von der Lebensphilosophie Wilhelm Diltheys (1833–1911) herrührende Konzept von *Erlebnis und Dichtung* aus. Er sieht bei sich keine genialische Genese des Textes aus dem Erleben.

Der Philosoph Wilhelm Dilthey

> Der Einfall als Überfall ist mir unbekannt. Meine Arbeiten sind nicht derart, daß sie auf einem Einfall bestünden. Es gehören sehr viele dazu, und die ‚Inspiration' besteht eigentlich nur in dem Vertrauen darauf, daß sie sich einstellen werden. […] Ich arbeite vormittags, etwa von neun bis zwölf oder halb ein Uhr, täglich, mit seltenen Ausnahmen. Das ist nicht Zwang, sondern Gewohnheit, und eine notwendige, denn wenn ich etwas zustande bringen will, so darf ich nicht allzuviel Ferien machen […]. Dem Beginn eines größeren Manuskripts geht in der Regel eine Periode schriftlicher Vorarbeiten voraus. Das sind kurze Entwürfe und Studien, psychologische Pointen und Motive, Aufzeichnungen gegenständlicher Art, Auszüge aus Büchern und Briefen und so fort […]. Sie vermehren sich im Laufe der Arbeit und liegen als systematisch geordnetes Konvolut beim Schreiben neben mir. (GW XI, 777–779)

Die Basis seiner *Fabrikation der Fiktionen* im Sinne Carl Einsteins (1885–1940) ist mithin eine gründliche Vorarbeit, die auch die Konsultation verschiedener Zeugen und fachlicher Experten mit einbezieht. Dieser Schreibaspekt galt unabhängig davon, ob die Schauplätze der literarischen Quasi-Welten, die Thomas Mann erschuf und entwarf, nun zeitgenössische Hotels oder Sanato-

Zusammenspiel der Einzelwissenschaften

rien waren oder Tempelanlagen des alten Ägyptens. Basis der Vor- und Zuarbeit des Schreibens waren umfangreiche Materialsammlungen, auch von Zeitschriften mit den Foto-Porträts markanter Persönlichkeiten. Die Geschichte des *deutschen Tonsetzers Adrian Leverkühn* entstand zudem aus der intensiven Zusammenarbeit mit dem Musikexperten und Philosophen Theodor W. Adorno, „ein Mensch von […] spröder, tragisch-kluger und exklusiver Geistesform" (so Thomas Mann in *Die Entstehung des Doktor Faustus*, GKFA 19.1, 439). Adorno war es, der den Wagnerianer und Geigenspieler Thomas Mann über die Zwölftontechnik des Komponisten Arnold Schönberg (1874–1951) informierte. Durch die akribische Produktion seiner Texte verschaffte sich der Kaufmannssohn auch eine innerliche Versöhnung des empfundenen Gegensatzes von haltloser Künstlerexistenz und bürgerlicher Selbstzucht. Die Aneignung bürgerlich-renommierter Wissenschaftlichkeit zeigt sich in Thomas Manns Texten auch in dem Phänomen der Intertextualität. Konkret bedeutet dies, dass der Autor oft ganze Passagen aus Lexikonartikeln und wissenschaftlichen Abhandlungen in seine eigenen Werke einbaute. Katia Mann schreibt über die Recherchen ihres Gatten: *„Zur Zeit des Doktor Faustus war er, neben anderem, ein großer Musiktheoretiker, zur Zeit des Joseph ein großer Ägyptologe, Orientalist und Religionswissenschaftler […]."* (Katia Mann 1981, S. 150)

Thomas Manns Stilistik

Seine eigene sprachliche Stilistik zeichnet sich oft durch eine komplexe Satzstruktur aus, versehen mit übereinander geschachtelten Haupt- und Nebensätzen. Die Komplexität der dargestellten Welt entspricht dem Satzbau. Die Erzählinstanz wird manchmal auch als altertümlicher Gelehrter personifiziert wie Serenus Zeitblom im *Doktor Faustus* oder als eitler Narzisst und Abenteurer wie der Hochstapler Felix Krull. Dessen gespreiztes Wesen und Inneres wird dann auch in reizenden sprachlichen Spreizungen äußerlich reflektiert.

Das alte rhetorische Stilmittel der Verstellung oder eben Ironie ist nicht nur bei der (Selbst-)Zeichnung eines Felix Krull, sondern generell ein beliebtes und kennzeichnendes Stilmittel der Prosa Thomas Manns. Abgesehen von seinem seiner Lieblingstochter Elisabeth gewidmeten Großgedicht *Gesang vom Kindchen* und seinem wenig erfolgreichen Renaissance-Drama *Fiorenza* sowie von dem nachgelassenen ironischen Komödien-Fragment *Luthers Hochzeit* ist ungereimte Prosa ohnehin sein Hauptausdrucksmittel. Die Ironie wiederum hat der Autor früh von den Erzähltexten Heinrich Heines, etwa den novellistischen *Florentinischen Nächten* (Hansen 1975, S. 193 f.), abgeschaut. Heine war ihm ohnehin einer „der anmutigsten, freiesten, kühnsten und künstlerischsten Geister, die Deutschland hervorgebracht hat" (vgl. *Über Heinrich Heine*, GKFA 15.1, 1047). Die erzählerische Ironie pendelt hier zwischen „Entschiedenheit und Schwebezustand" (Hansen 1975, S. 193); auch die ironische Gestaltung der jakobinisch-bürgerlichen Settembrini-Figur basiert für Volkmar Hansen auf der Heine-Lektüre (Hansen 1975, S. 195 f.) und das Gleiche gilt für die sarkastische Gestaltung der Teufelsfigur in *Doktor Faustus* (Hansen 1975, S. 283 f.). Es kann in diesem Zusammenhang nicht verwundern, dass Thomas Mann seinen ersten Essay überhaupt über Heinrich Heine schrieb. *Heinrich Heine, der Gute* kommt dann zu dem Fazit: „Heinrich Heine war kein ‚guter' Mensch. Er war nur ein *großer* Mensch." (GW XI, 713) Vertieft wird diese Ironie hin zur Doppelbödigkeit durch die Nietzsche-Rezeption Thomas Manns. In seinem *Lebensabriss* von 1930 betont er: „[…] ich nahm nichts wörtlich bei ihm, ich *glaubte* ihm fast nichts, und gerade dies gab meiner Liebe zu ihm das Doppelschichtig-Passionierte, gab ihr die Tiefe." (GW XI, 110) Nietzsche, so betont Thomas Mann bereits in den *Betrachtungen eines Unpolitischen*,

> verlieh der deutschen Prosa eine Sensitivität, Kunstleichtigkeit, Schönheit, Schärfe, Musikalität, Akzentuiertheit und Leidenschaft – ganz unerhört bis

Ironie in Sprache und Lebensanschauung

Heinrich Heine im Jahre 1829

dahin und von unentrinnbarem Einfluß auf jeden, der nach ihm deutsch zu schreiben sich erkühnte. Nicht seine Persönlichkeit, […] aber seine Wirkung ähnelt außerordentlich der des in Paris akklimatisierten Juden Heinrich Heine (GW XII, S. 88).

Schreibstrategie der wechselnden Optik

Die Breitenwirkung des Werks von Thomas Mann ist ein weltweites Phänomen. Sie geht in unermessliche quantitative wie eben auch qualitative Dimensionen. So gibt es immer wieder auch Versuche, den Autor trotz der multiperspektivischen Thomas-Mann-Forschung zu einer Art Unterhaltungsschriftsteller zu degradieren, etwa von Friedrich Adolf Kittler (1943–2011). Eine breite Rezeption im Sinne eines weit angelegten Publikums entspricht der betont bürgerlichen Selbstinszenierung Thomas Manns durchaus und ebenso dessen Wirkungsabsicht. Er ist der Autor mit der ständig wechselnden Stimme. Viele seiner Werke lassen sich auf vielfältigen Ebenen rezipieren und offenbaren nur der kundigen, das heißt umfassend gebildeten Leserschaft sämtliche Dimensionen des Dargestellten. Man kann hier oft eine spannungsvolle oberflächliche Handlungsebene konstatieren, in den Novellen *Luischen*, *Wälsungenblut* oder *Der Tod in Venedig* etwa den subversiven Reiz erotischer Grenzüberschreitungen, ohne dabei die raffinierten Konstruktionsprinzipien zu beachten. Man kann sich an den vielfach übersetzten und verlegten, überaus beliebten Romanen *Königliche Hoheit* oder *Bekenntnisse des Hochstaplers Felix Krull* als mondänen Gesellschaftsbildern delektieren, ohne die mythologischen Dimensionen – der deutschen Märchenwelt im einen Fall, der antiken Sagenwelt zwischen Hermes- und Mithras-Kult im anderen Fall – überhaupt wahrzunehmen. Eine mythisch-symbolische Ebene, die bis in die Urgründe eines antiken Jenseitsglaubens reicht, existiert auch in der Schweizer Höhenlage des Lungensanatoriums ‚Berghof' im *Zauberberg*. Das Produktionsprinzip zu dieser mehrperspektivischen Adressatenansprache hat Thomas Mann von Nietzsche übernommen und bereits früh entwickelt.

„Mich verlangt auch nach den Dummen", schrieb Thomas Mann in seinem ersten Brief an Hermann Hesse (1877–1962) vom 1. April 1910, der eine lebenslange Freundschaft der beiden begründen sollte. Er erklärt damit seine „wechselnde Optik" und Zielsetzung, schlicht zu unterhalten und gleichzeitig intellektuell zu fordern. Es ist kein Zufall, dass Thomas Mann sich hier auf eine Kritik Hesses an seinem beim breiten Publikum äußerst beliebten Roman *Königliche Hoheit* bezieht, der sich eben auch wie ein Kolportageroman aus der vornehmen Gesellschaft der Kaiserzeit lesen lässt. Thomas Mann betont in Bezug auf dieses zwiespältige Werk:

Hermann Hesse, Autogrammkarte

> Die populären Elemente in *Königl. Hoheit* z. B. sind ebenso ehrlicher und instinktiver Herkunft wie die artistischen, soviel ich weiß. Oft glaube ich, daß das, was Sie ‚Antreibereien des Publikums' nennen, ein Ergebnis meines langen, leidenschaftlich-kritischen Enthusiasmus für die Kunst Richard Wagners ist – diese ebenso exklusive wie demagogische Kunst […]. Nietzsche spricht einmal von Wagners ‚wechselnder Optik': bald in Hinsicht auf die gröbsten Bedürfnisse, bald in Hinblick auf die raffiniertesten. (GKFA 21, 448)

Selbst unter Berücksichtigung der ‚feinen Unterschiede' zwischen den Kunstprodukten im Sinne des französischen Sozialphilosophen Pierre Bourdieu (1930–2002) kann man hier eher von einer demokratischen als von einer demagogischen Schreibweise sprechen. Einerseits gewährt die Lektüre Thomas Manns den Kennerinnen und Kennern durchaus kulturelles Kapital, andererseits verschließt sich seine Erzählweise nicht in einem pseudo-avantgardistischen Elfenbeinturm vor einer weiten wie weltläufigen Leserschaft.

Der Sozialphilosoph Pierre Bourdieu, 1969

Die Häufigkeit, mit der sich Thomas Mann mit bestimmten Themen beschäftigte, vor allem aber seine breite Leseransprache der wechselnden Optik ist

Das Familienunternehmen Mann

nicht zuletzt seiner Rolle als schriftstellerischer (Familien-)Unternehmer geschuldet. Er hat sehr gut bezahlte Vortragsreisen durch die USA unternommen und seine ‚Lectures' in der Princeton University wurden von amerikanischen Sponsoren finanziert. Durch die wesentliche Zuarbeit seiner Gattin und der Kinder, vor allem seiner Tochter Erika, entwickelte sich die Familie Mann zu einem um den Patriarchen herum organisierten kulturellen Familienunternehmen, das in dieser Hinsicht der Bayreuther Familie Wagner nicht unähnlich war.

Thomas Mann und das Handwerk der Novelle

Gerade sein Novellenwerk hat ohne das schon von Theodor Storm beklagte ‚Nivellieren des Novellierens' wesentlich zum weltweiten Lesepublikum Manns beigetragen. Das gilt etwa für Schulklassiker wie *Tonio Kröger*, die antifaschistische Parabel *Mario und der Zauberer* und die neuklassisch komponierte Großnovelle *Der Tod in Venedig*. Ein Brief offenbart in letzterem Fall, dass sich Thomas Mann, der nie allgemein novellentheoretische Essays publizierte, zumindest bei seinem Vorläufer als allbekanntem Münchner Dichterfürst, dem Nobelpreisträger Paul Heyse (1830–1914) und seiner Novellentheorie, gut auskannte. Dabei hielt Thomas Mann den Erfinder von Italiennovelle und Falkentheorie, auch wenn er ihm brav zum Nobelpreis gratulierte, eigentlich für einen „unanständig fruchtbaren Epigonen" (GKFA 21, 459).

So heißt es in Heyses novellentheoretischen Reflexionen: „Wie bei einem natürlichen Krystallisationsprozeß alle Elemente blitzschnell um ihren Kern anschießen", so „gruppieren sich die Charaktere mit Notwendigkeit um ihren Mittelpunkt". (Heyse 1901, S. 354) Die *Jugenderinnerungen und Bekenntnisse* Heyses befinden sich auch im ‚Thomas Mann-Archiv' der ETH Zürich (Sig. TMB 71387). In der medialen Metaphorik des 19. Jahrhunderts verbinden sich hier die Theorie der Novelle und die aktuelle Leitwissenschaft der Physik sowie die Fotografie, denn auch diese wird in den zeitgenössischen Theorien als kristallin erstarrter Spiegel definiert. Thomas Mann greift Heyses Gattungstheorie auf, wenn er zu seiner Novelle *Der Tod in Venedig* gegenüber dem Freiburger Germanisten Philipp Witkop in einem Brief vom 12. März 1913 betont:

> Über meine Novelle höre ich von allen Ecken und Enden Beifälliges, ja Bewunderndes. Noch nie war die unmittelbare Teilnahme so lebhaft – und es sind zu meiner Freude dabei die Stimmen, auf die es ankommt. […] Es stimmt einmal Alles, es schießt zusammen und der Kristall ist rein. (GKFA, Bd. 21, 515)

Der Schriftsteller Paul Heyse

Jene klar-kristalline Struktur des Erzählens reflektiert Heyse in seiner Novellenpoetik. Bei ihm sind es die gattungstypische Silhouette einer übersichtlich geformten Erzählung und der ‚Falke' als Zentralmotiv (vgl. Füllmann 2010, S. 36f.). Der symbolträchtige Vogel der Renaissancenovelle Bocaccios, ein Zeichen des Adels, wird bei Thomas Mann in *Der Tod in Venedig* durch die verschiedenen Todesboten mit ihren Totenköpfen ersetzt. Sie führen die Hauptfigur Aschenbach von seinem Wohnort in München bis zum Tod in der Lagunenstadt. Die Sinnbildhaftigkeit der Todessymbolik in der Italiennovelle gemahnt an traditionelle Novellentheorien. Auch setzen die fünf Kapitel der Novellentragödie Thomas Manns Theodor Storms Diktum von der Novelle als ‚Schwester des Dramas' schöpferisch um. Die modernen Schreibweisen Thomas Manns orientieren sich also, wie hier deutlich wird, an etablierten Gattungstheorien, die er gleichzeitig adaptiert und parodiert.

Giovanni Boccaccio (1313–1375), der Begründer der europäischen Novellistik

Der Schriftsteller Theodor Storm, 1886

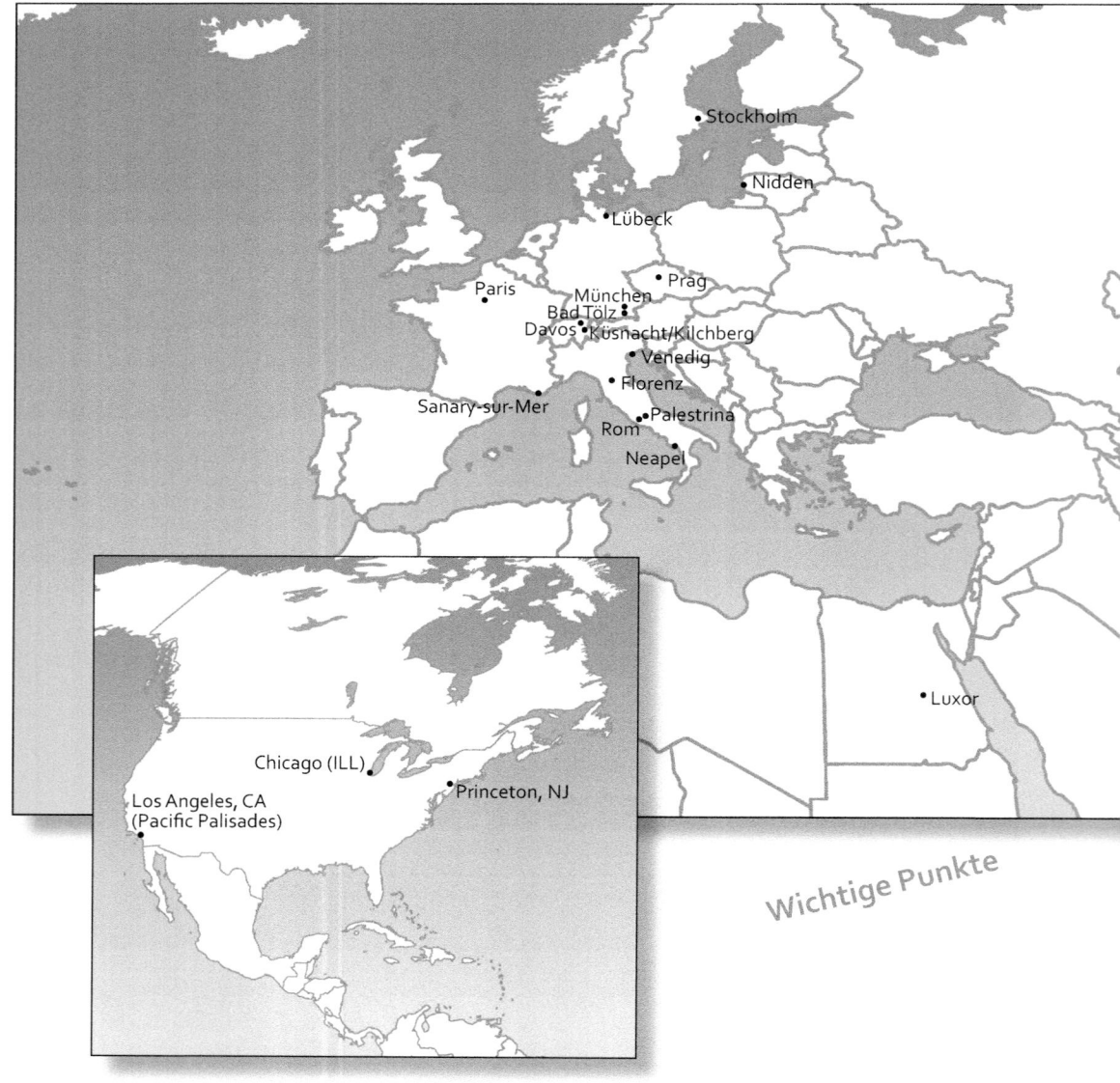

V. Romane

1. *Buddenbrooks*

Buddenbrooks (1901) ist bekanntlich der Romanerstling Thomas Manns und das Werk, dem er den Nobelpreis verdankt. Der Roman schildert die (Abwärts-)Entwicklung einer Lübecker Kaufmannsfamilie von der Mitte der dreißiger Jahre bis in die siebziger Jahre des 19. Jahrhunderts über vier Generationen. Während die erste, noch Zopf tragende lebens- und geschäftstüchtige Generation den Ideen einer bonapartistischen Spätaufklärung verhaftet ist, ist die Folgegeneration mit Jean Buddenbrook und seiner Frau schon einer spätromantisch-pietistischen Frömmigkeit verbunden, die aber den Geschäftsgang noch nicht wirklich stört. In der nächsten, modern-säkularen Generation gibt es mit Christian Buddenbrook schon eine dekadent-nervöse Figur, während sein Bruder Thomas das Geschäft mit waghalsigen Spekulationen gleichzeitig aufrechterhält und gefährdet. Politisch macht er Karriere in der Stadtrepublik Lübeck und wird Senator. Sein musischer Sohn Hanno ist dagegen dem Leben weder seelisch noch körperlich gewachsen. Nach dem plötzlichen Tod des Vaters verstirbt er in jungen Jahren. Infolge der Auflösung des Geschäfts wird mit dem Tod des vermeintlichen Stammhalters Hanno ein Schlussstrich unter die Familiengeschichte gezogen (vgl. Vogt 1983, S. 29–39).

Roman des Verfalls einer Familie

Stadtansicht Lübeck, 1493

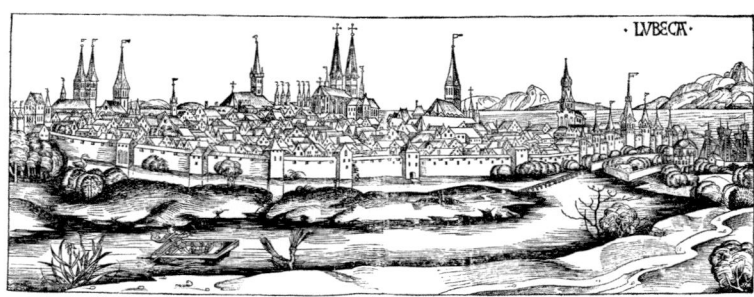

Erfolgreicher Romanerstling

Johann Siegmund Mann (1797–1863), Thomas Manns Großvater; im Roman Jean Buddenbrook

Anknüpfend an die aktuelle Literaturkritik in der *Frankfurter Zeitung* bezeichnet Thomas Mann in einem Tagebucheintrag vom 10. November 1918 *Buddenbrooks* als den „repräsentative[n] Kulturroman des alten Deutschland" (TB 1918–1921, S. 67) vor dem Epochenbruch des Ersten Weltkriegs. Mit der Publikation seines elfteiligen Romans über den *Verfall einer Familie* schaffte er seinen literarischen Durchbruch. „Er war zweiundzwanzig Jahre alt, als er das Jugendwerk in Angriff nahm, fünfundzwanzig, als er es vollendete" (Mendelssohn 1982, S. 10). Es handelt sich dabei, wie Thomas Mann 1926 in seinem Vortrag über *Lübeck als geistige Lebensform* unterstrich, um einen „naturalistischen Roman" (GKFA 1.2, 46). Entstanden ist das zentrale Werk dabei unter südlicher Sonne, 1897 in Mittelitalien, und zwar in Palestrina und Rom (Mendelssohn 1982, S. 10). Im Oktober 1901 waren die letzten Korrekturbögen an den Verlag geschickt worden (GKFA 1.2, 101) und am 26. November 1901 instruierte der Autor den Freund Otto Grautoff zu dessen Rezension (GKFA 1.2, 119). Doch der große Erfolg ließ zunächst auf sich warten. Die zweibändige Erstausgabe erschien als zu dick und zu teuer. Erst die einbändige zweite Auflage von 1903 brachte den Durchbruch. Zunächst erschien der Erfolgsroman zumindest den zeitgenössischen Bewohnern Lübecks jedoch in erster Linie als ein Stein des Anstoßes. Gegen den Vorwurf, einen Enthüllungsroman über Elternhaus und Vaterstadt geschrieben zu haben (vgl. Dräger 1993, S. 21–32), verwahrte sich Thomas Mann in seinem Aufsatz *Bilse und ich* (1906). In diesem setzt er seine literarische Verhüllungskunst von dem seinerzeitigen Skandalautor Fritz Oswald Bilse (1878–1951) ab. Und doch ist die familiäre Materialverwertung bis zum ausgestopften Visitenkartenbären der Buddenbrooks „aus dem inneren Rußland" (GFKA 1.1, 437) präzise nachweisbar. Die Kritik kann also nicht verwundern. Der „große Roman" (GKFA 1.2, 15) sollte ursprünglich den Titel *Abwärts* tragen und eine familiäre Degeneration in Generationenfolge nachzeichnen. Er ist alles andere als eine Lobeshymne auf die Heimatstadt der Familie Mann, die im Roman überdies gar nicht explizit genannt wird; nur einige Male wird ihr Wahrzeichen, das „Holstenthor" (GKFA 1.1, 340), erwähnt. Der Verfall, ja die Versumpfung der letztendlich „verrotteten Familie" (GKFA 1.1, 820), wie sie zuletzt der so undankbare wie salbungsvolle Pastor Pringsheim nennt, der zufällig denselben Namen wie Thomas Manns spätere Ehefrau trägt, wird schon an „dem Wappen der Familie" deutlich: „diesem melancholischen Wappenschilde, das eine unregelmäßig schraffierte Fläche, ein flaches Moorland mit einer einsamen und nackten Weide am Ufer zeigte." (GKFA 1.1, 81) Dieses unheilverkündende Sinnbild tragen die Generationen der Buddenbrooks als Medaillon an ihrer Uhrkette tagtäglich mit sich herum.

Thomas Mann: *Buddenbrooks*, Erstdruck 1901

Wie fast alle späteren Romanprojekte Thomas Manns, so war auch der Großroman *Buddenbrooks* ursprünglich kürzer, nämlich als „Knabennovelle", geplant (vgl. Mendelssohn, 1982 S. 11 f.). Das Wachstum des Manuskripts beunruhigte den Autor durchaus, wie er viel später in seinem Vortrag *Lübeck als geistige Lebensform* zugab; es erinnerte ihn an das kompositorische Anschwellen einer mythischen Tetralogie, die zur unentrinnbaren Götterdämmerung führt, an das „*Ring*-Erlebnis Wagners" (GW XI, 381). Germanengötter ersetzt Thomas Mann durch ebenso vertragsbrüchige Bürger. Einer noch spätrealis-

Der Kunsthistoriker Otto Grautoff, 1926

Das Lübecker Holstentor auf einer Ansichtskarte um 1900

tischen Entstehungskonzeption folgend, wurde Thomas Mann beim Erzählen auch von Zeitzeugen, etwa einem „Vetter" seines Vaters, dem „soldatisch liebenswürdigen Konsul Marty" (GKFA 1.2, 20) beraten.

Generationenkonstellation eines Familienromans

Der Roman setzt mit einer üppigen Festivität mit „Plettenpudding" (GKFA 1.1, 35) ein. Anlass ist eine Hausweihe, die die Leserschaft sogleich in ein hanseatisches Bürgerdomizil als Schauplatz eines Großteils der Romanhandlung führt. Gastgeber des Festessens ist der, wie es altertümelnd im Goethedeutsch heißt, „siebenzig" Jahre alte Familienpatriarch, der noch der Mode der Zopfzeit verhaftete frankophile „M. Johann Buddenbrook" (1765–1842) der Ältere, mit „gepuderte[r] Perücke und […] Spitzenjabot" (GKFA 1.1, 48), der „niemals im Leben […] lange Beinkleider getragen" (GKFA 1.1, 10) hatte. Die Schilderung des bezopften alten Herrn aus dem Aufklärungsjahrhundert erinnert an die Darstellung von Heinrich Heines Onkel Salomon aus dessen *Memoiren* (1854/55). Im Laufe des Romans wird Heines Gedicht *Sie saßen und tranken am Teetisch* von 1822 sogar von einem Buddenbrook indirekt zitiert (GKFA 1.1, 212).

Eine Ausgabe der *Buddenbrooks* von 1917

Die Familiengeschichte (vgl. Mattern/Neuhaus, S. 117–125) der Buddenbrooks beginnt folglich mit einer munter anachronistischen Figur, die sich im Zuge der Spätaufklärung auch mal gerne „über das Heiligste" (GKFA 1.1, 12), etwa über den frömmelnden Sohn, „der mit dem Herrgott auf du und du steht" (GKFA 1.1, 48), und über zotige Reime (GKFA 1.1, 45) belustigen kann, es jedoch standesbewusst ablehnt, dass sein Sohn Gotthold in einen „Laden" einheiratet (GKFA 1.1, 22). Auch das Private ist in der hanseatischen Kaufmannswelt kapitalisiert. Der Sohn Jean, dessen Augen schon „etwas träumerischer" (GKFA 1.1, 11) als die väterlichen ausfallen, ist im Gegensatz zu seinem aufgeklärt-ironischen Vater ein pietistisch-frommer Konsul und Kaufmann. Er erscheint auf dem Familienfest mit seiner Frau Elisabeth, geborene Kröger, deren Familie noch vor den Buddenbrooks ihren Verfall erleben wird. Die dritte Generation der Buddenbrooks wiederum, die als Erwachsene im Mittelpunkt der Romanhandlung stehen wird, repräsentieren Elisabeths und Jeans Kinder: Zunächst ist da der anfangs neunjährige Thomas, dessen kindliche Zähne als ein beliebtes Dekadenzmotiv im Werke Thomas Manns als „nicht besonders schön, sondern klein und gelblich" (GKFA 1.1, 18) beschrieben werden und der späterhin als arrivierter Lübecker Senator nach einer brutalen Zahnarztbehandlung sterben wird. Neben der achtjährigen Antonie (Tony) ist hier ebenfalls noch der siebenjährige Christian, der von seinem Großvater schon zu Erzählbeginn als „Aap" (GKFA 1.1, 17) (Affe) bezeichnet wird und zukünftig zum Problemkind und ‚schwarzen Schaf' der Kaufmannssippe mutiert. Christian gilt höchstens als familiärer Alleinunterhalter, der „Messer- und Revolvergeschichten" (GKFA 1.1, 296) aus seiner Zeit im chilenischen

Johann Siegmund Mann (1761–1848) sen., der Urgroßvater Thomas Manns; im Roman Johann Buddenbrook

Valparaíso berichten kann, das von ihm bzw. der Erzählinstanz des Romans tropischer geschildert wird, als es ist. Als Christian im Mai 1857 mit der Bemerkung, „jeder Geschäftsmann" (GKFA 1.1, 348) sei ein Gauner, die Firma kompromittiert, gerät sein Bruder Thomas außer sich. Denn bei den Buddenbrooks gehört man „sich nicht alleine" (GKFA 1.1, 349), sondern stets zum Familienkollektiv,

Valparaiso, Chile, um 1900

das gleichzeitig immer den Wirtschaftsbetrieb beinhaltet. Man beschließt, dass der den Familienverfall verkörpernde Christian die Firma verlässt, um mit seinem Erbteil Teilhaber einer Firma in Hamburg zu werden. Sein rapider Alterungsprozess und bestimmte Symptome wie Haarausfall und Wahnvorstellungen lassen auf eine Syphilisinfektion als Grund für seine Persönlichkeitsveränderungen schließen. Christian selbst klagt hypochondrisch im Sinne der um 1900 populären Nervenkunst, dass bei ihm „alle Nerven zu kurz" (GKFA 1.1, 444) seien. Er ist letztlich „kein Bürger" (GKFA 1.1, 495) und wird in eine Anstalt ausgesondert. Sein Vater Jean blickte also zu Beginn nicht grundlos „mit desto ängstlicherer Erwartung auf seine eigenen Kinder" (GKFA 1.1, 259).

Die aufgeklärt-bonapartistische Generation

Zu den Freunden des Großvaters zählt indes am Romanbeginn der Zopf tragende Stadtdichter Jean-Jacques Hoffstede. Er erscheint altmodisch „in dem selben Geschmack gekleidet" (GKFA 1.1, 17) wie Johann Buddenbrook und teilt mit dem berühmten französischen Philosophen Jean-Jacques Rousseau den Vornamen. Wie der unlängst im Jahr 1832 verstorbene Goethe hat Hoffstede sogar eine italienische Reise absolviert. Nicht allein seine Kleidung ist von der Rokoko-Epoche übernommen, auch die regelpoetische Tradition des Gelegenheitsgedichts wird vom Lübecker Stadtdichter „[g]elegentlich der freundschaftlichen Teilnahme an dem frohen Einweihungsfeste des neuerworbenen Hauses mit der Familie Buddenbrook" (GKFA 1.1, 37) sogar noch nach Goethes Tod hochgehalten. Man kann diese erste dargestellte Generation der Kaufmannsfamilie als eine aufgeklärt-bonapartistische Generation auffassen. Sie verdankt den Nachwirkungen der Französischen Revolution nicht nur Errungenschaften wie die Bürger- und Gewerbefreiheit, sondern war auch so frei, mit dem Franzosenkaiser Napoleon Geschäfte zu machen. Hier zeigt sich die noch völlig lebenstüchtige, religionsskeptische Aufbaugeneration der Familien- und Firmengeschichte. Wie Thomas Manns Idol Heine ist der alte Kaufherr ein frankophiler Bonapartist, der Napoleon, dem Vollstrecker und Exporteur der bürgerlichen Revolution von 1789, „allen Respekt […] vor seiner persönlichen Großheit" (GKFA 1.1, 31) erweist. Das wiederum erfreut seinen frommen Sohn, Jean Buddenbrook, nicht gerade. Wenn sein anderer Sohn Gotthold dem alten Buddenbrook in einer Erbschaftsangelegenheit „Unchristlichkeit" (GKFA 1.1, 53) vorwirft, so tropft dies im Gegensatz zum Vater an seinem Bruder Jean nicht einfach ab: „Aber, Vater, diese böse Feindschaft mit meinem Bruder, deinem ältesten Sohne … Es sollte kein heimlicher Riß durch das Gebäude laufen, das wir mit Gottes gnädiger Hilfe errichtet haben … Eine Familie muß einig sein, muß zusammenhalten, Vater, sonst klopft das Übel an die Tür …" Für den alten Buddenbrook sind dies schlichtweg „Flausen" (ebd.).

Napoléon Bonaparte (1769–1821)

Dass das Haus, dem das Weihefest zu Beginn des Romans gilt, schon alt ist und so nicht wirklich eingeweiht, sondern vielmehr wegen des unglücklichen Untergangs eines Konkurrenten übernommen und neu geweiht wird, lässt schon erahnen, dass das Glück der Familie nicht ewig dauern kann. Irgendwann werden auch die Buddenbrooks wie die Ratenkamps als Vorbesitzerfamilie nach dem Motto „Diese Firma hatte abgewirtschaftet, diese alte Familie war passée" (GKFA 1.1, 26) am Ende sein. Die Hausweihe der Bürgersippe hat somit Anklänge an die Weihe der Götterburg Walhall in Richard Wagners Oper *Das Rheingold* (1869), die unausweichlich in einer *Götterdämmerung* enden wird (GKFA 1.2, 52).

Aufstieg des deutschen Bürgertums

Der Kirchenliederdichter Paul Gerhardt

Aber nicht nur der *Verfall einer Familie*, auch der Aufstieg einer bürgerlichen Nation, hier der deutschen, wird in Thomas Manns Großroman nachgezeichnet. Zu Beginn der Handlung, der im Oktober 1835 angesiedelt ist (vgl. Mattern/Neuhaus 2018, S. 3), bewegt man sich mentalitätsmäßig und sprachlich jedoch noch im Rahmen des 18. Jahrhunderts. Man schwankt zwischen dem regionalen Dialekt und der Weltsprache Französisch, derer sich der alte Buddenbrook bis zuletzt gerne bedient (GKFA 1.1, 77). Da heißt es dann gleich im ersten Satz des Romans: „Was ist das. – Was – ist das …' ‚Je, den Düwel ook, c'est la question, ma très chère demoiselle!'" Mit dem kulturellen Symbolwert der beiden Sprachen jenseits des Hochdeutschen zeigt sich die Lebenswelt des kaufmännisch tüchtigen Großvaters Johann Buddenbrook zwischen der weiten Welt und seiner engeren hanseatischen Heimatstadt. Dass seine kleine Enkelin Tony den Lutherischen Katechismus studiert, fügt sich zum Gesamtbild des erwerbsorientiert-kulturprotestantischen norddeutschen Kaufmannsmilieus, das der Roman Thomas Manns in aller Breite als generationenübergreifendes Familienbild porträtiert. Nicht zufällig besuchen altjüngferliche Nachfahrinnen des Kirchenliederdichters Paul Gerhardt (1607–1676) das Haus der Buddenbrooks (GKFA 1.1, 306).

Das aufwendige Mahl im großbürgerlichen Rahmen findet am Romananfang im kürzlich aus dem Besitz der verarmten Kaufmannsfamilie Ratenkamp erworbenen und neu bezogenen Haus in der Mengstraße statt. Die Ratenkamps hatten ihr Haus „1682" fertigstellen lassen. „Mit Ratenkamp & Komp. fing

Das Landschaftszimmer im Stammhaus der Familie Mann, dem sogenannten Buddenbrookhaus (ca. 1890)

es damals an, aufs glänzendste bergauf zu gehen … Traurig, dieses Sinken der Firma in den letzten zwanzig Jahren …", (GKFA 1.1, 25) stellt Konsul Buddenbrook hierzu fest. Wer „wie gelähmt" die Wachsamkeit über sein Geschäft verliert, der geht früher oder später dessen verlustig, wie der Kaufherr Ratenkamp mit seinem ‚sprechenden' Familiennamen: „Wer hat auch nur das Lager kontrolliert? […] Sie haben da wie die Ratten gehaust, jahraus, jahrein! Aber Ratenkamp kümmerte sich um nichts …" (ebd.) Der alte Buddenbrook sieht hier eine gleichsam naturgesetzliche Zwangsläufigkeit. Schon hier zeigen sich die Auf- und Abstiege der kapitalen Stadtbürgerfamilien, die den kapitalistischen Konjunkturzyklen verwandt sind: Gegen Ende des Romans wird der langjährige Familiensitz der Buddenbrooks im Abstieg an die aufsteigende

Familie der Hagenströms, benannt nach der Verrätergestalt in Richard Wagners Oper *Götterdämmerung*, verkauft werden. Der schon im 18. Jahrhundert als Umschrift auf die Münzen der Schweizer Handelsstadt Bern geprägte Haustürspruch „Dominus providebit", etwa ‚Gott wird vorhersehen' oder ‚vorsorgen' (Gen. 22,8), wird auch nach der feindlichen Übernahme durch die Konkurrenzfamilie noch am Gebäude prangen. In ihm zeigt sich die unentrinnbare Vorbestimmung Gottes im Sinne der reformierten Theologie, die die ebenso stringente wie schicksalsschwangere ‚Logik' der Romanhandlung ebenso schlüssig grundieren kann wie um 1900 aktuelle naturalistisch-naturwissenschaftliche Degenerationsmodelle.

<aside>Die pietistisch-romantische Generation</aside>

Nach der dem 18. Jahrhundert entstammenden Gründergeneration gerät die zweite Generation der Familiendynastie in den Fokus der Romanerzählung. Mit seinem „inneren frommen Aufblick" (GKFA 1.1, 81), der ihn als einen Schwärmer zwischen Weltlichkeit und evangelischer Christlichkeit kennzeichnet, kann Jean als Repräsentant einer pietistisch-romantischen Generation des Hauses Buddenbrook aufgefasst werden. Die eigene „Arbeitskraft" (GKFA 1.1, 86) erscheint dem Konsul mithin als Geschenk des Herrn. Im Zuge des um 1900 modernen Generationsbegriffs stellt die Erzählinstanz des Romans heraus, dass Jean wieder „und wieder […] die schwärmerische Ehrfurcht seiner Generation vor menschlichen Gefühlen, die stets mit seinem nüchternen und praktischen Geschäftssinn in Hader gelegen" ist, „durchschaut" (GKFA 1.1, 247). Trotz allem Erwerbssinn ist die Generation des Sohnes folglich eher romantisch als klassizistisch gestimmt. Symbolisch schlägt sich das in der von ihr bevorzugten Gartenkunst bzw. -gestaltung nieder. Während der alte Buddenbrook einen großen verwilderten Garten aus dem Familienbesitz symmetrisch-rational herrichten will, tendiert sein Sohn, der Konsul, dazu, der Natur freie Bahn und wilden Wuchs zu lassen (vgl. GKFA 1.1, 34). Sich der Natur und ihren Mächten zu überlassen, ist ein erster Schritt in den Niedergang. Am Ende der Familiengeschichte wird dieser Niedergang mit den Worten „*Es ist so!*" der immer wieder in der Romanhandlung auftauchenden und vergebliche Glückwünsche aussprechenden alten Lehrerin Sesemi Weichbrodt als „eine[r] kleine[n], strafende[n], begeisterte[n] Prophetin" (GKFA 1.1, 837) besiegelt sein.

Der zweite Teil des Romans ist in erster Linie der zweiten Generation gewidmet. Sie ist im Wortsinn nicht frei von missionarischem Eifer, werden doch von der Konsulin gerne Missionare in das Familienhaus zu sogenannten Jerusalems-Abenden eingeladen (GKFA 1.1, 84). So war denn auch im Nachhinein der „Konsul, mit seiner schwärmerischen Liebe zu Gott und dem Gekreuzigten, der erste seines Geschlechtes gewesen, der unalltägliche, unbürgerliche und differenzierte Gefühle gekannt und gepflegt hatte." (GKFA 1.1, 283) Zweieinhalb Jahre nach der Weihe des günstig gekauften Familienheims bringt Jeans Ehefrau ihre Tochter Klara zur Welt, die später, im Dezember 1856, mit dem auf das Erbteil seiner Frau sehr erpichten Rigaer Pastor Tiburtius einen „Filou" (GKFA 1.1, 477) heiraten wird. Der Konsul trägt ergriffen und „emsig und ohne Aufenthalt" (GKFA 1.1, S. 55) das freudige Ereignis der Niederkunft Klaras in ein „dicke[s] Goldschnitt-Heft" (GKFA 1.1, 60), die Familienchronik, ein und ergänzt dies um ein (selbst-)ergriffenes pietistisches Gotteslob. Diese Familienchronik tritt im Verlauf der Romanhandlung wiederholt auf. Hier wird auch verzeichnet, wie „Anno 1768" (GKFA 1.1, 78) des „Konsuls Großvater hierhergekommen sei und die Getreidefirma gegründet" (GKFA 1.1, 61) hat.

Die Rigaer Petrikirche um 1900

Das scheinbar harmlose Erscheinen von Kindern der Familie Hagenström im Erzählgeschehen kündigt einen Jahrzehnte währenden Konkurrenzkampf und die letztendliche Niederlage der Buddenbrooks sachte an. Besiegelt wird sie letztlich durch den Kauf des Hauses in der Mengstraße im Jahr der Reichsgründung, 1871. Früh wird die Familie beschrieben:

Die aufstrebender Hagenströms gegen die Alteingesesser en

Das Buddenbrookhaus in der Mengstraße 1870

Ihr Vater, Herr Hagenström, dessen Familie noch nicht lange am Orte ansässig war, hatte eine junge Frankfurterin geheiratet, eine Dame mit außerordentlich dickem schwarzen Haar und den größten Brillanten der Stadt an den Ohren, die übrigens Semlinger hieß. Herr Hagenström […] schien es darauf abgesehen zu haben, den Angehörigen der alteingesessenen Familien bei jeder Gelegenheit zu opponieren […] und sich als weit tüchtiger und unentbehrlicher zu erweisen als sie. (GKFA 1.1, 66)

Die Haarfarbe und die Brillanten seiner Gattin, auch als „Semlinger'sches Äußeres" (GKFA 1.1, 261) bezeichnet, entsprechen antisemitischen Klischees, wie auch durch die Erwähnung Frankfurts dessen Judengasse assoziiert wird. Der bürgerliche Roman Thomas Manns zeichnet so auch die teilweise Abkunft des deutschen Bürgertums aus dem Ghetto nach. Hier wird – wie oft im Werk Thomas Manns – mithilfe von Namen dezent eine jüdische Abkunft literarischer Figuren angedeutet. Ohne diesen Kampf um Namen wären auch Dialoge wie der folgende zwischen den mittlerweile erwachsenen Geschwistern Thomas und Tony Buddenbrook über die konkurrierenden und rivalisierenden Hagenströms gar nicht verstehbar: „Ha! – Natürlich! Wie wäre Sarah Semlinger wohl entbehrlich …' ‚Sie heißt übrigens Laura, mein Kind, man muß gerecht sein.'"(GKFA 1.1, 127) ‚Hebräisches' und ‚Germanisches' verbinden sich in den innovativen Hagenströms zu einer kraftvollen Mischung. Schon der Vater Hagenström gilt den Buddenbrooks als „Fuchs" (GKFA 1.1, 67), und später, im Jahr 1862, wird Thomas Buddenbrook, Tonys Bruder, mit dem Sohn Hermann Hagenström um das Senatorenamt der Hansestadt Lübeck konkurrieren. Denn dieser „Hermann Hagenström" hat im Laufe seines Lebens

> Anhänger und Bewunderer. Sein Eifer in öffentlichen Angelegenheiten, die frappierende Schnelligkeit, mit der die Firma Strunck & Hagenström emporgeblüht war […], verfehlten nicht, ihren Eindruck zu machen. […] Gewiß, wenn Konsul Hagenström irgendeiner Tradition lebte, so war es die von seinem Vater, dem alten Hinrich Hagenström, übernommene unbeschränkte, fortgeschrittene, duldsame und vorurteilsfreie Denkungsart. (GKFA 1.1, 450 f.)

Dass sein Vater Hinrich Hagenström bereits 1848 gegen Konsul Buddenbrook senior für das „Allgemeine Wahlrecht" (GKFA 1.1, 193) eintritt, kann mithin nicht überraschen. Noch Jeans Sohn wird indes gegen die Demokratisierung des Senats eintreten (GKFA 1.1, 735). Mit den Hagenströms, „diese[r] hergelaufene[n] Familie" (GKFA 1.1, 127), geht der Einzug des wirtschaftlichen, politischen und technologischen wie industriellen Fortschritts, der sich von der noch im Mittelalter wurzelnden hanseatischen Kaufmannstradition abgekoppelt hat, in die Stadt Lübeck einher. Diese Bewegung in die Moderne scheint in der Erzählweise des Romans als unaufhaltsam und macht die Hagenströms unschlagbar. Ihr Ruf als Emporkömmlinge unter den nur einige Zeit zuvor selbst Aufgestiegenen kann sie letztlich nicht aufhalten. Der Familienroman Thomas Manns zeigt so die dynamische wie transkulturelle Entstehung des deutschen Bürgertums, ein Vorgang, in den sich auch die spätere Heirat des deutsch-brasilianischen Autors mit Katia Pringsheim aus einer jüdischstämmigen Professoren- und Industriellenfamilie einreihen lässt.

1841 tritt der erst sechzehnjährige Thomas, „schon ganz herrenmäßige Kleidung" (GKFA 1.1, 81) tragend, in das Geschäft ein. So gerät allmählich eine neue Generationskohorte in Gestalt dreier Geschwister in den Mittelpunkt des Romangeschehens. Der tüchtige Thomas ist dabei nicht frei von selbstzerstörerischen Tendenzen. So raucht er unablässig „Zigaretten, diese kleinen

Die neue Generation tritt an

scharfen Dinger mit gelbem Mundstück." (GKFA 1.1, 127) Als sein Bruder, der vierzehnjährige Christian, einer Schauspielerin ein Blumenbouquet bringt, erzeugt er einen kleinen Skandal. Ihm werden noch viele folgen, die vor allem seinen Bruder Thomas wegen des Mangels an „Contenance" (GKFA 1.1, 289) sehr beunruhigen. Die fünfzehnjährige Tony wird in das Mädchenpensionat von Sesemi Weichbrodt übergeben, die fortan als das Geschehen kommentierende alterslose wie prophetische Gestalt, „so bucklig, daß sie nicht viel höher war als ein Tisch" (GKFA 1.1, 91), die Romanhandlung leitmotivisch durchziehen wird. An ihrem Institut ist auch die spätere Ehefrau Thomas Buddenbrooks eingeschult, „Gerda Arnoldsen aus Amsterdam" (GKFA 1.1, 94). Sie ist im Gegensatz zu den Buddenbrooks musikalisch, was in der Romanlogik als Dekadenzsymptom gedeutet wird. Die Idee, ihre Schwägerin zu werden, entwickelt zuerst Tony selbst (GKFA 1.1, 97). Gerda Arnoldsens Physiognomie erinnert ein wenig an ihre Namensvetterin Gerda von Rinnlingen aus der Novelle *Der kleine Herr Friedemann* (1897). In dieser Hinsicht wirkt die kurze Novelle als eine Art Vorstudie zum großen Roman (vgl. GKFA 1.2, 59).

Thomas Manns Tante Elisabeth Mann um 1870, im Roman Tony Buddenbrook

Der Mitgiftjäger Grünlich

Im dritten Teil des Romans wird Tony allmählich erwachsen, und das Unglück, das in ihrem Leben in erster Linie durch ihre jeweiligen Ehemänner personifiziert wird, tritt in ihr Frauenleben. Die Krise der bürgerlichen (Zweck-)Ehe zeichnet sich hier ab. Bendix Grünlich, ein scheinbar wohlhabender Ham-

Ernst Elfeld (1829–1912), Ehemann der Tante Elisabeth Mann. Vorbild für die Figur des Bendix Grünlich in Thomas Manns Buddenbrooks

burger Kaufmann, hält bei Konsul Buddenbrook um die Hand der achtzehnjährigen Tochter Antonie an. Dass er nicht allein ein „angenehmer, gut empfohlener Mann", sondern obendrein „ein Pastorssohn" (GKFA 1.1, 102) ist, imponiert dem frömmelnden wie buchhalterischen Jean durchaus. Der groteske Bräutigam trägt „erbsenfarbene[] Beinkleider" (GKFA 1.1, 117) und ist also nicht nur durch seinen Namen mit der Teufelsfarbe Grün behaftet. Grünlich preist nicht nur schmeichlerisch das Haar Tonys, sondern auch demonstrativ „wahre Christlichkeit" (GKFA 1.1, 104); er betont des Weiteren im Sinne der protestantischen Erwerbsethik, dass ihm rastloses „Thätigkeit […] Lebensbedingung" (GKFA 1.1, 103) sei. Die einen „Fischzug" (GKFA 1.1, 122) verheißende Heirat der Tochter mit ihm, der sich letztlich als Bankrotteur und Betrüger entlarven wird, markiert einen ersten Schritt der Familie in den Niedergang. Instinktiv wehrt sich die lebenstüchtige Tony gegen das kniefällige Werben Grünlichs.

Tony wird auf Urlaub nach Travemünde geschickt, das zu Lübeck gehört. Hier wohnt sie bei der Familie des Lotsenkommandeurs Schwarzkopf. Sein Sohn Morten, der in Göttingen Medizin studiert, verbringt seine Sommer- und Semesterferien ebenfalls in seinem Elternhaus. In ihm verbinden sich Aufstiegswille und der Geist des Vormärz. Dieser hoffnungsfrohe junge Mann verliebt sich in Tony, der er als Burschenschaftler moderne wie autoritätsskeptische bürgerlich-demokratische Anschauungen vom „Adel des Verdienstes" (GKFA 1.1, 149) vermittelt, an denen sie ihr Leben lang festhalten wird.

Morten Schwarzkopf als liberaler Aufsteiger

Morten, der Student aus einfachen Verhältnissen, hält nicht viel von „Pfaffen und Junkern" (GKFA 1.1, 139). Er tritt für „Freiheit der Presse, der Gewerbe, des Handels ein" (ebd.) und sieht Russland als Hort der Reaktion. Nach seinem Examen will Morten um Tonys Hand anhalten. Tony informiert ihren Vater darüber. Plötzlich erscheint Bendix Grünlich in Travemünde und beruft sich beim alten Diederich Schwarzkopf auf ältere Rechte. Der bis dahin unwissende Vater entrüstet sich über die nicht standesgemäße Verbindung und schickt seinen in die „Freiheit" (GKFA 1.1, 153) wie in das Meer und Tony verliebten Sohn sofort an die Universität nach Göttingen zurück.

Revolution und Verfallssymptome

Zurück in Lübeck überwindet Tony scheinbar die Trennung von Morten, der später als Arzt eine stattliche Praxis führen wird (GKFA 1.1, 319). Sie fasst sich als Glied in einer Generationenfolge auf: Mit eigener Hand schreibt sie sich in die leitmotivisch immer wieder im Roman auftauchende Familienchronik ein: „Verlobte sich am 22. September 1845 mit Herrn Bendix Grünlich, Kaufmann zu Hamburg" (GKFA 1.1, 174). Sogleich führt jene fatale Verlobung zu einem Mitgiftgeschacher zwischen Grünlich, der die nun erworbene Vatertochter Tony mit „heiterer Besitzermiene" (GKFA 1.1, 176) ansieht, und seinem künftigen Schwiegervater. Schon bald wird der jungen Ehefrau auffallen, dass ihr Gatte die Hamburger Gesellschaft meidet und es auch nicht gerne sieht, wenn sich Tony „mit den Leuten in der Stadt" (GKFA 1.1, 186) unterhält. Auch die Geburt der Tochter Erika kann die trübe Stimmung nicht wirklich erhellen.

Zu Beginn des vierten Teils des Romans wird Tony am 8. Oktober 1846 Mutter. Thomas arbeitet erfolgreich in Amsterdam. In das Gesamtpanorama eines Romans über die bürgerliche Epoche gehört auch die Revolution von 1848. Selbst in Lübeck läuft „das Volk" auf die Straße (GKFA 1.1, 199). Die Ereignisse von 1848 verlaufen jedoch zumindest in Thomas Manns Roman vergleichsweise harmlos, was auch den plattdeutsch vorgebrachten Redekünsten des Konsuls Buddenbrook als volkstümlichem Patriarchen zu verdanken ist. Unter großen und kleinen Bürgern der Hansestadt löst sich der revolutionäre Zorn in Heiterkeit auf:

> „Je, Herr Kunsel, ick seg man bloß: wi wull nu 'ne Republike, seg ick man bloß …"
>
> „Öwer du Döskopp … Ji *heww* ja schon een!"
>
> „Je, Herr Kunsel, denn wull wi noch een."
>
> Einige der Umstehenden, die es besser wußten, begannen schwerfällig und herzlich zu lachen, […] bis die ganze Menge der Republikaner in breitem und gutmütigem Gelächter stand. (GKFA 1.1, 209)

Die neubürgerliche Revolution scheint abgewendet, die altbürgerliche hanseatische Ordnung vorläufig wieder hergestellt. Fragil ist dagegen trotz einer hohen Mitgift die Bonität Grünlichs. Ihm droht der Bankrott. Das die ganze Romanwelt überspannende ökonomische Prinzip schlägt hier unerbittlich zu. So bittet Grünlich seinen Schwiegervater um finanzielle Unterstützung. Der reist nach Hamburg und verweigert letztlich die Hilfe. Der „Bankerott" (GKFA 1.1, 234) Grünlichs ist in Tonys Leben ein dramatischer Umschlag von Nichtwissen in Wissen. In der für Thomas Mann typischen Ironisierung, die hier nicht ohne implizite Sozialkritik erfolgt, empfiehlt der Schwiegervater Grünlich, dem er zuvor die Anrede Vater verweigert hat, „Trost und Kraft bei Gott" (GKFA 1.1, 246) zu suchen. Tony lässt sich „anno 1850" (GKFA 1.1, 255) von dem Mitgiftjäger scheiden und kehrt nach Lübeck zurück.

Modernität nach dem Pietismus

Mit dem fünften Teil der romanhaften Familienchronik ist die dritte dargestellte Generation dann endgültig an die Macht gekommen. Das von Jean hinterlassene Vermögen ist größer als erwartet. Universalerbin ist zwar die Konsulin Elisabeth Buddenbrook, aber der neunundzwanzigjährige Thomas ist nun Firmenchef. Er bringt Dynamik in die Firma und ist risikobereiter als sein Vater. Der Nachfolger kann als Vertreter einer modern-skeptischen Generation deutscher Bürgerlichkeit aufgefasst werden und liest lieber Philosophen wie Schopenhauer als die Heilige Schrift. Auch „Citate aus Heine" (GKFA 1.1, 322), dem liberal-skeptischen Ironiker, weiß Thomas mit seiner „Neigung zum Superfeinen" (ebd.) anzubringen. Eigentlich ist er nur mehr ein Schauspieler seiner eigenen Bürgerlichkeit im Welttheater mit „ernste[m] Würdegefühl" (GKFA 1.1, 277) und angesichts der Tatsache, dass er eben doch kein Millionär ist, voller „Sehnsucht nach That, Sieg und Macht" (GKFA 1.1, 280). Den jungen Nachfolger treibt „die Begier, das Glück auf die Knie zu zwingen" (ebd.). Sein Auftreten vollendet sich als eine ausgeklügelte Technologie des Selbst: Er hat auch aus Ermattung das „Bedürfnis, sich körperlich zu erquicken, zu erneuern, mehrere Male am Tage die Kleidung zu wechseln, sich wiederherzustellen und morgenfrisch zu machen" (GKFA 1.1, 460). Ironische Skepsis mischt sich hier mit bestechender weltmännischer Attitüde nach dem Motto: „Ein Geschäftsmann darf kein Bureaukrat sein!" (GKFA 1.1, 293) Auch für Eisenbahnprojekte und die „Gasbeleuchtung" (GKFA 1.1, 396), die Sendboten fortgeschrittener Moderne, macht er sich stark. Und doch ist Thomas heimlich bewusst, dass es sich beim Ort seines Wirkens nicht um mehr handelt als einen „mäßigen Handelsplatz an der Ostsee" (GKFA 1.1, 302). Zum niederländischen Konsul geworden, trifft er in Amsterdam seine künftige Ehefrau, die belesene und hochmusikalische Gerda Arnoldsen, „Tonys ehemalige Pensionsgenossin" (GKFA 1.1, 315) mit hoher Mitgift sowie „freier und stolzer Anmut" (GKFA 1.1, 319), wieder. Ganz schnell kommt Thomas zu dem „Entschluß […], welcher lautete: Diese oder keine, jetzt oder niemals!" (GKFA 1.1, 316) Die Braut ist eine ebenso kultivierte wie fremdartige, auch „ein wenig morbide und rätselhafte Schönheit" (GKFA 1.1, 376). Sie gilt dem Makler Gosch als mythisch-mystische Gestalt, die als „Aphrodite, Brünhilde und Melusine in einer Person" (GKFA 1.1, 323) ein antike und germanische Bezüge vereinendes Sinnbild ist.

Bildvorlage für Herrn Permaneder

Im sechsten Teil gibt Tony Erika Grünlich in die Obhut von Sesemi Weichbrodt. Sie reist auf eine Einladung hin nach München und schreibt ihrer Mutter enthusiastische Briefe aus der südlichen Metropole. Trotz des dortigen verhassten „Katholicismus" (GKFA 1.1, 337) mit seinen, so ihre Mutter, „unevangelischen Schnurrpfeifereien" (ebd.) leuchtet München also auch für sie. Tony lernt dort auch ihren zweiten Ehegemahl, den Hopfenhändler Permaneder, kennen. Für dessen prall-bajuwarisches Äußeres stand eine Karikatur in der Satirezeitschrift *Simplicissimus* (Jg. 2, 1898, Nr. 33, S. 259) Pate (vgl. GKFA 1.2, 72 f.). Thomas Mann arbeitete selbst ab 1898 als Redakteur jener Zeitschrift (GKFA 1.2, 69). Zwar ist Permaneder der „einzige Protestant in der Gesellschaft" (GKFA 1.1, 338), auch stammt „seine Familie aus Nürnberg"; dennoch ist er durch seine Tracht einschließlich „Tyrolerhütchen mit Gemsbart"(GKFA 1.1, 357), die in den fünfziger Jahren des 19. Jahrhunderts bei bayerischen Stadtbewohnern noch völlig unüblich war, und seinen oberbayerischen Dialekt „ein guter Münchener Bürger" (GKFA 1.1, 338). In der hanseatisch zurückhaltenden Umgebung ihres Elternhauses tritt er allzu laut und bodenständig auf und Tony schämt sich für seine ungehobelt-gemütlichen

Tonys Zug nach Süden und ihr weiterer Niedergang

Manieren. Tony wird in München bei dem ehrgeizlosen Permaneder, der als Rentier ihre Mitgift verzehren möchte, nicht glücklich und verlässt ihn nach einer Fehlgeburt und vor allem, nachdem sie seine eheliche Untreue entdeckt hat, wieder. Wie Grünlich sie zum Schluss als Gans beleidigte, so schmäht Permaneder die Unglückliche als „Saulud'r dreckats" (GKFA 1.1, 433).

Die Generation der genialischen Götterdämmerung

Doch dann scheinen sich die Geschehnisse zur erhellen, vergleichbar dem retardierenden, also verzögernden Moment in der traditionellen Dramenpoetik. Zu Beginn des siebten Teils des Romans, im Frühling des Jahres 1861, bringt die das „Dämmerlicht" (GKFA 1.1, 377) liebende Gerda einen Sohn und erhofften Firmen- und Familienerben, Hanno, zur Welt. Die Familie ist überglücklich und die enthusiasmierte Tony sieht ihre Kaufmannssippe im Aufwind. Allerdings ruht auf dem neuen Erben schon der in Thomas Manns erzählerischem Symbolsystem Unheil verheißende „bläuliche[…] Schatten" (GKFA 1.1, 435). Ungutes bedeutet auch die Anwesenheit der putzigen Parze, also Schicksalsgöttin, Weichbrodt bei der pompösen Tauffeier Hannos. Im Folgejahr wird sein Vater Senator der Stadtrepublik, was die ehrgeizige Tony mit „listige[m] Lächeln" (GKFA 1.1, 449) befriedigt. Während der Senatswahl belauscht sie gut verhüllt das Lübecker Volk, das sich auf Plattdeutsch auch über ihre beiden Scheidungen mokiert.

Zum Senator und Vater eines Sohnes avanciert, plant Thomas ein hochmodernes Haus. Zugleich zeigen sich im Erzählfluss des Romans Antizipationen des Untergangs, Vorboten des Endes. So muss der Bauherr an ein türkisches Sprichwort denken: „Wenn das Haus fertig ist, so kommt der Tod." (GKFA 1.1, 473) Es soll auf dem Grundstück einer „vergessenen Familie" (GKFA 1.1, 462) errichtet werden; auch hier zeigen sich die Familienzyklen des modellhaften Stadtstaats wie zuvor beim günstigen Erwerb des Stammhauses der verschwundenen Ratenkamps. Der feingliedrige und überfeinerte Sohn der Buddenbrooks wiederum, die große Hoffnung der Familie, erscheint als in seiner Entwicklung ein wenig zurückstehend. Wehmut und Angst prägen Hanno als Spätling, der das Verdämmern der einst vitalen Familie personifiziert, um deren Geschäfte es auch nicht immer zum Besten steht.

Auch ansonsten wiederholen sich fatale Verhaltensmuster, die abwärts führen. Zu Beginn des achten Teils der Romanerzählung, im Jahr 1867, hält der kleinbürgerliche Feuerversicherungsdirektor Hugo Weinschenk, der *Romeo und Julia* von William Shakespeare (1564–1616) für ein „Stück von Schiller" (GKFA 1.1, 485) hält, erfolgreich um die Hand von Tonys Töchterchen Erika an, die im Folgejahr wiederum ihre Tochter Elisabeth gebiert. Weinschenk wird im weiteren Handlungsverlauf als Betrüger gerichtlich verurteilt, woran ein Staatsanwalt Hagenström keinen geringen Anteil hat. Ihr Ehemann bringt Erika also Unglück wie einst Grünlich ihrer Mutter. Nach seiner Haftstrafe verschwindet der dubiose Weinschenk einfach aus dem Leben der Familie.

Doch auch Thomas' Geschäftsgebaren ist nicht mehr ganz seriös. Er entscheidet sich zu einem von Tony vorgeschlagenen Spekulationsgeschäft: Er kauft die Getreideernte des dringend geldbedürftigen Grafen Maiboom „auf dem Halm" (GKFA 1.1, 499). Es handelt sich damit um eine Art von Geschäft, die der bürgerliche Antisemitismus nur „Juden" und „Halsabschneide[rn]" (ebd.) zutraut und auf die sich Thomas' und Tonys Vater „nie eingelassen" (GKFA 1.1, 500) hätte. Es dämmert im Hause Buddenbrook: Mit dem Niedergang im Geschäftsgebaren geht der generationelle Niedergang einher: Der Stammhalter Hanno geht ungern zur Schule und „weint so leicht […] in sich hinein" (GKFA 1.1, 507). In seiner Traumwelt wird der sensible Junge von Unglücksgestalten gepeinigt. Der Senator fragt sich nicht ohne Grund, ob das „träumerische […] Wesen" des Spätlings Hanno „nicht manchmal geradezu an Unzurechnungsfähigkeit" (GKFA 1.1, 574) grenze.

Ein verhängnisvolles Risikogeschäft zum Firmenjubiläum

Zum hundertjährigen Firmenjubiläum am 7. Juli 1868 ist Thomas mithin in verdüsterter Niedergangsstimmung. Er zwingt sich geradezu zu den Jubelfeiern. Gegen Mittag erfährt er aus einer Telegramm-Depesche, dass Hagel die gesamte aufgekaufte Getreideernte zerstört und aus dem Felde geräumt habe. Wie einst sein ruinierter Vorgänger Ratenkamp ergibt er sich mit der Feststellung „Es ist gut" (GKFA 1.1, 542) in sein scheinbar unabwendbares wie vorbestimmtes Schicksal. Zum Jahrestag geht es mit der Firma bergab wie auch mit der Familie. Die Genealogie der eigens zum Jubelfeste angefertigten Bilder der Ahnen bildet die De-Generation noch einmal plastisch in Porträts nach:

> Da war […] das Bild Johann Buddenbrooks, des Gründers, ein langer und ernster alter Herr […]; da war das breite und joviale Angesicht Johann Buddenbrooks, Jean Jacques Hoffstedes Freund; da hielt […] der Konsul Johann Buddenbrook die geistvollen, von religiöser Schwärmerei sprechenden Augen auf den Beschauer gerichtet; und endlich war da Thomas Buddenbrook selbst, in etwas jüngeren Jahren … Eine stilisierte, goldene Kornähre zog sich zwischen den Bildern hin, unter […] [denen] die Zahlen 1768 und 1868 bedeutsam nebeneinander prangten. Zu Häupten des Ganzen aber war […] der Spruch zu lesen: „Mein Sohn, sey mit Lust bey den Geschäften am Tage, aber mache nur solche, daß wir bey Nacht ruhig schlafen können." (GKFA 1.1, 529 f.)

Musikalität im Untergang

Dieser nur scheinbar unerschütterlichen familiären Ordnung steht die weiblich getönte anarchische Kraft der Musik antithetisch entgegen. Ihr ist der Erbe Hanno ergeben, der beim Firmenjubiläum nicht einmal ein Gedicht aufsagen kann. Den Rausch der Musik bietet hier die heftig umstrittene „neue[…] Musik" (GKFA 1.1, 547) Richard Wagners, deren „leidenschaftliche Verehrerin" (ebd.) Hannos mystische Mutter ist. Der musikaffine Hanno beginnt schon mit sieben Jahren auf dem Klavier zu improvisieren, dem Ton der Mutter folgend:

> Am 15. April 1869, seinem achten Geburtstage, spielt[…] Hanno der versammelten Familie zusammen mit seiner Mutter eine kleine, eigene Phantasie vor, ein einfaches Motiv, das er ausfindig gemacht, merkwürdig gefunden und ein wenig ausgebaut hatte. (GKFA 1.1, 555).

Wolfgang Amadeus Mozart, 1782

Dieses Debüt eines Kindes, das sich die Namen der eigenen Firmenspeicher nicht merken kann und für das seine Lehrerschaft eine ästhetische Zumutung darstellt, veranlasst seine Tante Tony, gemäß dem zeitgenössischen bürgerlichen Musikgeschmack an „Mozart" oder an „Meyerbeer" (GKFA 1.1, 558) zu denken, was die Laune des Vaters und Firmenchefs Thomas nicht eben erhöht. Der zarte Hanno, den Zahnbehandlungen, die seinen Erzeuger das Leben kosten werden, schwer schwächen, wendet sich mit den Mächten der Musik dem mütterlichen Prinzip zu. Auf dem Schulhof wirkt Hanno „stets ein wenig fremdartig unter den hellblonden und stahlblauäugigen, skandinavischen Typen seiner Kameraden" (GKFA 1.1, 683), mithin wie ein südländischer Außenseiter. Darin ist er Thomas Manns künstlerischem Novellenhelden Tonio Kröger nicht unähnlich.

Der Opernkomponist Giacomo Meyerbeer, Lithographie von Josef Kriehuber, 1847

Hanno und Kai gegen den Rest der Welt

Hanno befreundet sich im Laufe seiner Schullaufbahn mit dem verwilderten Kai Graf Mölln, der in einem naturalistischen Sinne sturen Überlebenswillen und „Race-Reinheit" (GKFA 1.1, 782) verkörpert. Kai ist ein Junge, der sich im Wortsinne im Leben durchbeißt. Er verteidigt Hanno gegen die aggressiven Hagenström-Kinder, eigentlich „Prachtkerle" und „Musterschüler" (GKFA 1.1, 686). Dabei stammt er aus verarmter adliger Familie. Hannos Vater erhofft sich, dass sein Sohn durch den zähen Kai „Eigenschaften der Männlichkeit" (GKFA 1.1, 573) entwickeln wird. Der Freund lebt in einem

Der US-amerikanische Schauerromantiker Edgar Allan Poe, 1849

verwahrlosten Haus vor der Stadt, das symbolisch in der Erzähltradition seines schauerromantischen Lieblingsdichters, des Amerikaners Edgar Allan Poe (1809–1849), und natürlich auch E. T. A. Hoffmanns (1776–1822) (vgl. GKFA 1.2, 27) für den Verfall seiner Dynastie steht, den er aber mit der Kraft seines fabulierenden Verstandes zu überwinden sucht. Kai und Hanno bilden ein Bündnis des Geistes gegen die repressive Schule.

Eines Tages zieht Hanno dann aber mit einem goldenen Federhalter unter seinen Namen in der Familienchronik einen Schlussstrich Als der Senator ihn dafür zur Rede stellt, stammelt Hanno: „Ich glaubte … ich glaubte … es käme nichts mehr …" (GKFA 1.1, 576). 1870 wird ein letztes Mal das Weihnachtsfest im großen Rahmen im Stammhaus gefeiert, bei dem die alte Konsulin letztmalig die Weihnachtsgeschichte aus der Bibel vorliest. Hanno, der nach seinem ersten Theaterbesuch nur noch „Opernscenen" (GKFA 1.1, 587) träumt, erhält dabei wie auch die Hauptfigur in Thomas Manns *Bajazzo*-Novelle ein Puppentheater. Ein solches erfreute auch schon den Autor Thomas Mann und Goethe in ihrer Kindheit. Die Mitwelt erscheint ihm nur als ein Welttheater (vgl. Zanol in Mattern/Neuhaus 2018, S. 105; Bielfeldt in Eickhölter/Wißkirchen 2000, S. 113).

Das große Sterben im Hause Buddenbrook

Zu Beginn des neunten Teils des Familienromans ist dann im Jahr der Reichsgründung, 1871, der Tod der alten Konsulin nach einer langen und schweren Krankheit, einer Lungenentzündung, zu verzeichnen. Sie verscheidet mit den gottergebenen Worten: „Hier bin ich!" Das symbolische Ende ist besiegelt. Nicht nur die „Überreste der alten Buddenbrooks" (GKFA 1.1, 651) in der Familiengruft werden „beiseite geschafft" (ebd.). Das Elternhaus, der familiäre Gedächtnisort, in dessen hinterem Trakt wie in der Gespensternovelle *Bulemanns Haus* des von Thomas Mann sehr bewunderten Theodor Storm „eine freie Katzenfamilie" (GKFA 1.1, 666) als lebendiges Symbol ungebändigter animalischer Naturkräfte haust, wird einem Makler überlassen. Er verkauft es an den eingefleischten Konkurrenten Hermann Hagenström, einen „imposante[n] Börsentypus" (GKFA 1.1, 662). Tony ist entsetzt. Zu Anfang des Jahres 1872 räumen die Buddenbrooks den Schauplatz ihrer Familiendramen.

Im zehnten Teil ereilt dann den Firmeninhaber Thomas Buddenbrook sein Schicksal: Der elegante Besitzer der „Jacketts, Smokings, Gehröcke, Fräcke für alle Jahreszeiten und in allen Gradabstufungen der gesellschaftlichen Feierlichkeit" (GKFA 1.1, 676) verstirbt im Januar 1875 nach einer Zahnbehandlung, zusammengebrochen und verschmutzt in der Straßengosse. Er verlässt die „Gitterfenster seiner Individualität" (GKFA 1.1, 724). Der Tod ist gekommen und hat „ihn" im Sinne eines Schopenhauer'schen Pessimismus „zu Heimkehr und Freiheit gerufen" (ebd.). Seine dionysische Liebe zum alles auflösenden Meer deutete sein Ende voraus (vgl. GKFA 1.1, 740). Die Witwe Gerda wird nach der Auflösung des Geschäfts mit ihrem Sohn Hanno in eine kleine Villa vor der Stadt ziehen, deren Fenster dem Jüngling keine Perspektive mehr eröffnen: „Die Aussicht wurde durch die graue Seitenwand der benachbarten Villa abgeschnitten" (GKFA 1.1, 824)

Der „sensitive Spätling" (GW XI, 380) ist konfrontiert mit „den […] Vorgängen des Abbröckelns, des Endens, des Abschließens, der Zersetzung […], denen er beigewohnt hatte. Dergleichen befremdete ihn nicht mehr; es hatte ihn seltsamerweise niemals befremdet." (GKFA 1.1, 771) Unter den Klängen von Wagners *Lohengrin*, der ihn „mit seinen Weihen und Entzückungen" ungleich viel mehr fasziniert als jeder schulische Lernstoff in der „Tretmaschine" (GKFA 1.1, 773), vollzieht sich im elften und letzten Teil des Großromans in einem „unersättlichen Rausche" (ebd.) die genialische Götterdämmerung des Fünfzehnjährigen. Hanno erkrankt schließlich an Typhus und stirbt im

Arthur Thiele (1841–1916): Illustration zu Wagners *Lohengrin*

Jahr 1877. Wenig später verlässt Gerda Buddenbrook die Stadt und kehrt ins heimatliche Amsterdam zurück. Der in Tapferkeit vereinsamten Tante Tony bleibt nach dem endgültigen Schlussstrich unter der Familiengeschichte nur noch der Rückblick in die Familienchronik am Kaffeetisch.

Thomas Mann als vitaler Spätling

Die persönliche Biografie des Autors endete erheblich versöhnlicher: In seinem Todesjahr 1955 besuchte der von seinem Vater schon als Künstler identifizierte Schriftsteller noch einmal seinen Herkunftsort Lübeck, in dem jener Vater einst als Senator gewirkt hatte. Im Rathaus empfing er die Ehrenbürgerschaft. Initiiert hatte dies der damalige Bürgermeister Otto Passarge (SPD) gegen starke Widerstände. Als gelernter Maurer vertrat der ehemalige KZ-Gefangene an der Rathausspitze die aufgestiegene Arbeiterschaft, die noch im Roman vor diesem Rathaus nur demonstrieren konnte. Für den fast achtzigjährigen Thomas Mann, der im Gegensatz zur Romanfigur Hanno seine genialische Götterdämmerung überstanden hatte, war die Ehrenbürgerschaftsverleihung in seinem „zu Rüste gehenden Leben" ein „großer, rührender Augenblick" (GW XI, 536). Damit schloss sich der Kreis der Familiengeschichte. Der reale Sohn des Senators, der die fragilen Figuren Paolo Hofmann, Hanno Buddenbrook und *Tonio Kröger* oder den *Bajazzo* mit seinem Lebensekel erschuf, imaginierte, „das Herz voller Glück" (ebd.), im hohen Alter seinen stolzen Vater: Der zu Ehren gekommene Künstler hegt den „unmöglich[en] Wunsch", sein

Thomas Johann Heinrich Mann (1840–1891), der Vater Thomas Manns

> Vater könne hier und heute, in diesem historischen Saal, wo er als Senator aus- und einging, zugegen sein und es erleben, wie ich das Ehrenbürgerrecht der Stadt empfange, deren Mitregent er war – wie der Wunsch auch nur, er hätte wenigstens meinen Weg noch etwas weiter verfolgen können, daß ich mich doch noch, gegen alles Erwarten, auf meine Art als sein Sohn, sein echter erweisen konnte. (GW XI, 535)

Literatur ist freilich immer mehr als Biografie. Wie repräsentativ das fiktionale Familienkonstrukt der Buddenbrooks ist, zeigt sich an der Tatsache, dass seit den Lebzeiten des Autors jede Generation deutscher Filmemacher eine Adaption des wirtschaftshistorischen Romans auf die Leinwand gebracht hat: von der Stummfilmzeit im Inflationsjahr 1923 über die Wirtschaftswunderepoche im Jahr 1959 und das Familienfernsehen im Jahr 1979 bis hin zur Postmoderne des 21. Jahrhunderts im Jahr 2008. *Der Verfall einer Familie* fasziniert nicht allein das deutsche Publikum über alle Epochen hinweg.

Thomas und Katia Mann bei der Verleihung der Ehrenbürgerschaft 1955 im Lübecker Rathaus

2. *Der Zauberberg*

Ein verhinderter Bildungsroman auf Bergeshöhen

Der Zauberberg (1924) ist der dritte Roman Thomas Manns (vgl. Blödorn/Marx 2015, S. 32–42; Kurzke 2010, S. 187–218; Wysling in Koopmann 2010, S. 422; Schöll 2013, S. 80–90; Kablitz 2017, S. 559–570). Er schildert den als Kurzbesuch beim Vetter Joachim geplanten und dann ‚verflixte' sieben Jahre dauernden Schweizer ‚Kuraufenthalt' Hans Castorps, eines jungen Hamburger Ingenieurs aus gutbürgerlicher Familie, von 1907 bis zum Ausbruch des Ersten Weltkriegs im Jahr 1914. Das Lungensanatorium ‚Berghof' liegt in luftigen alpinen Höhen. Es ist ein der Welt des Flachlandes entrücktes Totenhaus, ein gediegener Aufenthalt der Todgeweihten, meist aus gehobenen Ständen verschiedenster Nationen. Castorps Cousin Joachim Ziemßen, ein Offizier, der dort von Tuberkulose geheilt werden wollte, verstirbt im weiteren Verlauf der Handlung nach einem Fluchtversuch während seiner sinnlosen Kur. Der Romanheld selbst lernt im ‚Berghof' eine verführerische Russin mit dem französischen Nachnamen Chauchat kennen und lieben, deren Gatte in der transkaukasischen Provinz „Daghestan" (GKFA 5.2, 512) sitzt und sie

Davos (Schweiz): Schauplatz der Romanhandlung

Das im Roman erwähnte Sanatorium ‚Schatzalp'

nicht kontrollieren kann. Sie kehrt nach einiger Zeit der Abwesenheit in Begleitung des niederländisch-javanischen Plantagenbesitzers Pieter Peeperkorn zurück. Peeperkorn ist ein charismatischer älterer Mann von dionysischem Zuschnitt; die Gestalt ist dem Literaturnobelpreisträger Gerhart Hauptmann nachgestaltet. Letztendlich wird der vitale Kraftmensch Peeperkorn durch Selbstmord enden. Zusätzlich und zuvor wird für Castorp die unheilvolle Heilanstalt zur pädagogischen Provinz (vgl. Mayer 1984, S. 113–131), suchen doch zwei lebensuntüchtige Lehrer den etwas unbedarften Hans auf ihre ideologische Seite zu ziehen: der Italiener Settembrini, ein jakobinisch-säkularer Fortschrittsmann, und der Galizier Naptha, ein klerikaler Proto-Faschist. Am Ende kommt es zu einem Pistolenduell zwischen den beiden, bei dem Naptha Selbstmord begeht, weil sein humanistischer Kontrahent den tödlichen Schuss verweigert. Hans selbst entwickelt zuvor bei einem visionären wie surrealen Schneetraum, der ihm Kannibalismus hinter hellenischen schönen Fassaden zeigt, eine Idee von Menschenliebe, die er aber rasch wieder vergisst. Schließlich zieht er in den Ersten Weltkrieg. Sein Schicksal ist am Ende so ungewiss wie seine Bildungsfortschritte (vgl. Kurzke 2010, S. 215 f.).

Gerhart Hauptmann, Gemälde von Max Liebermann (1912)

Bereits 1913 begann Thomas Mann mit der Arbeit an dem Roman *Der Zauberberg*. Das groß angelegte Erzählwerk, erschienen bei S. Fischer in zwei Bänden im November 1924, war auch bei der Kritik ein deutlicher Erfolg und wurde breit rezipiert: „Ein außerordentlicher Rang des Buches wird selten bestritten, Stilvirtuosität wie Charakterisierungsvermögen weithin gepriesen." (GKFA 5.2, 105) Es gab jedoch in der Ärzteschaft den Verdacht, es handele sich beim *Zauberberg* ähnlich wie bei den *Buddenbrooks* um einen Enthüllungsroman, der ihre Zunft aufs Korn nimmt. Thomas Mann sah sich genötigt, dem öffentlich zu widersprechen. In seinem Aufsatz *Vom Geist der Medizin* von 1925 betont er, sich „als Verehrer und Bewunderer der medizinischen Wissenschaft erklären zu dürfen" (GKFA 5.2, 1002). Arthur Eloesser, der

Der Zauberberg: Produktion und Rezeption

erste Biograf Thomas Manns, bemerkte ebenfalls 1925, dass „man der deutschen Nation nachsagen" darf „dass sie trotz Kino und Radio" mit diesem Roman „wieder lesen gelernt hat. Der Roman hat das Publikum seltsam erregt, und wir werden noch lange davon sprechen, bis wir ruhig mit ihm leben können […]. Bis wir seine Sache ganz als unsere Sache, als die des höchst gefährdeten Europa, begriffen haben." (Eloesser 1925, S. 195)

Zweiter Roman der kapitalistisch-bürgerlichen Epoche

Der Blickwinkel des Erzählers geht im *Zauberberg* über den engen Horizont einer mittelgroßen Hansestadt hinaus in kosmopolitische Fernen: Im Lungensanatorium ‚Berghof' versammelt sich die internationale Bourgeoisie des alten Kontinents. Bertolt Brecht (1898–1956), der gerne sämtliche Mitglieder der Familie Mann auf den Arm nahm, bezeichnete Thomas Mann daher auch als regierungstreuen Lohnschreiber der Bourgeoisie und dichtete zu Beginn der dreißiger Jahre zum *Zauberberg* in seiner *Ballade von der Billigung der Welt* folgende Zeilen über den Autor:

> Der Dichter gibt uns seinen Zauberberg zu lesen.
> Was er (für Geld) da spricht, ist gut gesprochen!
> Was er (umsonst) verschweigt: die Wahrheit wär's gewesen.
> Ich sag: Der Mann ist blind und nicht bestochen. (Brecht 1975, S. 171)

Der Schriftsteller Bertolt Brecht (1898–1956)

Nun war Thomas Mann keineswegs blind gegenüber sozioökonomischen Bedingtheiten – auch was ärztliche Diagnosen betrifft. Das gilt auch für die Analyse der Besitzverhältnisse von Schweizer Lungenheilanstalten und der daraus resultierenden Interessenlagen, die die scheinbare Tatsachentreue der medizinischen Wissenschaft mehr als beeinflussen können. Klar stellt er heraus, wie oftmals gesunde Menschenleben durch ungesunde Manipulation ausgebeutet werden. Hier skizziert Thomas Mann hellsichtig ein kapitalorientiertes Gesundheitssystem, das einen entlegenen Ort mit eigenen Gesetzen wie den ‚Berghof' als einen „Ort der Ausschweifung und der Auflösung" (GKFA 5.1, 402) erst ermöglicht:

> Hofrat Behrens war keineswegs Inhaber und Besitzer der Anstalt […]. Über und hinter ihm standen unsichtbare Mächte […]: ein Aufsichtsrat, eine Aktiengesellschaft, der anzugehören nicht übel sein mochte, da sie […] alljährlich eine saftige Dividende unter ihre Mitglieder verteilen konnte. Der Hofrat also war kein selbständiger Mann, er war nichts als ein Agent, ein Funktionär, ein Verwandter höherer Gewalten. (GKFA 5.1, 201)

Die allwissende Erzählinstanz, die im Pluralis Majestatis eines ‚Wir' auftritt und sich sagenhaft als der „raunende Beschwörer des Imperfekts" (GKFA 5.1, 9) bezeichnet, entzaubert den Mythos *Zauberberg*. Auch Hofräte und Mediziner können also nicht nur Seelenverkäufer, sondern auch Kaufleute sein. Es gibt überdies neben dem Kaufmännischen viele Verbindungen zwischen den *Buddenbrooks* und dem *Zauberberg*. Vom Untergang handelt zuvorderst auch dieses Prosawerk, bekennt der mit dem antiken Totengott verglichene Hofrat Behrens als Leiter der Heilanstalt doch: „Ich kenne den Tod, ich bin ein Angestellter von ihm." (GKFA 5.1, 809)

Nach einem zeit- und geschichtsphilosophischen Vorsatz beginnt das erste Kapitel des Romans, einer „Bergentrückungsgeschichte" (GKFA 5.2, 18), mit dem Teilkapitel *Ankunft*. Die Abenteuerfahrt des jungen Hans beginnt. Der „mittelmäßig" begabte Held, „weder ein Genie noch ein Dummkopf" (ebd.), erscheint als Prototyp seiner Gesellschaftsklasse. Zeit ist für den späten Erben eben nicht Geld; dies war ein früherer Grundsatz der Vorfahren. Dem zeitlichen Verwirrspiel der Gesamterzählung entsprechend, teilt der Erzähler uns zunächst mit, dass der Reisende auf „drei Wochen" (GKFA 5.1, 11) fährt, obwohl er ja letztendlich sieben Jahre in der Schweiz verbleiben wird:

Hans Castorps Ankunft im Milieu des ‚Berghofs'

> Die Reise ins Hochland führt aus ‚Heimat und Ordnung' ins Ungeheuerliche und Unordentliche. Vorboten sind die Abgründe, die Schründe und Spalten, an denen der Zug vorbeisteigt, seine schwarzen Rauchmassen ausstoßend. (Wysling in Koopmann 2005, S. 401)

Der Held besitzt über seine technikorientierte Profession als Ingenieur den Beruf wie die Berufung der Moderne. Hans Castorp ist wie Hanno Buddenbrook ein spätgeborenes „Familiensöhnchen und Zärtling" (GKFA 5.1, 12). In Gedanken scheint er bereits bei seinem künftigen Arbeitsplatz auf einer Hamburger Werft zu sein. Und dennoch ergibt er sich langsam dem Vergessen der Zeit, symbolisiert durch einen Fluss der antiken Unterwelt: „Zeit, sagt man, ist Lethe; aber auch Fernluft ist so ein Trank, und sollte sie weniger gründlich wirken, so tut sie es dafür desto rascher." (ebd.) Dieses Vergessen, auch das Verblassen und Verschwinden einmal gewonnener Erkenntnisse, macht den *Zauberberg* als „Bildungsroman" (GKFA 5.2, 21) Hans Castorps zugleich zur Parodie seiner selbst. Noch aber ist die alte flachländische Welt mit ihrer alten Zeit nicht aus dem Bewusstsein des Helden Hans verschwunden. Als sein Vetter Joachim kurz nach der Ankunft des Gastes sagt, dass er wohl noch ein „halbes Jahr" auf dem Berghof verweilen müsse, antwortet der frischgebackene Ingenieur: „Ein halbes Jahr? Bist du toll?" (GKFA 5.1, 17) Auch die Tatsache, dass die Zeit des Lebens endlich sein kann, wird Hans durch seinen Vetter Joachim sogleich vermittelt: Der Tod in den Bergen führe dazu, dass die Leichen des Öfteren in „Bobschlitten" (GKFA 5.1, 20) zu Tal gerodelt werden.

Familiengedächtnis | Nach dieser Einführung in das Krankenheim als unheimliche Heimstatt in Bergeshöhen schwenkt der Blick des Erzählers im zweiten Kapitel zurück in die eigentliche Heimat Hans Castorps im nördlichen Flachland. Die Hamburger Kaufmannshistorie verdichtet sich in Form der familieneigenen „Tauf-

Wagners Parsifal (Heinrich Hensel) mit dem Gral

schale" (GKFA 5.1, 34) der Castorps. Sie ist ihnen gleichsam ein Gral, ein Heilsgefäß der Bürgersippe, ein „Symbol der Geschichte und des Todes" (so Thomas Mann im Tagebuch vom 20.4.1919, vgl. TB 1918–1921, 205). Tod und Bürgerleben treffen auch in des „Großvater[s] […] zwiefacher Gestalt" (GKFA 5.1, 34.) aufeinander. Dieser Großvater, Hans Lorenz Castorp, ist sehr gewichtig für den kleinen Hans, weil ihm früh seine Eltern wegsterben. Bevor er in das Haus des Konsuls Tienappel als eine Art Pflegesohn kommt, ist Hans bei seinem Großvater untergebracht. Dieser vertritt die anachronistisch gewordene Welt eines „nordischen Klassizismus" (GKFA 5.1, 35) vergangener Epochen. Steif und starr verharren er und sein Diener Fiete in althergebrachten Traditionen und förmlichen patrizischen Ritualen. Solche altmodischen Technologien des Selbst bieten dem kleinen Hans Schutz und Geborgenheit vor den Stürmen des Lebens. Selbst die gediegene Halsbinde des Großvaters verheißt Bindung, „wie sie die geräumige Öffnung des sonderbar geformten, mit den scharfen Spitzen die Wangen streifenden Halskragens des Großvaters ausfüllte." Der kleine Hans möchte dem Patriarchen nacheifern, „denn dem kleinen Hans Castorp gefiel es besonders wohl, wie der Großvater das Kinn in die hohe, schneeweiße Binde lehnte; noch in der Erinnerung, als er erwachsen war, gefiel es ihm ausgezeichnet: es lag etwas darin, was er aus dem Grund seines Wesens billigte." (GKFA 5.1, 36) Kleidungssymbole als Zeitzeichen verbinden sich in der Gestalt des alten Vorfahren in besonders prägnanter Form, wenn er sich in seiner „frommen Bürgertracht eines verschollenen Jahrhunderts" (GKFA 5.1, 42) auf einem

„lebensgroße[n] Bildnis" (ebd.) präsentiert: Hier wird die altväterliche Amtstracht zu einer die Herrschaft rechtfertigenden Zeitvermischung benutzt,

> um zeremoniellerweise die Vergangenheit zur Gegenwart, die Gegenwart zur Vergangenheit zu machen […]. Senator Castorp stand da in ganzer Figur, auf rötlich gepflastertem Boden, in einer Pfeiler- und Spitzbogen-Perspektive. Er stand […] in dem schwarzen und mehr als knielangen, talarartigen Überrock […]. Um den Hals aber lag ihm die breite, gestärkte und vielfach gefaltete Tellerkrause, vorn niedergedrückt und an den Seiten aufwärts geschwungen […]. (GKFA 5.1, 43; vgl. Bastek/Pfäfflin 2014, S. 184 f.)

Zur fast schon britischen Steifheit der innerlich und äußerlich gefestigten Kaufherren, die sich so vor Dekadenz und Formverlust zu schützen trachten, gehört neben der im Zeitroman die Zeitläufte überwindenden altertümlichen Amtstracht mit spanischer Halskrause auch eine in die alte Familientaufschale eingeschriebene Tradition, die über sieben Generationen (die leitmotivische Hexenzahl des Entwicklungsromans) währt: „Den Teller angehend, so war sein weit höheres Alter ihm von der Innenseite abzulesen. ‚Sechzehnhundertundfünfzig' stand dort in verschnörkelten Ziffern." (GKFA 5.1, 38) Die liturgisch-religiöse Schale birgt eine Art Familiengalerie. Kann die Familiengeschichte in den *Buddenbrooks* zumindest über vier Generationen bis zum bitteren Ende nachverfolgt werden, so ist sie im Falle der Familie Castorp der nur siebenjährigen Haupthandlung gleichsam vorgelagert. Der Verfall hat vor dem Handlungsbeginn schon begonnen. Nur am Rande sei erwähnt, dass Castorps „Zähne, die etwas weich waren und mehrfach Schaden gelitten hatten" (GKFA 5.1, 52), wie die Zähne Hannos und vor allem das Gebiss von dessen Vater Thomas Buddenbrook als Dekadenzsymbol dienen: Allen fehlt letztendlich ‚der Biss'. Der Spätling Hanno macht einen Schlussstrich unter die Generationenfolge der papierenen Familienchronik, der Spätling und Goldjunge Hans dagegen betrachtet ehrfurchtsvoll eine vergoldete Chronik in Silber:

> Der Name des Vaters war da, der des Großvaters selbst und der des Urgroßvaters, und dann verdoppelte, verdreifachte und vervierfachte sich die Vorsilbe ‚Ur' im Munde des Erklärers, und der Junge lauschte [...] mit nachdenklich oder auch gedankenlos-träumerisch sich festsehenden Augen und andächtig-schläfrigem Munde auf das Ur-Ur-Ur-Ur , – diesen dunklen Laut der Gruft und der Zeitverschüttung, welche dennoch zugleich einen fromm gewahrten Zusammenhang zwischen der Gegenwart, seinem eigenen Leben und dem tief Versunkenen ausdrückte. (GKFA 5.1, 38 f.).

Die Erzählstimme des Romans, jener „raunende Beschwörer des Imperfekts", zelebriert hier die die Geister der Vergangenheit hervorrufende Vorsilbe ‚Ur' ähnlich, wie es später auch der biblische Erzähler in den *Joseph*-Romanen vollziehen wird. Hans als dem wahrscheinlich letzten Familienglied öffnen sich die Abgründe der tiefen Vergangenheit: „Er meinte modrig-kühle Luft, die Luft [...] der Michaeliskrypte zu atmen bei diesem Laut [...] geistliche Empfindungen mischten sich mit denen des Todes." (ebd.) In der Gruft scheint sich der morbide kleine Hans nicht unwohl zu fühlen.

Im Zuge der Handlung erweist sich der ‚Berghof' als pädagogische Provinz, die zwischen heller Weltzivilisation und düsterem Gottesstaat steht. Dieser zentrale Aspekt entwickelt sich in Hans' Konfrontation mit den bereits erwähnten beiden Gelehrten, Naptha und Settembrini, die ihn mit ihren gegensätzlichen weltanschaulichen Ausführungen zu überzeugen und jeweils in ihre Richtung zu lenken suchen. In der morbiden Atmosphäre des Berghofs begegnet der nun erwachsene Castorp seinem lebenbejahenden geistigen Mentor

Settembrini als Fortschrittsmann im Totenreich

Settembrini. Ihn hat Thomas Mann dem intellektuellen Typus des Zivilisationsliteraten nachgezeichnet. Settembrini zielt wie später Thomas Mann selbst auf die Weltrepublik ab. Im Tagebucheintrag vom 14. November 1919 werden die „Lehren Settembrinis" (TB 1918–1921, 319) noch „nicht ernst genommen", obwohl sie in der Romankonzeption „das sittlich einzig Positive und dem Todeslaster Entgegenstehende sind" (ebd.). Im Kapitel *Satana* wird diese Hauptfigur des Romans nun näher vorgestellt. Seine Erscheinung erinnert Castorp an italienische Drehorgelmänner, die auch bereits in den *Buddenbrooks* durch nordische Hansestädte streifen.

> Trotzdem sah er wohl, daß er einen Herrn vor sich habe; der gebildete Gesichtsausdruck des Fremden, seine freie, ja schöne Haltung ließen keinen Zweifel daran. (GKFA 5.1, 88 f.)

Der Fortschritt kommt hier also sehr ambivalent daher. Und dennoch ist sein Vertreter sehr fürsorglich gegenüber seinem Schützling Castorp, den er schon bei der ersten Begegnung und dann wiederholt zur Abreise aus der unheilschwangeren Heilanstalt mahnt, obwohl er doch selbst „nicht gegen ärztliches Verbot nach Barcelona zum Fortschrittskongress gereist" (GKFA 5.1, 377) ist.

Humanistische Therapie eines Literaten

Settembrini, dessen Vater an der italienischen Nationalbewegung gegen den Kirchenstaat wesentlich beteiligt war, vertritt als „Humanist" (GKFA 5.1, 93), laizistischer, also auf Trennung von Staat und Kirche bedachter Fortschrittsmann und italienischer Jakobiner den technokratischen und patriotischen Optimismus der Gründerzeit, in Italien *Risorgimento* genannt. Für ihn – obwohl selbst lungenkrank – sind die Anstaltsärzte Hofrat Behrens und Dr. Krokowski nichts weiter als die antiken Unterweltgestalten „Minos und Radamanth" (GKFA 5.1, 90). Ausführlich erläutert Settembrini Castorp seine Mitarbeit bei einer Liga für die Organisation des Fortschritts, die ein vielbändiges Handbuch gegibt. Hier zeigt sich ein Geschichtskonzept, das im 21. Jahrhundert in den Werken von Publizisten wie Steven Pinker wieder auflebt. Das zentrale Ziel ist damals wie heute, das Leiden, die Krankheit mit Hilfe der Wissenschaften auszumerzen. Settembrini verabscheut deshalb Castorps Respekt vor der Krankheit, für die er sich in seinem eigenen Falle schämt, und ruft zum Kampf gegen sie auf. Denn „täglich aufs neue gestählt in solchem Kampfe, werden jene Mächte den Menschen vollends befreien und ihn auf den Wegen des Fortschrittes und der Zivilisation einem immer helleren, milderen und reineren Lichte entgegenleiten." (GKFA 5.1, 151)

Ludwig Mack: Die Unterwelt (1829). Die Totenrichter Minos, Aiakos (mit dem Szepter), Rhadamanthys befragen die Toten (Schatten) nach ihrem Leben.

Settembrini gewinnt ein erzieherisches Interesse an Castorp. In zahlreichen Gesprächen, die den Dialogen des Sokrates zwischen philosophischem Lehrer und Schüler nachgestaltet sind, verteidigt er Vernunft, Aufklärung, bürgerliche Arbeit und Gesundheit. Er fasst als stolzer Literat dies alles in einem wesentlichen Schlagwort des Fortschritts zusammen:

Wie dieser Name laute? […] – er laute: Zivilisation! Und indem Settembrini dies Wort von den Lippen ließ, warf er seine kleine Rechte empor, wie jemand, der einen Toast ausbringt. (GKFA 5.1, 243 f.)

Musik und Eros als Gegenmächte

Die Gruftszenerie in Verdis Oper *Aida*

Settembrini warnt dagegen vor der Musik. Da ist etwa die todesschwangere Gruftmusik aus Guiseppe Verdis altägyptischer *Aida*-Oper (1871) und vor allem das deutsch-romantische Lied vom *Lindenbaum* aus Franz Schuberts (1797–1828) Zyklus *Die Winterreise*, die im Roman als *Fülle des Wohllauts* per Grammophon erklingen (vgl. Kurzke 2010, S. 212 f.). Die todessehnsüchtige Romantik des kahlen Lindenbaums in eisiger Einsamkeit begleitet den Helden Hans gar bis ins Stahlgewitter des Ersten Weltkriegs. Musik und auch unkontrollierte Erotik sind für Settembrini geistesverwirrende Gifte. Diese können zu Irrationalität und Auflösung führen und verführen. Sie sind „politisch verdächtig" (so der Titel eines ganzen Unterkapitels des Romans, GKFA 5.1, 168–175). Auch vor manchen Verführungen der Weiblichkeit, hier in Person der asiatischen Mitpatientin Madame Chauchat, warnt Settembrini den jungen Mann, obwohl er beteuert, dass man ihn selbst „asketischer Neigungen gewiß nicht überführen" (GKFA 5.1, 378) könne. Vor der Russin mit dem französischen Namen, der lautmalerisch so viel wie ‚heiße Katze' bedeutet, will Settembrini seinen Schützling wie vor „Typen aus der moskowitischen Mongolei" (ebd.) bewahren. Das Östliche erscheint hier im Gegensatz zum Weiblichen als das eigentlich Gefährliche. In diesem Zusammenhang assoziiert er die Augen der fremden Frau, einen Romantitel von Thomas Manns Freund Hermann Hesse vorausnehmend, als „Steppenwolfslichter" und assoziiert den Osten des Weitern mit „Schnee und Schnaps, Knute, Schlüsselburg und Christentum" (GKFA 5.1, 366). Gegen die düster-östlichen Mächte stehen die republikanischen *Götter Griechenlandes* im Sinne Friedrich Schillers und der Weimarer Klassik: „Man sollte der Pallas Athene hier in der Vorhalle einen Altar errichten, – im Sinne der Abwehr." (ebd.)

Settembrini mahnt Hans als „Sohn des Westens" (GKFA 5.1, 368) zur „europäischen Lebensform" (ebd.) mit ihrem exakten Takt. In diesem Kontext wird er auch zeitphilosophisch, was sich gut in Thomas Manns Konzeption eines Zeitromans fügt, denn „diese barbarische Großartigkeit im Zeitverbrauch ist asiatischer Stil, – das mag ein Grund sein, weshalb es den Kindern des Ostens an diesem Orte behagt. Haben Sie nie bemerkt, daß, wenn ein Russe ‚vier Stunden' sagt, es nicht mehr ist, als wenn unsereins ‚eine' sagt?" (ebd.) Settembrini ist allerdings nicht im Eurozentrismus befangen, sondern kann den Fortschritt auch im geographischen Osten entdecken. In einem Streitgespräch mit dem klerikalen Reaktionär Naptha lobt er so die Reformbemühungen im Osmanischen Reich. Das erinnert aus heutiger Sicht an im 21. Jahrhundert sehr aktuelle politische Kulturkämpfe: „Die demokratische Idee marschiere. […] das Jungtürkentum beende soeben seine Vorbereitungen zu grundstürzenden Unternehmungen. Die Türkei als National- und Verfassungsstaat, – welch ein Triumph der Menschlichkeit!" Sein antiaufklärerisch-fundamentalistischer Gegenspieler kann darauf nur antworten: „‚Liberalisierung des Islam', spottete Naphta. ‚Vorzüglich. Der aufgeklärte Fanatismus, – sehr gut.'" (GKFA 5.1, 573 f.) Man könnte Settembrini in diesem visionären Kontext des *Zauberberg*-Romans nicht allein als Vertreter „der Ratio und der Tätigkeit" (Wysling in Koopmann 2010, S. 403) bezeichnen, sondern auch als einen Vorläufer des türkischen Kemalismus.

Selbstzivilisierung der „Fortschrittstürker"

Der Begründer der modernen Türkei Mustafa Kemal (Atatürk) und seine Gattin Latife, 1923

Der über „Fortschrittstürken" (GKFA 5.1, 573) spottende jüdischstämmige Jesuit Leo Naptha ist der vom Lichtbringer Settembrini als gleichrangig anerkannte intellektuelle Gegenspieler. Im Nachhinein, nach dem Genozid an der europäischen Judenheit, hat Thomas Mann in einem Brief vom 14. September 1948 an Kurt Loewenstein diese negativen jüdischen Gestalten selbstkritisch problematisiert. Er bedauert wegen der „Gefahr antisemitischer Wirkung", dass er keine „jüdische Figur von Würde (ich denke an den prophetischen

Naphta als klerikalreaktionäre Gegenfigur

Georg Lukács (1919): Der ungarische Philosoph und Literaturtheoretiker war ein Vorbild für die Figur des Naptha

Vorwegnahme des Totalitarismus Francos und Khomeinis

Typus Buber)" (zitiert nach Stern in Koopmann 2010, S. 61) dagegengesetzt habe. Naphtas totalitäres Konzept des Gottesstaats ist freilich weder jüdisch noch bolschewistisch, sondern katholisch im Sinne eines radikalen Klerikalismus mit dem Übereifer des Konvertiten. Für den aus Galizien, dem äußersten Osten der österreichisch-ungarischen Monarchie, stammenden Naphta, einen ‚asketischen Priester' im Sinne Nietzsches, gilt „die Neugestaltung der Gesellschaft nach dem Vorbilde des idealen, des kommunistischen Gottesstaates" als Ideal (GKFA 5.1, 888). Die im Wortsinn schwarze Pädagogik des Gymnasial- und Lateinlehrers Naptha hat mit Fortschritt und Humanismus nichts im Sinne: „Absoluter Befehl! Eiserne Bindung! Vergewaltigung! Gehorsam! Der Terror!" (GKFA 5.1, 603) lautet seine Devise.

Wie Thomas Mann in Settembrini den Kemalismus der 1923 gegründeten türkischen Republik vorwegnimmt, so präfiguriert sich im „spanischen Terrorismus" (GKFA 5.1, 879) der Naphta-Gestalt der Klerikalfaschismus Francos (1936–1975) und auch der mit dem Namen Chomeini verbundene brutale Zivilisationsbruch im Iran des Jahres 1979. Aus Sicht Castorps ist der erklärte Fortschrittsfeind (GKFA 5.1, 1050) letztlich „der scharfe kleine Jesuit und Terrorist, der spanische Folter- und Prügelknecht mit seiner Blitzbrille" (GKFA 5.1, 719). Gegen den klerikalfaschistischen spanischen „Totalitärstaat" und die „Erwürgung der Freiheit" (GW XII, 797) durch Franco sollte der Autor selbst später im Jahr 1937 eindeutig Stellung beziehen. Wie heutige Radikalreligiöse gegen den Darwinismus, so wendet sich auch Naphta gegen die „freidenkerisch-atheistische[...] Afterreligion" (GKFA 5.1, 1048) einer modernen Naturphilosophie, die wohl, so der Jesuit, annehme, dass der Darwinist und Goetheaner „Haeckel bei der Entstehung der Erde zugegen gewesen sei." (ebd.)

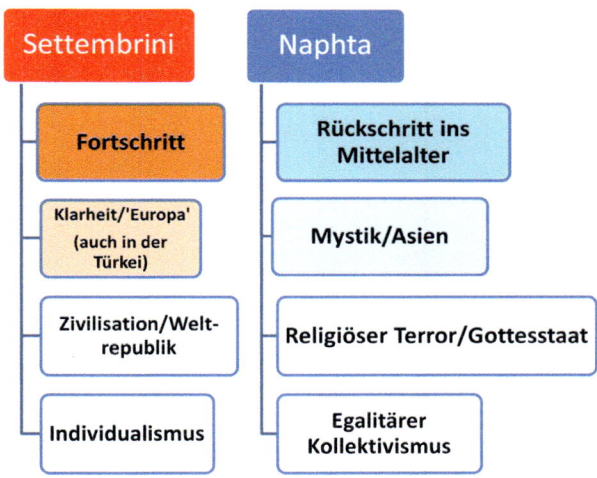

Der weltanschauliche Gegensatz zwischen Settembrini und Naptha

Für Naphta mit seinem „heilige[n] Terror" (GKFA 5.1, 1057) ist sein vom optimistischen Aufklärungsjahrhundert Kants (1724–1804) inspirierter Gegenspieler Settembrini „schon heute nur noch ein Zopf, eine klassizistische Abgeschmacktheit, ein geistiges Ennui, das Gähnkrampf erzeugt, und mit dem aufzuräumen die neue, *unsere* Revolution [...] sich anschickt." (ebd.) Letztlich, im letzten Friedensjahr 1913, sieht sich Naphta gezwungen, den Gegner Settembrini zu einem grotesken Duell zu fordern. Hierbei schießt der Humanist aus (mosaischer) Mitmenschlichkeit nach dem Motto „ich werde nicht töten" (GKFA 5.1, 1067) in die Luft und der Dunkelmann gibt sich selbst die Kugel, worauf der Aufklärer angesichts dieser schweren Sünde die Liebe Gottes an-

Suizidales Duell

ruft. Bald darauf wird das große Töten des ‚Großen Krieges' beginnen und den gesundheitlich und geistig angeschlagenen Vernunftmann bei Kriegsausbruch in arge Verwirrung stürzen. Besonders das militärische Bündnis zwischen der progressiven französischen Republik und dem reaktionären russischen Zarismus, mithin „das Einverständnis der erleuchteten Republik mit dem byzantinischen Skythentum schuf ihm moralische Verlegenheit" (GKFA 5.1, 1077). Im Symbolgefüge des Romans verkörpert die angeschlagene Gesundheit des Vernunftmanns Settembrini die Krankheit der (politischen) Vernunft. Sein Weltbild fügt sich nicht in den Lauf der Weltgeschichte. Bevor in Castorps siebtem Jahr „hier oben" (ebd.), 1914, der Weltkrieg beginnt, wird Settembrini immer leidender. Als Castorp zur Front abreist, verabschiedet Settembrini sich am Bahnhof von ihm, duzt seinen Schützling Hans und küsst ihn wie „ein Russe" (GKFA 5.1, 1079). Der Verstandesmensch verliert letzten Endes angesichts des Zusammenbruchs der alteuropäischen Ordnung im Jahre 1914 seine Fassung.

Zwischen den Geschlechterkonstruktionen

Doch nicht allein verstörenden geistigen Mächten wie denen der beiden Lehrer begegnet der Romanheld auf dem Zauberberg. Das zweite die Handlung durchziehende zentrale Motiv stellt den Protagonisten zwischen Eros und Tod. In der Russin Claudia Chauchat tritt dem unerfahrenen jungen Hanseaten Hans die Macht des Eros gegenüber. Sie ist, wie so oft im Werk Thomas Manns, nicht ausschließlich heteronormativ, also anhand der eindeutigen Beziehung zwischen Mann und Frau, konstruiert. So erfährt Hans auf dem ‚Berghof' anlässlich einer Fastnachtsfeier, die anknüpfend an Goethes *Faust I* als Walpurgisnacht gefeiert wird, andeutungsweise die Erotik des weiblichen Geschlechts. Früher schon aber hat er sich einen Drehbleistift, der in der Romankomposition als leitmotivisches Phallussymbol fungiert, bei seinem Mitschüler Hippe ausgeliehen, der wie Chauchat kirgisenäugig erscheint. In Hippes Name ebenso wie in seinem ins „Schleierig-Nächtige" (GKFA 5.1, 185) gehenden

Blick klingt bereits der Tod an. Homoerotik ist der Heteronormativität zeitlich vorgelagert. Der Junge repräsentiert ebenso wie die Slawin mit dem französischen Nachnamen eine eigentümliche transkulturelle Mischung. Zusätzlich wird in der Erzählung eine Grenzüberschreitung inszeniert, indem das ‚männliche' und das ‚weibliche' Objekt des Begehrens gestalterisch vermischt werden. In der Entwicklung des Protagonisten entfaltet sich ein Gender Trouble der Lieblinge Castorps zwischen Jugend- und Jungenalter und Erwachsensein. Das Slawische der im Norddeutschen beheimateten Knabengestalt des faszinierenden Mitschülers, des „Kirgisen" (GKFA 5.1, 184), offenbart sich allein schon in Hippes Vornamen „Pribislav". In der antithetischen Romanlogik wird das Erotische beider Geschlechter in den obskuren Osten verwiesen. Der Schulkamerad mit dem slawischen Vornamen, wie man ihn ähnlich auch aus Theodor Fontanes *Stechlin* (1898) kennt, „war für seine Person offenbar das Produkt einer alten Rassenmischung, einer Versetzung germanischen Blutes mit wendisch-slawischem […] seine Augen, blaugrau oder graublau von Farbe – es war eine etwas unbestimmte und mehrdeutige Farbe, die Farbe etwa eines fernen Gebirges." (ebd.) In das ferne Gebirge mit seinen eigenen Gesetzen gelangt der Lebenswanderer Hans nun als junger Erwachsener – und damit zu dem nunmehr weiblich konnotierten Objekt seines Begehrens.

Johann Heinrich Ramberg – Walpurgisnachtszene aus *Faust 1* (1829)

Theodor Fontane, Gemälde von Carl Breitbach (1833–1904)

Der Rausch kann sich noch steigern. Bei einem Ausflug auf Schneeschuhen gerät Hans in einen Schneesturm und so beinahe in die Gefahr des Erfrierungstodes. Im weißen Hochgebirge verliert der wandernde Hanseat in freier Natur die Orientierung und muss das Unwetter im Windschatten einer Scheune abwarten. Er dämmert vor sich hin und träumt von jenseitigen Gefilden

Auflösung der Lebenskonflikte im *Schnee*

Der Dichter Stefan George (1868–1933)

(vgl. Kurzke 2010, S. 209 f.). Diese haben zunächst einmal eine heimatliche und jugendstilhaft parkähnliche Anmutung wie im Gedicht *Komm in den totgesagten park und schau* von Stefan George (1868–1933). Im Bewusstsein des Protagonisten taucht ein erstes Landschaftsbild als Projektion im Schnee auf, dem dann weitere folgen. Zunächst führen die Imaginationen Castorp in die flachländisch-hanseatische Heimat und er sagt zu sich: „Oh Heimatodem, Duft und Fülle des Tieflandes, lang entbehrt." (GKFA 5.1, 738) Ein Regenschauer geht nieder und es entsteht wie in Wagners *Rheingold*-Oper ein Regenbogen, der in melodramatischer Bühnentechnik einen Szenenwechsel einleitet.

Im Traumland jenseits des Regenbogens sieht der junge deutsche Hans zunächst eine „wunderschöne Bucht" am „Südmeer" (GKFA 5.1, 739), mit „verständig-heiterer, schöner, junger Menschheit", „Sonnen- und Meereskinder", die einander „mit Freundlichkeit, Rücksicht, Ehrerbietung" (GKFA 5.1, 740) begegnen. Hans gerät so in die Bildwelt des von Thomas Mann sehr geschätzten Malers Ludwig von Hofmann (1861–1945). Die Hauptfigur der frühen Novelle *Der Wille zum Glück* trägt dessen Familiennamen und ein Gemälde Hofmanns, das nackte Jünglinge darstellte, hing in Thomas Manns Arbeitstraum (vgl. Bastek/Pfäfflin 2014, S. 168–183). Hofmanns Welt ist auch schon das südliche Sehnsuchtsland der Weimarer Klassik. Angesichts einer antikischen Idealwelt öffnet sich „Hans Castorps ganzes Herz […] weit, ja schmerzlich weit und liebend ihrem Anblick." (ebd.) Die jugendstilhafte Körperlichkeit der Freikörperkultur und der Jugendbewegung des ‚Wandervogel' wird hier lebendig. Edle Idealmenschen bilden mit lieblicher Landschaft das Wunschbild eines hellen antiken Griechenlands voller erotisch-ästhetischer Reize: „Jünglinge tummelten Pferde, […] wobei die Muskeln ihrer Rücken unter der goldbraunen Haut in der Sonne spielten und die Rufe, die sie tauschten oder an ihre Tiere richteten, aus irgend einem Grunde bezaubernd klangen." (GKFA 5.1, 740 f.) Die phallischen Rosse gehorchen der Jungmännlichkeit,

Ludwig von Hofmann: Tanzende in weiter Landschaft, 1910

Ludwig von Hofmann: Reiter am Strand,
ca. 1890

Ludwig von Hofmann: Die Quelle (1913),
das Gemälde in Thomas Manns Arbeitszimmer

Ludwig von Hofmann:
Frühlingssturm, 1898

während auch das weibliche Geschlecht seine Reize offenbart: „An einer wie ein Bergsee die Ufer spiegelnden Bucht, die weit ins Land trat, war Tanz von Mädchen." (GKFA 5.1, 741) Die Ballettszenerie wird durch inszenierte kameradschaftliche Wehrhaftigkeit komplettiert:

> „Weiterhin übte sich Jungmannschaft im Bogenschießen. Es war glücklich und freundschaftlich zu sehen, wie Ältere noch Ungeschickte, Lockige im Spannen der Sehne, im Anlegen unterwiesen, mit ihnen zielten und die vom Rückschlag Taumelnden lachend stützten, wenn der Pfeil schwirrend hinausging." (GKFA 5.1, 741)

Pfeil und Bogen sind die Waffen des Schönheitsgottes Apoll, mit denen er Drachen wie Python, aber auch die Kinder der altgriechischen Königin Niobe erlegt. In diese apollinische Szenerie mischen sich indes auch die Tiere des antiken Rauschgottes Dionysos, denn „langzottige Ziegen sprangen von Platte zu Platte, überwacht von einem jungen Hirten." (GKFA 5.1, 742) Der junge Hamburger ist ob seines hellenischen Traums ganz verzückt:

> „Das ist ja reizend!" dachte Hans Castorp von ganzem Herzen. „Das ist ja überaus erfreulich und gewinnend! Wie hübsch, gesund und klug und glücklich sie sind!" (ebd.)

Im Rücken dieser verklärten Szenerie spielt sich allerdings höchst Schauerliches ab: Zwei abstoßende Weiber, „halbnackt, zottelhaarig, mit hängenden Hexenbrüsten und fingerlangen Zitzen" (GKFA 5.1, 745), zerreißen und fressen hinter den ebenmäßigen „Säulen des Tempeltors" (GKFA 5.1, 744) über flackerndem Feuer ein kleines Kind (vgl. Anton 1972, S. 31 f.). Halb erwacht und die beiden Traumbilder, das wunderschön-apollinische wie das grausam-dionysische, vergleichend, erkennt Hans Castorp, dass Maß und schöne Form sowie edle Gesittung letztlich die Bewältigung des Grässlichen und Rohen in uns selbst sind.

Pierre-Michel Bourdon (1778–1841): Der Apoll von Belvedere (Rom)

Das helle Hellas verbirgt das brutale Grauen. Thomas Mann folgt hier der mythologischen Konzeption von Schillers Gedicht *Die Götter Griechenlandes* (1788). Schon das erste Mythem der vierten Strophe birgt hier groteske Gewalt (vgl. Schiller 2008, S. 286). Die Königin Niobe war so stolz auf ihre vierzehn Kinder, dass sie sich über die Titanin Leto stellte, die nur die Gottheiten Apoll und Artemis geboren hatte. Daraufhin streckten die Göttergeschwister sämtliche Kinder der Niobe mit Pfeilen nieder. Apoll, nach Johann Joachim Winckelmann (1717–1768) und Goethe der maßgebliche Gott der Schönheit und des Maßes, kann also durchaus maßlos grausam sein. Bei dem von Schiller ebenfalls genannten Philomele-Mythos (ebd.) geht es zudem um herausgeschnittene Zungen sowie den Kannibalismus am eigenen Sohn.

Das von Schiller beschworene, verlustig gegangene antikische „Feenland der Lieder" (Schiller 2008, S. 290) kennt somit durchaus grausame Moritaten – ganz wie das *Schnee*-Kapitel im *Zauberberg*-Roman. Hier wie anderswo in seinem Gesamtwerk folgt Thomas Mann den Inspirationen der Weimarer Klassik. Zivilisation muss, dies ist auch die Erkenntnis aus Schillers antikisierendem Gedicht *Das Eleusische Fest* (Schiller 2008, S. 48) und Thomas Manns Schiller-Rede von 1955, erst mühsam erarbeitet werden. Das im Traumgesicht Gesehene führt bei Hans Castorp, der sich schnell aus dem Schnee befreit und zur schützenden Heilanstalt aufbricht, zu einer flüchtigen Erkenntnis:

> Ich will gut sein. Ich will dem Tode keine Herrschaft einräumen über meine Gedanken! Denn darin besteht die Güte und Menschenliebe, und in nichts anderem. (GKFA 5.1, 748)

Der Donnerschlag des großen Krieges

Trotz dieser zukunftstüchtigen Erkenntnis wird sich der deutsche Hans letztendlich dem nüchtern geplanten Tod im modernen Krieg als „Produkt einer verwilderten Wissenschaft" (GKFA 5.1, 1084) überlassen. Die Romanhandlung mündet in einer apokalyptischen Szenerie der Zerstörung der altbürgerlichen Zivilisation des *Zauberbergs* wie auch vieler begeisterter junger Leben von

> dreitausend fiebernden Knaben, sie müssen als Nachschub […] auf die Gräben vor und hinter der Hügelzeile […]. Sie sind dreitausend, damit sie noch ihrer zweitausend sind, wenn sie bei den Hügeln, den Dörfern anlangen; das ist der Sinn ihrer Menge. Sie sind ein Körper, darauf berechnet, nach großen Ausfällen noch [zu] handeln und siegen […]. (GKFA 5.1, 1082)

Dieses in der Zeitstufe des historischen Präsens – und eben nicht mehr im Imperfekt wie der übrige Roman – gegenwärtig ausgebreitete Panorama aus den Materialschlachten des großen Krieges konzipiert Thomas Mann explizit als Gegenbild zur hellenistischen Vision des Schneetraums Castorps, der, mittlerweile uniformiert und zum Menschenmaterial und Schlachtvieh degradiert, unter Tausenden Kameraden willig mit marschiert:

Ludwig von Hofmann: Jünglinge und Pferde an der Quelle, 1917

Das junge Blut mit seinen Ranzen und Spießgewehren, seinen verschmutzten Mänteln und Stiefeln! Man könnte sich humanistisch-schönseliger Weise auch andere Bilder erträumen in seiner Betrachtung. Man könnte es sich denken: Rosse regend und schwemmend in einer Meeresbucht, mit der Geliebten am Strande wandelnd, die Lippen am Ohre der weichen Braut, auch wie es glücklich freundschaftlich einander im Bogenschuß unterweist. Statt dessen liegt es, die Nase im Feuerdreck. (GKFA 5.1, 1083)

In diesem Dreck verschwindet der Einzelne und jede menschliche, auch erotische Regung im vernichtenden Einerlei des Todes. Da „waren" beispielsweise „Freunde, sie hatten sich zusammengelegt in der Not: nun sind sie vermengt und verschwunden." (GKFA 5.1, 1084) Die fragwürdige Romanhandlung eines Bildungsweges, der letzten Endes in allgemeiner Zerstörung von Leben und Sinn scheitert, endet folgerichtig mit einer sehr grundsätzlichen Frage: „Wird auch aus diesem Weltfest des Todes […] einmal die Liebe steigen?" (GKFA 5.1, 1085)

Französische Soldaten bei der Schlacht von Verdun, 1916

3. *Bekenntnisse des Hochstaplers Felix Krull. Der Memoiren erster Teil*

Weltkind und letzter Romanheld Thomas Manns

Erstausgabe des Gesamtromans 1954

Bekenntnisse des Hochstaplers Felix Krull sind der letzte und eigentlich ungewöhnlich optimistische Roman, den Thomas Mann zu Lebzeiten im Jahr 1954 publizierte (vgl. Koopmann 2005, S. 516–533). Einzelne Fragmente erschienen schon vorher, 1922 und 1937 (vgl. Sprecher in Blödorn/Marx 2015, S. 83). Der Roman ist somit ein fast lebenslanges Projekt des Autors über viele Jahrzehnte. Er schildert in der fingierten Autobiografie des Ich-Erzählers Felix Krull das Leben eines Hochstaplers in der ihm eigenen hochgestelzten Schreibweise und Wortwahl. Als Kind eines Sektfabrikanten und Viertelfranzosen wächst er in der idyllischen Landschaft des Rheins in Eltville auf, wird als gebrochenes Glückskind mächtig verwöhnt und muss den Verfall seiner Familie bis hin zum beschönigten Bankrott und Selbstmord seines Vaters erleben. Zuvor hatte der Junge Felix in Gestalt des allseits angehimmelten Operettentenors Müller-Rosé eine prägende Begegnung mit der Kunst des schönen Scheins, als dieser sich in der Garderobe nach der Vorstellung im prächtigen Theater als körperlich abstoßend entlarvte. Mit verwitweter Mutter und leichtlebiger Schwester in die Goethestadt Frankfurt gezogen, vermittelt ihm sein Pate, ein Kunstmaler, eine Stellung als Page in einem Pariser Hotel. Der flexible Rheinländer wird auf seinem Weg in die Hauptstadt der Zivilisation nach dem Vorbild Heines zum Franzosen. Dort beginnt sein gesellschaftlicher Aufstieg in der Hotelhierarchie, verbunden mit Liebesabenteuern. Ein operettenhafter ‚Graf von Luxemburg' bietet ihm an, hochstapelnd seine Identität anzunehmen und auf seine Kosten auf Weltreise gen Westen zu gehen. Diese führt ihn zunächst nach Portugal, wo er sich zwischen der Ehefrau und der Tochter eines Zoologen entscheiden muss, der ihm zuvor, anknüpfend an Goethes Naturphilosophie, die Welt in kosmologischer Dimension erklärt hat. Nachdem Felix – ähnlich wie Goethes Faust beim Aufstieg zu den jenseitigen Müttern am Ende des *Faust II* – bei der Mutter und Gattin des Biologen gelandet ist, bricht der erste Teil seiner Memoiren ab. Der Roman bleibt Fragment. Mit ihm überschreitet Thomas Mann, der von 1911 bis 1954 mit Unterbrechungen an ihm arbeitete, Gattungsgrenzen, kulturelle Bezugssysteme und Geschlechterrollen. Schließlich erscheint das Gesamtkunstwerk Felix selbst in queerer Vermischung und Überwindung der Rollen von Mann und Frau als „etwas Wunderbares dazwischen" (GKFA 12.1, 129). Hier taucht das bei Thomas Mann gewichtige Grundthema der subversiven Grenzverwischung wieder auf.

Was ein ‚Felix Krull' ist, das glaubt man selbst im Bundestag zu wissen. Die Bekanntheit des letzten Romans von Thomas Mann belegt die Tatsache, dass der Eigenname einer erfundenen Romanfigur zum Ersatzwort für den Begriff ‚Hochstapler' geworden ist. Allein das und die Benutzung des Begriffs auf der politischen Bühne machen deutlich, dass es sich bei Thomas Manns Krull-Roman um sein vielleicht populärstes und insofern um ein demokratisches Kunstwerk handelt. Dies ist ein Umstand, der dem Geistesaristokraten Thomas Mann schon zur Zeit seiner im Wortsinn reaktionären *Betrachtungen eines Unpolitischen* schwante und gar nicht so angenehm war, wollte doch der Gesellschaftsroman um den kosmopolitischen Felix eine „Anähnlichung der deutschen Geistesverfassung an die des europäischen Westens und des Weltwestens überhaupt besagen" (GKFA 15.1, 175). Dies stellte Mann bei einer Krull-Lesung in Berlin am 5. November 1916 selbstkritisch heraus. Mit jener Demokratisierung ist auch die vermeintlich negative Einordnung als Unterhaltungsroman verbunden, die in der jahrzehntelangen Rezensions- und Rezeptionsgeschichte des Krull-Textes eine wichtige Rolle spielt.

Modell des Hochstaplers

Zur Unterhaltung trägt ganz zentral der simulierte Autobiograf Krull selbst bei. In stilistischer Imitation bis in die Sphären des spätrömischen Kirchenvaters Augustinus und des Naturphilosophen Ernst Haeckel (1834–1919) hinein legt er seine Bekenntnisse dar. Allein der Begriff *Bekenntnisse* im Titel ist Augustinus und seinen *Confessiones* (397–401 n. Chr.) entlehnt. Der angenommene und auch vom Erzähler angesprochene Leser wird so gleichsam zum Beichtvater des Felix. Dieser formt seine Welt erzählerisch nach seinem eigenen Willen und seinen eigenen Vorstellungen. Seine Grenzüberschreitung nach allen Richtungen meint die Übertretung körperlicher, ethnischer, ästhetischer, sexueller, nationaler, moralischer und legaler Grenzen, wobei gerade die Verbote der letztgenannten in Thomas Manns ironischem Erzählen eher dezent durchkreuzt werden. Felix ist aber eben auch ein Krimineller: Er stibitzt beispielsweise den Schmuck einer Fabrikantengattin an der deutsch-französischen Grenze; später wird er die Bestohlene als Liftboy im Pariser Hotel wiedertreffen und mit ihr ein Verhältnis eingehen.

Älteste Darstellung des Kirchenvaters Augustinus in der Lateranbasilika (6. Jahrhundert)

Das Rheinland als transkultureller Raum

Kurz nach der Reichsgründung in einem Milieu an der Grenze zwischen Bohème und gründerzeitlichem Fabrikanten-Bürgertum geboren, ist Felix als Sohn eines rheinischen Viertelfranzosen, der gerne von Paris schwärmt und Französisch spricht, schon von der Abstammung her eine Figur zwischen den Kulturen. Dies schlägt sich auch in seiner äußeren Erscheinung nieder. Eine bronzefarben-südländische Haut verbindet sich mit nördlich-blondem Haar: Mit der Farbenlehre der Novelle *Tonio Kröger* könnte man sagen, dass sich hier der südlich-dunkle Tonio mit dem blonden Hans Hansen kreuzt. Felix ist „blond und bräunlich zugleich" (GKFA 12.1, 77). Die schillernde Figur ist in ‚Eltville' beheimatet, einem Städtchen am Rhein mit einem französisch klingenden Namen lateinischen Ursprungs. Die leicht multinationale bacchantische Familie Krull lebt in einer transkulturellen klimatisch milden Region, der „Völkermühle" und der „Kelter Europas" (so Carl Zuckmayer in seinem Drama *Des Teufels General*), wo katholische Geistliche weinselig-französische Familiennamen wie Chateau haben.

Diese Region wird schon um 1911, in der Frühphase der jahrzehntelangen Entstehungszeit des Romans, von Thomas Mann als romanisch-germanisches Zwischenreich geschildert. Es handelt sich hier um einen literarischen Topos, ein feststehendes Bild, das auch bei Thomas Manns Vorbild Heine zu finden ist, sieht Heine sich doch im Vorwort zu *Deutschland. Ein Wintermärchen* (1844) als „des freien Rheins noch weit freierer Sohn" (Heine 1959, Bd. 2, S. 96). Das Rheinland des Felix ist als dionysisches Weinland eine erfundene Welt, in der sich die Mentalitäten mischen wie in der Figur Felix selbst. Er ist ein Hochstapler mit der eisernen Erwerbsethik, der lieber selbst die Welt mit Bedacht und Planung betrügt, als Adoptions- oder Heiratsangebote schwerreicher Angelsachsen beiderlei Geschlechts anzunehmen und auf diese Weise legal, aber unverdient reich zu werden. Bei der Schilderung der transnationalen Herkunft jener Figur des Übergangs beschwört Thomas Mann den rheinischen Freigeist, von dem er sich noch zehn Jahre später zur Zeit der separatistischen Bestrebungen des Bonner Juristen Hans Adam Dorten (1880–1963) und in der Auseinandersetzung mit dem Franzosen Maurice Barrès und seiner transkulturellen Idee eines „Rheingenius" (GKFA 15.1, 977) scharf abgrenzen wird.

Den Grenzgänger und eleganten Exilanten Felix Krull beschreibt Thomas Mann dann in der Fortsetzung seines Romans zu Beginn der fünfziger Jahre, eben zu der Zeit, als die Europa-Jugend die Grenzschranken zwischen Deutschland und Frankreich niederriss. Nach seiner Absage an den preußischen Militarismus im Zuge seiner Musterung reist Felix heiter gen Westen. Es erfolgt

Der Schriftsteller Carl Zuckmayer (1896–1977)

Der französische Literat Maurice Barrès, 1916

Kunstvolle Mehrsprachigkeit

seine mehrsprachige wie transkulturelle Entgrenzung durch seine demonstrative Ablehnung der Grenzverschiebung zuungunsten Frankreichs nach 1871 gegenüber dem französischen Grenzbeamten:

„Êtes-vous Français?" [Sind Sie Franzose?]

„Oui et non", antwortete ich. „A peu près. […] En tout cas, moi, je suis un admirateur passionné de la France et un adversaire irréconciliable de l'annection de l'Alsace-Lorraine!" [Ja und nein. Ungefähr, wissen Sie. In jedem Fall bin ich ein leidenschaftlicher Bewunderer Frankreichs und ein entschiedener Gegner der Annektion von Elsass-Lothringen!]

Sein Gesicht nahm einen Ausdruck an, den ich streng-bewegt nennen möchte.

„Monsieur", entschied er feierlich, „je ne vous gêne plus longtemps. Fermez votre malle et continuez votre voyage à la capitale du monde avec les bons vœux d'un patriote français!" [Mein Herr, ich werde Sie nicht mehr stören. Schließen Sie Ihren Koffer und setzen Sie Ihre Reise in die Hauptstadt der Welt mit den guten Wünschen eines französischen Patrioten fort!] (GKFA 12.1, 145)

Dann geschieht der Übertritt des fröhlichen Emigranten über die Sprachgrenze. Felix ist nicht der Einzige, der im Roman Französisch parliert. Die Dichterin und (Kloschüssel-)Fabrikantengattin Houpflé aus dem elsässischen Zwischenreich (vgl. GKFA 12.2, 326) spricht sogar in französischen Hexametern, also komplizierten Versmaßen, zu ihrem androgynen Geliebten. Hier erfährt der Roman eine Überschreitung ins Zweisprachige. Dies wird zudem um das Englische ergänzt, wenn ein Lord und eine junge amerikanische

Millionärstochter drängendes erotisches Interesse an Felix zeigen (GKFA 12.1, 241). Diese Mehrsprachigkeit passt zur Hauptfigur des Romans, die in Paris nicht nur einen Sprach-, sondern auch einen Namenswechsel erlebt: Der identitätsversprechende Name des glücklichen ‚Felix‘, dessen Familienname Krull an ‚król‘, das polnische Wort für König, erinnert, wird aufgegeben. Wie vor ihm Jakob Offenbach (1819–1880) aus dem rheinischen Köln zu dem Musikkünstler Jacques Offenbach wurde, so wird der Lebenskünstler der *Bekenntnisse* nach der Grenzüberschreitung in Paris zu Armand Kroull. Der Ich-Erzähler des Hochstaplerromans erscheint mithin in jeder Hinsicht als ein entgrenztes Ich, ein Subjekt ohne Zentrum, eine Figur der Überschreitung im übernationalen Raum. Dass er sich dann im weiteren Romanverlauf als Marquis aus dem dreisprachigen Luxemburg, dem kulturellen Zwischenreich par excellence, ausgibt, steigert die kulturelle Vielseitigkeit der Hauptfigur um ein Weiteres. Der wirkliche Graf von Luxemburg bittet Felix darum, für ihn und unter seiner Identität von Paris aus auf Weltreise zu gehen, weil er ohne Störung durch seine Eltern mit seiner nicht standesgemäßen Geliebten zusammenleben will.

Der Kölner Jacques Offenbach (1819–1880), Schöpfer der französischen Operette

Die mit der auf Wunsch des echten Marquis angenommenen falschen Identität verbundene Erhebung in den Adelsstand nimmt sich wie eine Parodie auf die Adelung des Dichters Aschenbach in *Der Tod in Venedig* aus. Sie belegt: Die allgegenwärtige Grenzüberschreitung des Felix erfolgt nicht nur geografisch auf der horizontalen Linie zwischen den Kulturräumen. Nach dem die *Buddenbrooks* parodierenden sozialen *Verfall einer Familie*, dem Selbstmord des Vaters, eines bankrotten rheinischen Sektfabrikanten, landet Felix ganz unten im Prostitutionsmilieu Frankfurts. Er erhält dort eine erotische Schulung durch eine Osteuropäerin. Später wird er in Paris eine soziale Überschreitung nach oben „zwischen dem Kavalier und dem Kellner" (GKFA 12.1, 267) in die Sphären von Adel und Bildungsbürgertum erleben. Buchstäblich steigt er

Fall und Aufstieg des hermetischen Helden

als Boy im Lift die sozialen Etagen des Luxushotels hinauf. Auch hier durchdringen sich die Schichten, symbolisiert durch den im eleganten Speisesaal von beiden Seiten getragenen Frack, sei es als Berufs- oder als Abendkleidung. Der Ich-Erzähler Felix kommentiert dies mit den Worten:

> Verkleidet war ich in jedem Fall, und die unmaskierte Wirklichkeit zwischen den beiden Erscheinungsformen, das Ich-selber-Sein, war nicht bestimmbar, weil tatsächlich nicht vorhanden. (GKFA 12.1, 165)

Felix als Idol der Queerness

Hermes im Familienwappen der Manns. 1840

Doch auch aufgrund des Begehrens mehrerer Vertreterinnen und Vertreter der oberen Schichten erfolgt der Aufstieg. Dies geschieht nicht zuletzt durch die Sinnebenen, die dem Protagonisten dabei zugewiesen werden: Er wird aufgrund einer Diebeshandlung von der bestohlenen Dichterin Houpflé ähnlich wie schon der junge polnische Zeitgenosse ‚Tadziu' in *Der Tod in Venedig* zum Hermes mythisiert, vom Gesinde in den Olymp erhoben (GKFA 12.1, 210). Hermes ist nicht nur der Gott der Diebe und Reisenden. Wie Thomas Mann in einem Brief vom 24. März 1934 gegenüber dem ungarischen Mythenforscher Karl Kerényi, dessen Werk er auch in Bezug auf die *Joseph*-Romane eifrig studierte, offenbart, ist Hermes zudem seine „Lieblingsgottheit" (GW XI, 635). Nicht nur über den Hermaphrodismus ist Hermes der Gott der Geschlechtsüberschreitung und des Gender Trouble, der ‚queeren' Zweigeschlechtlichkeit und Bisexualität, die der junge und noch arme Felix Krull am Beispiel eines südländischen, vielleicht jüdischen Zwillingspaars in Frankfurt bewundert. Die vertauschbaren Köpfe erinnern an das Zwillingspaar in Thomas Manns Wagner-Novelle *Wälsungenblut*. Felix reflektiert selbst seine physische Wirkung und „den fließenden Charakter genannter Grenze" (GKFA 12.1, 170) zwischen den Formen des Begehrens. Der Ich-Erzähler bemerkt als subtiler Psychologe, dass etwa der faszinierte Hoteldirektor Stürzli bestrebt ist, ihn „nach der weiblichen Seite abzuschieben. Das verstand ich ganz gut."

(GKFA 12.1, 171) Im Felix-Krull-Fragment wird das Oszillieren zwischen den Geschlechtern zudem durch eine Geliebte, die Zirkusartistin Andromache, ‚die Herrin der Lüfte', zelebriert, die hermetisch zwischen Erde und Himmel schwebt. Ihr ist in der fiktiven wie fingierten Autobiografie ein ganzes Kapitel gewidmet, das sich um den Gegenstand der schon im Namen der Artistin angelegten Androgynität bewegt, der Vermischung von weiblichen und männlichen Merkmalen. Im Felix-Krull-Roman wird Thomas Manns Erzählen so postmodern – er nimmt Themen wie ‚Queerness' um Jahrzehnte vorweg.

Grenzüberschreitungen zeigen sich aber auch in anderer Hinsicht. Die Mythisierung des Hochstaplers fügt sich in Thomas Manns Konzept der Überhöhung einerseits und seines Strebens nach Popularisierung auf der anderen Seite. Holger Pils hat dies exemplarisch am Felix-Krull-Roman dargestellt (vgl. Pils 2012, S. 59–65). Es ist seine Zielsetzung, schlicht zu unterhalten und zugleich intellektuell zu fordern. Auf der reinen Handlungsebene haben wir es mit einer beinahe zeitgeschichtlichen Hochstaplerfigur im Sinne des zu Beginn des 20. Jahrhunderts populären Rumänen Georges Manolescu (1871–1908) zu tun, dessen Memoiren Thomas Mann intensiv rezipiert hat. Auf der allegorischen, bildhaften Ebene wird die Felix-Figur durch den symbolischen Sinn einer Arbeit am Mythos ergänzt. Felix erscheint als lieblicher Seelen(ver-)führer, der seine Gefährten nicht wie Tadzio, der schöne polnische Jüngling in der Novelle *Der Tod in Venedig*, in das Schattenreich des Hades, sondern vielmehr zu irdischen Freuden führt. Zusätzlich erhält er faustische Züge, was allein schon durch den interpretationsleitenden Titel *Der Memoiren erster Teil* analog zu Goethes zweiteiligem Drama verdeutlicht wird. Dass er seinen Pakt mit dem Luxemburger Marquis de Venosta schließt, während er eine Aufführung seiner opulent-eleganten „Lieblingsoper, *Faust,* des verstorbenen Gounod melodienreiches Meisterwerk" (GKFA 12.1, 266), verpasst, ergänzt hier nur das parodistische Gesamtbild. Dass es auf den Reisen des Felix vom

Mondäne Moderne und antiker Mythos

„Himmel durch die Welt zur Hölle" (HA 3, 15) im Sinne von Goethes *Faust* auch bis ins Kosmologische, zu einem naturphilosophischen Dialog im Kontext von Goethes *Prolog im Himmel* in seinem *Faust*-Drama (HA 3, 16–19) kommen kann, wird sich noch erweisen. Das von Thomas Mann im Tagebuch festgestellte „Griechisch-Goethische Element im Hochstapler" (Eintrag 17.9.1918, TB 1918–1921, 8) ist jedenfalls frappant.

Die himmlischen Sphären verweisen bereits auf die moralische Sinnebene. Auf sie deutet schon der Begriff der *Bekenntnisse* im Titel hin, der integraler Bestandteil der Leselenkung ist. Hier wird auf die rigide Selbstabrechnung des Kirchenvaters Augustinus verwiesen. Auf jenen Charakter der Lebensbeichte mit „edler Wahrhaftigkeit" (GKFA 12.1, 72), den moralischen Sinn seiner Autobiografie, kommt der erfundene Memoirenschreiber immer wieder zu sprechen, wenn er sich der ebenso fiktiven Leserschaft offenbart. Der Hochstapler ‚kriegt den Moralischen'. Denn „welcher moralische Sinn und Wert wäre auch wohl Bekenntnissen zuzusprechen, die unter einem anderen Gesichtspunkt als demjenigen der Wahrhaftigkeit abgefasst wären!" (GKFA 12.1, 10) Es handelt sich nicht nur um die Bekenntnisse eines raffinierten Kriminellen. Als Figur der Verwandlung verkörpert und vertritt Felix auch eine moralische Übertretung nach der anderen Seite. Seine Existenz gründet auf den seiner ‚feinbürgerlichen' Herkunft entsprechenden Tugenden von Verzicht und Disziplin, einer rigiden Technologie des Selbst, die von der Sorgfalt in persönlichem Auftreten und Sprachgebrauch bis hin zur Perfektion in der Unterschriftenimitation, ja sogar bis zur ehrgeizigen Nachahmung der künstlerischen Fähigkeit des zeichnenden Marquis reicht, den er als weltreisender Kunststudent vertreten soll. Die Kunstfigur Felix betont gegenüber ihrer Leserschaft, „daß alles, was mein Leben an tätiger Wirksamkeit aufweist, als ein Produkt der Selbstüberwindung, ja als eine sittliche Leistung von hohem Range zu würdigen ist." (GKFA 12.1, 46)

Der Text simuliert ironisch-verstellend eine radikale Ehrlichkeit in den Bereichen traditioneller Sündigkeit, sowohl in der erotischen wie in der kriminellen Sphäre, und stellt somit den moralischen Kodex selbst infrage. Der mit der Figur der Verwandlung verknüpfte mehrfache Schriftsinn fügt sich zu dem komplexen Zeitsinn, in den die Entwicklungsgeschichte des Hochstaplers eingebettet ist. Die hier dargestellte Welt ist zeitlich so flüssig wie die Identität des Felix. Was etwa die Technikgeschichte betrifft, die sich ja noch zur Lebenszeit des Autors entspann, so ist das ständige Telefonieren des Marquis mit seiner nicht eben großbürgerlichen Freundin aus einem Restaurant im Jahr 1894 extrem unwahrscheinlich. Ein privates Telefonnetz entstand in Frankreich erst zu Anfang des 20. Jahrhunderts. Die Erzählfigur des Felix formt die Welt erzählerisch nach seinem eigenen Willen und seinen eigenen Vorstellungen.

Ehrlichkeit und Sündigkeit

Das sukzessiv über Jahrzehnte in Zeitschriften und Einzelbändchen vor einem wachsenden Publikum von „Krullomanen" (W. E. Süskind, vgl. Pils 2012, S. 56) dargebotene Romanfragment um Felix Krull wird allgemein als Genre-Hybrid, als Mischung literarischer Gattungen, aufgefasst. Dafür hat der Autor selbst seit den Zehner Jahren durch vielfältige Einleitungen, Nach- und Vorworte, etwa zu den über siebzig Autorenlesungen aus dem Krull-Text, gesorgt. Thomas Mann verwies hier nicht nur auf Goethes *Faust*, sondern auch auf Goethes *Dichtung und Wahrheit* (GKFA 15.1, 171), aber ebenso auf die Tradition des Schelmenromans, etwa des barocken *Simplicissimus*-Romans von Hans Jakob Christoffel von Grimmelshausen (1622–1676). Neben den Bezügen zu diesem Genre und zum Entwicklungsroman (GKFA 15.1, 173–175) wird der zum Briefroman und zur Novelle in der Forschung etwas vernachlässigt. So erschien das *Buch der Kindheit* des Felix ab 1923 in fünf Auflagen bei der Deutschen Verlags-Anstalt in der Novellenreihe *Der Falke*, die nach dem Hauptmotiv einer Boccaccio-Novelle in der Gattungstheorie Paul Hey-

Textgenese: von der Novelle zum Roman

Der Barockautor Hans Jakob Christoffel von Grimmelshausen

ses benannt war (Pils 2012, S. 138). Die novellentypische unerhörte Begebenheit dürfte im *Buch der Kindheit* wohl die Schicksalswende des väterlichen Selbstmords gewesen sein, die den Verfall der ehemaligen Sektkelter-Familie nur beschleunigt. Auch spätere Rezensenten der sukzessiven Veröffentlichungen sprechen gerne von der Krull-Novelle (vgl. Pils 2012, S. 141), zumindest vor der Endpublikation im Jahr 1954.

Ausgabe des *Buchs der Kindheit* in der Reihe *Der Falke* von 1923

Faustischer Philosoph

Ins Extreme geht jedoch die Überschreitung der Textgattungen und auch der Felix-Krull-Gestalt selbst im fünften Kapitel des dritten Buches, im sogenannten Kuckuck-Kapitel. Hier findet sich ein in den Krull-Roman wie einst in Schillers *Geisterseher*-Fragment integriertes philosophisches Gespräch. Felix führt es im Speisewagen auf der Fahrt nach Lissabon mit einem Professor Kuckuck, dem deutschstämmigen Leiter des naturkundlichen Museums in der portugiesischen Hauptstadt. Dabei wird dem Weltkind Weltweisheit vermittelt (vgl. Detering 2012, S. 331). Der Dialog mit dem visionären Biologen verkörpert eine literarische Gattungsüberschreitung zwischen einem Roman-Dialog und einer naturphilosophischen Abhandlung über die *Stellung des Menschen im Kosmos* (so der Titel einer philosophischen Abhandlung von Max Scheler von 1928; vgl. Detering 2012, S. 63). Er steht in der Tradition von Goethes naturphilosophischen Fantasien und von Heines *Zur Geschichte der Religion und Philosophie in Deutschland* (1834). Zugleich wirkt es wie eine Vorausschau auf die in Thomas Manns Todesjahr erscheinende naturphilosophische Darstellung *Der Mensch im Kosmos* des Jesuiten Pierre Teilhard de Chardin, ja selbst auf die Naturphilosophie von Hans Jonas

Der Philosoph Max Scheler (1874–1928)

(1903–1993). Somit ergeben sich oszillierende Übergänge zwischen reiner Unterhaltung und philosophischer Spekulation, auch zu eigenen philosophischen Spekulationen Thomas Manns von der dreifachen Urzeugung: der Entstehung der Materie, der Entstehung des Lebens und der Kreation des Menschen. Für diese Theoriebildung hat er nicht nur aktuelle naturwissenschaftliche Schriften rezipiert, deren Erkenntnisse er dann mitsamt ihren sachlichen Fehlern der Erzählergestalt des Felix und über ihn auch der Figur des Professor Kuckuck in dem Mund legt. Thomas Mann hat sie in seinem zu Lebzeiten mehrfach publizierten Essay *Lob der Vergänglichkeit* von 1951 (GW X, 383–385) auch selbst im nichtfiktionalen Kontext publiziert. Nicht ein Professor mit den Sternenaugen Goethes erzählt da in der Tradition von Ernst Haeckels *Kunstformen der Natur*, die sich auch in Thomas Manns Bibliothek befanden, dem faustischen Felix, dem „Gunstkind der schaffenden Macht" (GKFA 12.1, 57), im Bahnwaggon eine universale Naturgeschichte zwischen Pan-Erotik, Allbeseelung des Kosmos und der Evolutionstheorie Charles Darwins (1809–1882). Thomas Mann tritt selbst als Weltweiser auf. Wenn er hier seine Naturauffassung ausbreitet, ist er sicher nicht unberührt von seiner Verbindung zum protestantischen Unitarismus, einem strengen Eingottglauben (vgl. Detering 2012, S. 73–82), und seinem eigenen ‚biologischen Rausch' bei ausgiebigen Besuchen im Chicagoer Naturkundemuseum, die dann auch die Schilderungen des Lissabonner Museums des Professors Kuckuck inspiriert haben (vgl. Eintrag 14.12.1951, TB 1951–1952, 113). Der Essay erscheint als Weihnachtsgabe des S. Fischer Verlags zum Jahreswechsel 1952/53 und vorher als deutscher Erstdruck in der evangelischen Zeitschrift *Eckart* (September 1951).

Charles Darwin (1809–1882)

Wenn Felix jedoch als Erzähler und Autodidakt die Erläuterungen des Paläontologen aus Portugal wiedergibt, der in der Tradition Haeckels die Urgeschichte zu einem philosophischen Gesamtkonzept formt, dann steigert sich die Hochstapelei ins Kosmologische. Das Weltkind Felix wird zum Welterklärer. Dies ist nicht allein eine Übersteigerung des Kriminalromans ins Faustische, hin zu der Frage, „was die Welt im Innersten zusammenhält" (HA 3, 20). Dies ist auch eine Übersteigung des Verstandes des Protagonisten, der eben doch kein simpler Schelm ist, sondern eine hermetische Figur. Der Weltreisende wird zum Naturphilosophen. Sein unbedingter Wille zur Weltliebe ist gewichtiger als die reale Liebenswürdigkeit der Welt.

Felix endet bei der großen Mutter

Der Roman endet jedoch recht profan. Nachdem Felix in der Rolle des luxemburgischen Marquis in Lissabon eingetroffen ist, muss sich der Held zwischen der Gattin, der Mutter Maria, und der etwas schnippischen Tochter seines naturphilosophischen Lehrmeisters Professor Kuckuck entscheiden. Er entscheidet sich für die Eroberung der Reife, die ihm dem Stierkampf ähnlich erscheint:

> „Sie haben mir einmal, im Laufe einer Konversation, von der Güte der Reife gesprochen, von der Güte, mit der sie den Namen der Jugend nennt. Ihr mit Glück zu begegnen bedarf es freilich des Mannesmutes. Ließe annehmbare Jugend diesen Mannesmut blicken, statt in der Kinderei ihr Heil zu suchen, – sie brauchte nicht wie ein begossener Pudel abzuziehen, nicht ungetröstet das Weite zu suchen …"
>
> „Maria!" rief ich. Und:
>
> „Holé! Heho! Ahé!" rief sie mit mächtigem Jubel. Ein Wirbelsturm urtümlicher Kräfte trug mich ins Reich der Wonne. (GKFA 12.1, 443)

So endet das literarische Werk Thomas Manns nicht in der lange kultivierten Todessehnsucht, sondern in heiter-gelöster Erotik.

VI. Novellen

1. *Der Tod in Venedig*

Unerhörtes aus dem erotischen Bereich enthält auch Thomas Manns Novelle *Der Tod in Venedig* (1912). Die symbolisch überstrukturierte Handlung der Novelle (vgl. Kurzke 2010, S. 127 f.), die zu dem schon im Titel angekündigten Endpunkt in Norditalien führen soll, beginnt damit, dass die Hauptperson, der äußerst renommierte Schriftsteller Gustav von Aschenbach, angesichts einer Gestalt in Reisekluft von Fernweh und Reisefieber gepackt wird. Nach einer Fehlreise ins heutige Kroatien erkennt er Venedig als Ziel seiner Sehnsucht. Schon bei der Überfahrt begegnet er merkwürdigen Gestalten, die als Todesboten die gesamte Novellenhandlung prägen werden. Ihnen allen ist eine totenschädelartige Physiognomie zu eigen, oft strahlen sie auch eine dem Protagonisten unangenehme latente (Homo-)Erotik aus. In seinem Hotel hat Aschenbach dann auch eine schicksalhafte Begegnung. Er erblickt in einer polnischen Familie einen im wörtlichen Sinne bildschönen Jungen namens Tadzio, dem er verfallen wird. Zunächst will der Dichter aus dem stickigen Venedig fliehen, kehrt aber zurück, als er erfahren muss, dass sein Gepäck am Bahnhof fehlgeleitet wurde. Nach diesem Wendepunkt ergibt sich Aschenbach in sein Schicksal, selbst als er erfährt, dass in seinem Urlaubsort eine den Touristen verheimlichte Seuche grassiert. Wie in der Novellensammlung

Schönheit und Verfall im Fin de Siècle

Dekameron von Boccaccio aus dem 14. Jahrhundert lockert diese Epidemie auch hier die Sitten – vor allem die des Protagonisten Aschenbach. Dieser will sich mit Haarfarbe und Schminke in einen Jüngling verwandeln, eilt seinem Idol durch die sich langsam von Touristen leerenden labyrinthischen Gassen der Lagunenstadt hinterher, fantasiert sich jedoch lieber in die hellenische Welt des Sokrates, anstatt den Jungen anzusprechen. Er ergibt sich in rauschhaft-bacchantische Träume. Als die Polen abreisen wollen, begibt sich Aschenbach an den Strand. Dort stirbt der Künstler erschlaffend im Angesicht Tadzios, der das Letzte ist, was wie ein Traumgebilde vor seine Augen tritt.

Ein Text der Weltliteratur im Sinne Goethes

Thomas Manns Novelle fand sofort nach ihrem Erscheinen eine ebenso breite wie beifällige Aufnahme. Der weltliterarische Rang dieser Monumentalnovelle zeigt sich schon anhand ihrer zahlreichen Übersetzungen (vgl. Pils/Klein 2012, S. 172 f.). Die deutsche Originalfassung erschien in zwei Ausgaben der Berliner Zeitschrift *Die Neue Rundschau*, die eng mit Manns Verlag S. Fischer verknüpft war, im Oktober und November 1912. ‚Tode in Venedig', in der oft düsteren Küstenstadt, sind kein ungewöhnliches literarisches Thema. Vor E. T. A. Hoffmanns schauerromantischer Erzählung *Doge und Dogaresse* (1818) gab es zum Beispiel die intrigenreiche altitalienische Novelle *Der Mohr von Venedig* von Giovanni Battista Giraldi (1504–1573), geprägt von großer Grausamkeit. Geheimnisvolle Verschwörungen am Schauplatz Venedig ranken sich auch um den Helden von Schillers *Geisterseher*-Fragment (1787/1789). Der Tod lauert in Venedig allenthalben (vgl. Nies 2012, S. 11 f.; Bergdolt 2014, S. 17–35).

Hässlicher Totentanz oder schöner Hermes?

Wird die Hauptfigur konsequent in den Tod geleitet, widerspricht dies ihrer klassischen Form keineswegs. Der Wunsch nach einer „neuen Klassizität" (GKFA 14.1, 304), der durchaus an Vorstellungen der Neuklassik anknüpft, prägte das Schreiben Thomas Manns zur Entstehungszeit seiner Künstler- und

Italiennovelle *Der Tod in Venedig*. Das hatte Auswirkungen auf deren sehr klare Struktur. Die faustähnliche Tragödie Aschenbachs, die auf dessen Tod hinausläuft, spannt sich über fünf Akte respektive Kapitel. Nicht zufällig liegt ihre Peripetie, ihr entscheidender Wendepunkt, im dritten Kapitel der Novellenhandlung (vgl. Kurzke 2010, S. 126). Dies entspricht der neoaristotelischen Vorschrift für klassische Dramen. So wie Thomas Manns Novelle symbolisch überfrachtet ist, ist sie strukturell einfach und um eine Hauptfigur und ihr inneres Empfinden herum organisiert, die der Leserschaft sogleich vorgestellt wird:

> Gustav Aschenbach oder von Aschenbach, wie seit seinem fünfzigsten Geburtstag amtlich sein Name lautete, hatte an einem Frühlingsnachmittag des Jahres 19.., das unserem Kontinent monatelang eine so gefahrdrohende Miene zeigte, von seiner Wohnung in der Prinz-Regentenstraße zu München aus, allein einen weiteren Spaziergang unternommen. (GKFA, 2.1, 501)

Den Vornamen wie auch die beschriebenen Gesichtszüge verlieh Thomas Mann dem Novellenhelden, einem etablierten und repräsentativen Dichter, nach dem damals jüngst verstorbenen Komponisten Gustav Mahler (1860–1911). In seinem Familiennamen klingt nach dem biblischen Beerdigungsmotto ‚Asche zu Asche, Staub zu Staub' (1. Mose 3,19) sein Ableben bereits an. Die damals auch nicht häufige Adelung eines Autors aufgrund seines Werks erinnert an den Münchner Dichterfürsten Paul Heyse, der 1910 nicht nur den Literaturnobelpreis erhielt, sondern auch vom Prinzregenten von Bayern zu Paul von Heyse geadelt wurde (vgl. Füllmann 2016a, S. 83). Heyse hatte mit einem strengen preußischen Beamten-Vater und einer jüdischen Mutter auch eine ähnliche Elternkonstellation wie von Aschenbach.

Autogrammpostkarte von Gustav Mahler um 1900

Die Erzählstruktur der Novelle ist entsprechend der Kompositionstechnik Richard Wagners von Leitmotiven geprägt. Sie sind mythologischer Natur. Wie in den meisten anderen Werken präsentiert Thomas Mann seine Erzähltechnik in seiner venezianischen Novelle als humanistische und humanisierende *Arbeit am Mythos* im Sinne des deutschen Philosophen Hans Blumenberg (1920–1996) nach dem Grundsatz, die „Mythen der Alten menschlicher [zu] machen" (Blumenberg 1996, 425). Zwei Mythenkomplexe werden in *Der Tod in Venedig* angewandt: Der eine rankt sich um die hellenische Verehrung jungmännlicher Schönheit im Sinne des schönen Gottes Apoll oder vielmehr des Seelenführers Hermes, der andere aber hat mit eher abstoßenden mittelalterlichen Totentänzen und ihrer malerischen Abbildung zu tun. Letztere kannte Thomas Mann aus seiner Geburtsstadt, seiner Lübecker „Totentanz-Heimat" (GKFA, 15.1, 435). Für die dortige Marienkirche hatte Bernt Notke im Jahr 1463 diesen Leichentanz geschaffen.

Der Gebäudekomplex des Münchner Nordfriedhofs 1901

Dem ersten in einer Reihe von Todesboten begegnet Gustav von Aschenbach sogleich vor der „Aussegnungshalle" (GKFA 2.1, 502) des Münchner Nordfriedhofs in zeittypischer Wandervogelkluft. Es ist Frühling in München, in der Stadt, in der die Wochenzeitschrift *Jugend* 1896 gegründet wurde, die dem kunsthistorischen Begriff des Jugendstils seinen Namen gab. Aschenbach selbst wird in Venedig folgerichtig an seinem zeitgemäßen Jugendkult zugrunde gehen. Erschöpft in der Wärme des Frühlings, sieht der Protagonist plötzlich einen schmalen rothaarigen Auswärtigen in einem sportlichen Reiseanzug:

Mäßig hochgewachsen, mager, bartlos und auffallend stumpfnäsig, gehörte der Mann zum rothaarigen Typ und besaß dessen milchige und sommersprossige Haut. Offenbar war er durchaus nicht bajuwarischen Schlages:

wie denn wenigstens der breit und gerade gerandete Basthut, der ihm den Kopf bedeckte, seinem Aussehen ein Gepräge des Fremdländischen und Weitherkommenden verlieh. (GKFA 2.1, 502 f.)

Obwohl die Figur mit dem Basthut auch einige Aspekte von Hermes/Merkur enthält (Blamberger 2014, S. 38), ist der Fremde im Hinblick auf seine schädelartige Physiognomie der erste der nichtapollinischen Todesboten in Thomas Manns Novelle. Es kommt zu einem durchdringenden Augenkontakt zwischen Aschenbach und dem Fremden, der an homosoziale Rituale, etwa das Cruising, die Abschätzung erotischer Kontakte zwischen Männern (vgl. Tobin 2012, S. 78), aber auch an die damals noch übliche Anbahnung eines Duells unter Korpsstudenten oder Offizieren nach dem Motto ‚Mein Herr, Sie haben mich fixiert!' erinnert, denn „plötzlich ward er gewahr, daß jener seinen Blick erwiderte und zwar so kriegerisch, so gerade ins Auge hinein, so offenkundig gesonnen, die Sache aufs Äußerste zu treiben […] und den Blick des andern zum Abzug zu zwingen, daß Aschenbach, peinlich berührt, sich abwandte." (GKFA 2.1, 503) Das auch an Wagners germanischen Gott Wotan erinnernde Wandererhafte der fremden Gestalt mit dem Totengesicht weckt bei dem disziplinierten Aschenbach „eine seltsame Ausweitung seines Innern […] eine Art schweifender Unruhe, ein jugendlich durstiges Verlangen in die Ferne". Ihn überkommt eine Art Fluchtimpuls. Er hat plötzlich Visionen von

> eine[r] von Menschen gemiedene[n] Urweltwildnis aus Inseln, Morästen und Schlamm führenden Wasserarmen, […] zwischen den knotigen Rohrstämmen eines Bambusdickichts glaubte er einen Augenblick die phosphoreszierenden Lichter des Tigers funkeln zu sehen und fühlte sein Herz pochen vor Entsetzen und rätselhaftem Verlangen. (GKFA 2.1, 504)

Henri Rousseau: Der Traum (1910)

Es gibt ein absolutes Primat der Vision (Koné 2012, S. 96) in Thomas Manns Novelle. Die bildreiche Fantasie Aschenbachs, die an die zeitgenössischen naiven Urwaldgemälde des französischen Zöllners Henri Rousseau (1844–1910) erinnert, führt ihn letztendlich zu seinem Untergang in der amphibischen Lagunenstadt Venedig. Die Cholera als metaphorische Krankheit, durch die Aschenbach verscheiden wird, stammt aus eben jener orientalischen Sumpf-Wildnis, die der Novellenheld zu Beginn vorausschauend erblickt.

Unterschiedliche Todesdarstellungen

Zwei Arten von Boten des Todes, die als Leitmotive dienen, verwandeln den *Tod in Venedig* in einen novellistischen Totentanz. Zum einen sind es fast skelettierte unheimliche Gestalten, die vor allem in den Kanälen und engen Gassen Venedigs immer wieder auftauchen werden, ob als illegaler Gondoliere oder als spottender Straßensänger. Zum anderen gibt es aber in erster Linie eine apollinische Manifestation der menschlichen Sterblichkeit, die hauptsächlich auf verklärten klassischen mythischen Figuren beruht. Hier, wiedergeboren in Gestalt eines jungen polnischen Italientouristen vornehmer Herkunft, steht als Seelenführer der schöne Gott Hermes (Merkur) im Fokus, der Aschenbach als Objekt des ästhetischen Schauens wie der Begierde in Venedig begegnet. In den Mythen der Antike führt Hermes die menschlichen Seelen zum Hades, in das jenseitige Reich der Schatten. Im Gegensatz dazu ist die Leserschaft von Thomas Manns Erzählung auch mit der mittelalterlichen ikonografischen Tradition des hässlichen Reigens der Gerippe konfrontiert.

Eine Hermes-Statue in den Vatikanischen Museen

Bernt Notke: Lübecker Totentanz von 1463 (Kopie von 1701, Ausschnitt)

Sie stehen in der Tradition der Pestdarstellungen. So ist es eine Seuche, die, so wird angedeutet, letztendlich auch Aschenbach dahinraffen wird: Die Cholera erscheint verkörpert als toter Mann. Die Antithese zweier vollständig widersprüchlicher Sinnbilder des Todes, des schönen apollinischen Jünglings und des unästhetisch schockierenden Skeletts, die beide aus der abendländischen Kulturgeschichte überliefert sind, haben deutsche Intellektuelle seit dem 18. Jahrhundert reflektiert: Gotthold Ephraim Lessing unterstrich die Gegensätze der Todesverkörperungen zwischen dem klassischen hellenisch-römischen Heidentum und dem Zeitalter des Christentums in seinem Essay *Wie die Alten den Tod gebildet* (1769). Im Rahmen der Weimarer Klassik nahm Schiller in seinem Gedicht *Die Götter Griechenlandes* dieses bildmächtige wie kulturhistorische Thema wieder auf (vgl. Schiller 2008, S. 288). Thomas Mann bewegt sich also auch bei der Darstellung des *Tods in Venedig* in den Bildwelten der klassischen Tradition; seine Novelle ist dabei wegen des schönen Todesboten aus Polen ein „homoerotischer Klassiker der Literatur" (GKFA 2.2, 389; vgl. Härle 1993; zur Biografie Thomas Manns vgl. Kurzke 1999, S. 194) und zugleich auch ein Musterbeispiel „gediegenen Erzählens", wie Albert Meier unterstreicht (vgl. Meier 2014, S. 156–160).

Der Aufklärungsdichter Gotthold Ephraim Lessing (1729–1781)

Der Protagonist ist ein Mann von fünfzig Jahren (so auch der Titel einer erotischen Novelle Goethes), der schon als junger Mann verwitwet war und nie einen Sohn hatte, wie uns der allwissende Erzähler versichert. Die Erhebung des national renommierten Schriftstellers in den Adelsstand war anders als in der Epoche der Weimarer Klassik, als Goethe und Schiller beide auf diese Weise geehrt wurden, um das Jahr 1912, als *Der Tod in Venedig* erschien, ziemlich selten. Im zweiten, zeitlich zurückgreifenden Kapitel der Novelle werden wir auch über Aschenbachs klassizistische Ästhetik informiert. Im

Aschenbach als Repräsentant des Wilhelminismus

deutschen Fin de Siècle war diese mit der Bewegung der Neuklassik (vgl. GKFA 14.2, 218–224) verbunden. Aschenbach hat sich selbst lange in künstlerischer Zucht gehalten. Sein Werk feiert er wie ein strenger Priester bei einem Gottesdienst. Darin ist er zeitgenössischen Kunstpropheten wie dem Lyriker Stefan George nicht unähnlich:

> Mit vierzig […] begann er seinen Tag beizeiten mit Stürzen kalten Wassers über Brust und Rücken und brachte dann, ein Paar hoher Wachskerzen in silbernen Leuchtern zu Häupten des Manuskripts, die Kräfte, die er im Schlaf gesammelt, in zwei oder drei inbrünstig gewissenhaften Morgenstunden der Kunst zum Opfer dar. (GKFA 2.1, 510)

Ähnlich wie Tonio Kröger oder Paolo Hofmann aus *Der Wille zum Glück* und auch sein Erfinder Thomas Mann ist Aschenbach eine Art Mischwesen, diesmal jedoch nicht aus südlichen und nördlichen, sondern aus westlichen und östlichen Einflüssen.

> Seine Vorfahren waren Offiziere, Richter, Verwaltungsfunktionäre gewesen, Männer, die im Dienste des Königs, des Staates, ihr straffes, anständig karges Leben geführt hatten. […] rascheres, sinnlicheres Blut war der Familie in der vorigen Generation durch die Mutter des Dichters, Tochter eines böhmischen Kapellmeisters, zugekommen. […]. Die Vermählung dienstlich nüchterner Gewissenhaftigkeit mit dunkleren, feurigeren Impulsen ließ einen Künstler und diesen besonderen Künstler erstehen. (GKFA 2.1, 508)

In diesem Menschen scheint es zu brodeln. Der innere ‚Offizier' steht als zeichenhafte Kontrollinstanz für die seelische Dominanz des Über-Ichs im Sinne der Psychoanalyse Sigmund Freuds, das „sinnlichere Blut" für das Triebleben der Hauptfigur Aschenbach, die ihre unterbewussten Impulse in Kunst umsetzen will. So hat „er [...] sich zu einem formenstrengen Ideal durchgerungen, das Vergangenes bewahrt – er, ein Gegner allen Rausches und ein Erzieher der Jugend." (Klein 1960, S. 453) Der Rausch wird den Vertreter strenger literarischer Form letztlich überwinden; in der antiken Götterwelt wird die auflösende Ekstase wie in der Philosophie Nietzsches vom Prinzip des Dionysischen verkörpert. Tiere wie der anfangs von Aschenbach halluzinierte Tiger könnten als Symbole für animalische erotische Wünsche dienen, die Thomas Mann in einem Brief an seinen Freund Otto Grautoff (17.1.1896) als „Hunde im Souterrain" (GKFA 21, 72) beschrieben hat. Entfesselte Tiere sind in der deutschen Literatur traditionell hoch symbolisch. Das zeigt sich beispielsweise bei dem entfesselten Tiger in Goethes *Novelle* (1828). Auch in Goethes *Faust* wird ein schwarzer Pudel magisch in den Teufel Mephisto verwandelt. In seinem Essay *Faust reist an den Lido* verweist Helmut Koopmann auf einen tiefen Einfluss der Goethe'schen *Faust*-Tragödie auf Thomas Mann im Allgemeinen und auf seine venezianische Novelle im Besondern. Die Freude am Reisen ist etwa ein emotionaler Wunsch, den der Dichter Aschenbach mit Goethes Faust gemein hat (Koopmann 2003, S. 108 f.). Reisen sind eine wichtige symbolische Übertretung, auch von erotischen Tabus, und Hermes bzw. Merkur ist der Gott der Reisenden in der Antike. Das klassische Ideal, an dem sich Aschenbach als Epigone orientiert, birgt mithin die Gefahr des auflösenden dionysischen Rausches, der gegen das Prinzip des erhaltendformvollendeten Apollinischen steht, schon in sich.

Wolfgang Born: Hermes. Illustration zu *Der Tod in Venedig* (1921)

Die Handlung nimmt ihren Lauf. Nach einem Fehlstart auf der seinerzeit österreichischen Inselstadt Pola mit ihrer unangenehmen kleinbürgerlichen Touristenatmosphäre beschließt Aschenbach nach Italien zu reisen und nimmt ein Zimmer im mondänen Grand Hôtel des Bains am venezianischen Lido. Auf der Überfahrt sieht er einen älteren Mann auf einem Dampfer. Er ist in der Gesellschaft einer Gruppe von übermütigen patriotischen italienischen

Fragwürdige Verjüngung

Das Grand Hôtel des Bains zu Beginn des 20. Jahrhunderts

Burschen. Der „greise Geck" (GKFA 2.1, 520) hat sich bemüht, mit einer Perücke, falschen Zähnen, Make-up, einer roten Krawatte und einem Dandy-Anzug die Illusion seiner eigenen längst vergangenen Jugend zu erschaffen. Aschenbach wendet sich voller Ekel von ihm ab. Am Ende der Novelle verwandelt er sich ebenfalls in einen falschen Jüngling mit roter Krawatte; die (teuflisch-sündige) Verjüngung der Hauptfigur ist ein weiteres Motiv, das Thomas Mann aus Goethes *Faust* (Koopmann 2003, S. 112–114) adaptiert hat. Die Eindrücke während seiner Überfahrt in die venezianische Welt erscheinen dem träumerischen Dichter nahezu surreal zu sein:

> Ihm war, als lasse nicht alles sich ganz gewöhnlich an, als beginne eine träumerische Entfremdung, eine Entstellung der Welt ins Sonderbare um sich zu greifen, der vielleicht Einhalt zu tun wäre, wenn er sein Gesicht ein wenig verdunkelte und aufs neue um sich schaute. (GKFA 2.1, 519)

Ankunft in der Lagunenstadt

Sobald der deutsche Dichter auf seiner italienischen Reise in Venedig angekommen ist, hat Aschenbach eine weitere anstößige Begegnung, diesmal mit einem unlizenzierten Gondoliere. Dieser ist ein weiterer Bote mit Totenkopfantlitz in diesem düsteren Totentanz, versehen mit einer „kurz aufgeworfenen Nase" (GKFA 2.1, 525), der dem Reisenden unheimlich wie vieldeutig antwortet: „Ich fahre Sie gut" (GKFA 2.1, 526), als Aschenbach ihm befiehlt, in die Stadt zurückzukehren. Die Gestalt könnte bildlich mit Acheron, dem heidnischen Fährmann, verbunden sein, der die Seelen zur jenseitigen Welt in den Hades verschifft. Die Todesatmosphäre der Lagunenstadt findet sich bereits in der Bildlichkeit von Goethes *Venetianischen Epigrammen*, einem

Gedichtzyklus, wo das „Kästchen" auf der Gondel als „geräumiger Sarg" (HA 1, 176) erscheint.

Am Lido gelangt Aschenbach in sein elegantes Hotel. Während er in der Halle auf das Abendessen wartet, sieht er eine aristokratische polnische Familie in der Nähe Platz nehmen. Unter ihnen ist ein langhaariger Junge in einem zeittypisch-modischen Matrosenanzug. Der von seinem Anblick verzauberte Dichter erkennt, dass dieser Jüngling, vergleichbar mit einer antiken Skulptur, zum Beispiel dem „Dornauszieher" (GKFA 2.1, 530), außergewöhnlich schön ist. Seine älteren, schlicht gehaltenen Schwestern sind dagegen wie Nonnen gekleidet. Fachmännisch betrachtet Aschenbach den jungen Polen:

Wolfgang Born: Lithographie zu *Der Tod in Venedig* (1921)

> Auf diesem Kragen aber […] ruhte […] das Haupt des Eros, vom gelblichen Schmelze parischen Marmors, mit feinen und ernsten Brauen, Schläfen und Ohr vom rechtwinklig einspringenden Geringel des Haares dunkel und weich bedeckt.
>
> Gut, gut, dachte Aschenbach mit jener fachmännisch kühlen Billigung, in welche Künstler zuweilen einem Meisterwerk gegenüber ihr Entzücken, ihre Hingerissenheit kleiden. (GKFA 2.1, 534 f.)

Eine Variante des Dornausziehers im Alten Museum, Berlin (3. Jahrhundert v. Chr.)

Für Aschenbach, der von seinem homovisuellen Begehren (vgl. Koné 2012, S. 97) dominiert wird, verwandelt sich der gewöhnliche polnische Jugendliche in ein ewig-gültiges apollinisches Ideal. Dieses steht in der Tradition der Deutschen Klassik mit ihrem ehrgeizigen Anspruch, die gesamte neuzeitliche Welt hellenistisch zu erhellen (vgl. Boschung 2012, S. 137). Der die alltägliche wie profane Lebenswelt verschönernde Blick des Schriftstellers ist indes ein fetischistischer (vgl. Koné 2012, S. 99). In der Novelle wird mithin der Mar-

Apollinisches Ideal

mor antiker Meisterwerke in Gestalt des jungen Polen gleichsam lebendig. Der linear-literarische Jugendstil Aschenbachs zeichnet den jungen Körper ideal nach.

Am Strand hört Aschenbach später den Namen des Jungen, Tadziu. Ein „u-Ruf [...], der zugleich etwas Süßes und Wildes hatte". Diese polnische Abkürzung von Thadeusz (GKFA 2.1, 539) hat in den Ohren des deutschen Reisenden einen bacchantischen Anklang. Darüber hinaus inspiriert der Jugendliche die mythischen Vorstellungen des Schriftstellers. Er manifestiert in seiner schönen Gestalt eine poetische Botschaft, die „von anfänglichen Zeiten, vom Ursprung der Form und von der Geburt der Götter" (GKFA 2.1, 540) kündet. Aschenbach lauscht „mit geschlossenen Augen auf diesen in seinem Innern antönenden Gesang; und abermals dachte er, daß es hier gut sei und daß er bleiben wolle." (ebd.) Die vollendete Gestalt des jungen Polen am adriatischen Ufer inspiriert beim Bildungsbürger Aschenbach alte Sagen vom goldenen Zeitalter der hellenischen Antike und sogar philosophisch-sokratische Vorstellungen von ewiger ideeller Schönheit.

Erste Anzeichen von Krankheit

Aber diese ästhetischen Reflexionen werden durch gesundheitliche Beeinträchtigungen des Protagonisten unterbrochen: Das schwül-südliche Wetter Venedigs beginnt ihn zu bedrücken, und er beschließt, seinen Urlaubsort früher zu verlassen. Am Morgen seiner geplanten Abreise beobachtet er den vergötterten Jüngling wieder und ein starkes Gefühl von Reue kommt über ihn.

Adieu, Tadzio! Dachte Aschenbach. Ich sah dich kurz. Und indem er gegen seine Gewohnheit das Gedachte wirklich mit den Lippen ausbildete und vor sich hinsprach, fügte er hinzu: ‚Sei gesegnet'. (GKFA 2,1, 544)

Ferdinand Lepie: Venedig mit dem Blick auf den Markusplatz (1869)

Als der Dichter den Bahnhof erreicht, entdeckt er, dass sein Gepäck fehlgeleitet worden ist. Er tut, als wäre er verärgert, aber in Wahrheit ist er überglücklich. Aschenbach beschließt, in der ‚Königin der Meere' zu verbleiben. Er kehrt zum Hotel zurück. Thomas Mann verwendet hier die Erzähltechnik des novellentypischen Wendepunkts (vgl. Füllmann 2010, S. 31 f.). Mittig platziert der Novellist die Peripetie des Novellenplots im dritten Kapitel. Diese (neo-)klassische Struktur birgt indes einen subversiven Inhalt. Schließlich ist der Wendepunkt auch jener Punkt, an dem Aschenbach seines Vermögens zur Selbstdisziplinierung und -beherrschung verlustig wird.

‚Der Tod in Venedig' als Schwester des (neu-)klassischen Dramas:

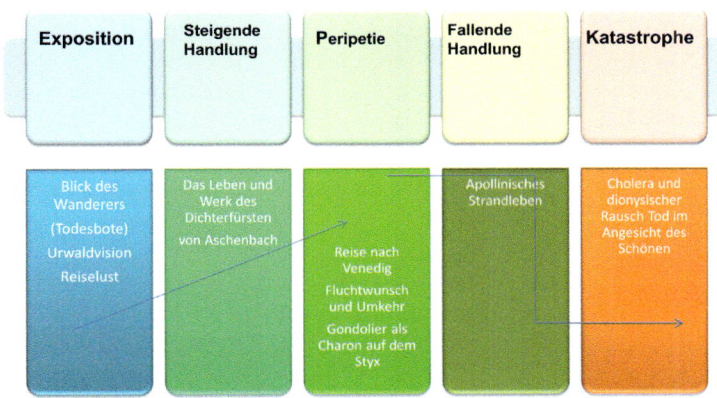

Die dramatische Struktur der Novellenhandlung: fünf Kapitel statt fünf Akte, Wendepunkt in der Mitte

Apollinische Visionen

Zu Beginn des vierten Kapitels präsentiert die Erzählung einen Triumph apollinischer Visionen. Dies stellt unter realhistorischen Gesichtspunkten eine leicht ironisch erzählte Renaissance der antiken Götter Griechenlands dar, ist doch die Serenissima eine der wenigen italienischen Städte ohne antike Wurzeln (Venedig wurde erst im siebten Jahrhundert nach Christus gegründet). So raunt denn (nicht ohne Kitsch) der allwissende Erzähler zu Beginn der fallenden Handlung, die Aschenbachs Sturz vorbereitet:

> Nun lenkte Tag für Tag der Gott mit den hitzigen Wangen nackend sein gluthauchendes Viergespann durch die Räume des Himmels […]. Weißlich seidiger Glanz lag auf den Weiten des träge wallenden Pontos. (GKFA 2.1, 549)

Apollo, der Gott, der den Pferdewagen führt, ist die olympische wie himmlische Allegorie von Aschenbachs neoklassizistischen ästhetischen Prinzipien. Die göttergleich über allem schwebende Erzählinstanz scheint ironisch den pathetischen wie pompösen Erzählstil ihres Protagonisten Gustav von Aschenbach anzunehmen. Der Dichter am Strand fühlt sich, „als sei er entrückt ins elysische Land, an die Grenzen der Erde, wo leichtestes Leben den Menschen beschert ist." (GKFA 2.1, 550) In einer solchen Atmosphäre wird dem Poeten seine *Arbeit am Mythos* zwischen Jugendkult und Jugendstil ermöglicht. Er erhält am „Vormittag am Strande ausgedehnte Gelegenheit, der holden Erscheinung Andacht und Studium zu widmen." (GKFA 2.1, 551). Auf diese Weise wird eine äußerst gelungene literarische Erzählung als Folge einer Freud'schen Sublimation, einer Triebveredlung im Schöpfungsprozess, inspiriert:

> Zwar liebt Eros, heißt es, den Müßiggang, und für solchen nur ist er geschaffen. Aber an diesem Punkte der Krisis war die Erregung des Heimgesuchten auf Produktion gerichtet. (GKFA 2.1, 555)

Und so formt Aschenbach Formvollendetes, „seine kleine Abhandlung, jene anderthalb Seiten erlesener Prosa […], deren Lauterkeit, Adel und schwingende Gefühlsspannung binnen kurzem die Bewunderung vieler erregen sollte." (GKFA 2.1, 556) Die jugendstilhafte Poesie überlebt den Dichter, aber die anderen „zarten Fabeln" (GKFA 2.1, 550), die sich der Dichter am Strand vorstellt, stehen mit einer idealisch-homoerotischen griechischen Bildsprache des Todes in Verbindung, die nichts mit den nordeuropäischen Tänzen der Gerippe in den gotischen Kirchen von Lübeck, Tallinn oder Berlin zu tun hat:

> […] und Hyakinthos war es, den er zu sehen glaubte, und der sterben mußte, weil zwei Götter ihn liebten. Ja, er empfand Zephyrs schmerzenden Neid auf den Nebenbuhler […]; er sah die Wurfscheibe, von grausamer Eifersucht gelenkt, das liebliche Haupt treffen, er empfing, erblassend auch er, den geknickten Leib, und die Blume, dem süßen Blute entsprossen, trug die Inschrift seiner unendlichen Klage… (GKFA 2.1, 560)

In dieser vom lateinischen Dichter Ovid (43 v. Chr. bis 17 n. Chr.) beschriebenen Metamorphose verwandelt sich der von Apoll begehrte hübsche Jüngling (Boschung 2012, S. 135) folglich mit der Hyazinthe in eine ewig duftende Blütenschönheit, die jedes Jahr im Frühling wieder aus dem Boden wächst. In diesem antiken Kontext bedeutet Tod nicht verwesende Zersetzung in ein makabres Skelett; das Hinscheiden bewirkt vielmehr Verherrlichung, ja Verewigung in blumiger freier Naturschönheit.

Ludwig von Hofmann: Narziss, um 1900

Apollo und Hyacinthus von Carlo Cesio, um 1657, Palazzo Farnese, Rom

Autoerotische und narzisstische Obsession

Eines Abends lenkt der Jugendliche ein charmantes Lächeln auf den obsessiv homovisuellen Autor. Dies inspiriert Aschenbach zur Beschwörung eines weiteren tödlichen wie blumenhaften Mythos. Er stellt sich vor, dass Narcissus, ein selbstverliebter Jüngling der antiken Sagenwelt, in seinem eigenen Spiegelbild lächelt (Boschung 2012, S. 133). Er betrachtet „jenes tiefe, bezauberte, hingezogene Lächeln, mit dem er nach dem Widerschein der eigenen Schönheit die Arme streckt" (GKFA 2.1, 562). Tief getroffen, eilt Aschenbach nach draußen, und in der Einsamkeit flüstert Aschenbach vernehmbar: „Ich liebe dich!" (GKFA 2.1, 563) Seine Liebe zu dem jungen Mann erscheint als selbstsüchtiger Wunsch nach seiner eigenen verlorenen Jugend, indem er den Polen als verjüngte Reflexion seiner selbst missbraucht. Die Situation erscheint als Spiegelerlebnis im Sinne der psychoanalytischen Theorie von Jacques Lacan (1901–1981): Die Ich-Identität Aschenbachs sucht sich über den verjüngten

Der französische Psychoanalytiker Jacques Lacan

Spiegel zu stabilisieren. Es gibt hierbei nicht nur eine visuelle und textuelle Assoziation zur hellenischen Mythologie: Der Dichter inhaliert zusätzlich „den nächtlichen Duft der Pflanzen" (GKFA 2.1, 562). Dies bedeutet eine sinnliche Wahrnehmungen vermischende Beziehung zum Geruch der schönen Blume, in die Narcissus nach seinem Tod verwandelt und verklärt wird, also der Narzisse. Alle klassischen Mythen, die mit Tadzio verbunden sind, also etwa jene von Hyakinthos, Narcissus oder Antinous, dem realen Geliebten des römischen Kaisers Hadrian (76–138 n. Chr.) (Boschung 2012, S. 143), haben eines gemeinsam: Die Sagengestalten verenden früh und bewahren auf diese Weise ihre schöne Erscheinung. Sie alle stehen folglich für die alte Weisheit, dass die Besten jung sterben.

Die Schönheit dieser Jünglinge steht in scharfem Gegensatz zu Aschenbachs Niedergang. Er ist von verborgenen Anzeichen einer Cholera-Epidemie in der Lagunenstadt umgeben, die von ihren ausländischen Touristen immer mehr verlassen wird. Aschenbach beschließt, den Grund für die sehr allgemein gehaltenen hygienischen Warnplakate der italienischen Behörden, die nun allenthalben in der Stadt zu sehen sind, aufzudecken. Er findet ein britisches Reisebüro, dessen englisch-anständiger Clerk widerwillig zugibt, dass sich eine gefährliche Epidemie in Venedig ausbreitet. Aschenbach möchte die polnische Familie vor dieser Gefahr warnen. Aber er beschließt letzten Endes, dies nicht zu tun. Er fürchtet, dass der Junge und seine Familie in diesem Fall das Hotel verlassen und er ihn nie wiedersieht. Der obsessiv-erotische Egoismus des gefallenen alten Helden kennt keine Skrupel und damit auch keine wirkliche Fürsorge für das junge Objekt seiner Passion.

Einbruch bacchantischen Verderbens

Der fremde Gott

Eines Nachts enthüllt ein fiebriger Alptraum einer dionysischen Orgie die unverblümte erotische Essenz von Aschenbachs Gefühlen für Tadzio. Die Triebe sind nunmehr endgültig entfesselt:

> Nacht herrschte, und seine Sinne lauschten; denn weither näherte sich Getümmel, Getöse, ein Gemisch von Lärm: Rasseln, Schmettern und dumpfes Donnern, schrilles Jauchzen dazu und ein bestimmtes Geheul im gezogenen u-Laut, alles durchsetzt und grauenhaft süß übertönt von tief girrendem, ruchlos beharrlichen Flötenspiel, welches auf schamlos zudringende Art die Eingeweide bezauberte. Aber er wußte ein Wort, dunkel, doch das benennend was kam: ‚_Der fremde Gott!_' (GKFA 2.1., 582)

Ludwig von Hofmann: Bacchantenzug, 1905

Schon bei den alten Griechen, etwa in Euripides' Tragödie *Die Bakchen* (405 v. Chr.), kommt der fremde Gott Dionysos bzw. Bacchus mit seinem Gefolge aus dem Osten nach Hellas, um die Zivilisation aufzulösen. Das dionysische Prinzip, die Fantasie des subversiven orientalischen ‚fremden Gottes', wird als anthropologischer und ästhetischer Begriff im strengen Kontrast zum apollinischen Ideal in Friedrich Nietzsches *Die Geburt der Tragödie aus dem Geiste der Musik* (1872) herausgearbeitet und ausgebreitet. Zu besagtem Gegensatz wird Thomas Mann später in seinem Essay *Nietzsches Philosophie im Lichte unserer Erfahrung* von 1947 feststellen:

> Der Name des trunkenen Gottes erscheint zuerst in der ästhetisch-mystischen Jugendschrift von der *Geburt der Tragödie aus dem Geiste der Musik*, wo das Dionysische als künstlerisch-seelische Verfassung dem Kunstprinzip apollinischer Distanziertheit und Objektivität entgegengestellt wird. (GKFA 19.1, 197)

Selbst in seiner subjektiven und leidenschaftlichen Intimität bleibt Aschenbachs persönliche Fantasie den traditionellen Stereotypen der abendländischen Hochkultur verhaftet. Zugleich wird die Arbeit am Mythos hier in einen wilden Traum verwandelt. In Wirklichkeit bleiben Aschenbachs leidenschaftliche Gefühle jedoch unbeantwortet: Er spricht nie zu Tadzio. Während es einige Hinweise darauf gibt, dass Tadzio sich seiner Anbetung bewusst ist, tauschen sie nicht mehr als gelegentliche Blicke.

Um jünger und attraktiver auszusehen, besucht Aschenbach sehr oft den Friseur des Hotels. Der Barbier überredet, ja verführt ihn nachgerade, seine Haare zu färben und sein Gesicht auf jugendlich zu schminken. Der Dichter wird in seinem Niedergang ein Alter Ego des greisen Gecken auf dem Schiff, von dem er sich auf seiner Überfahrt zum regellosen Gefilde der Lagunenstadt noch abgestoßen gefühlt hat. Der Schöpfer der Schönheit versagt tragisch in seinem Versuch, selbst jung und schön zu werden.

Groteske Verjüngungsversuche

Ein paar Tage später, als die Abreise der polnischen Familie sich ankündigt, sitzt Aschenbach am Strand auf seinem Stuhl. Auch Tadzio ist anwesend und wird von einem anderen Jungen begleitet. Ein Kampf bricht zwischen den beiden aus und der edle Tadzio wird brutal und schnell besiegt. Er ist wütend, verlässt seinen Kameraden, der seine Gewaltsamkeit schon bedauert, und geht allein und stolz über das adriatische Wasser in Aschenbachs Gesichtsfeld. Der sterbende Dichter auf seinem Liegestuhl hat eine letzte Vision des durch ihn verklärten polnischen Jugendlichen als olympischer Hermes. Der anmutige Bote führt die Seele des Dichters in sein jenseitiges Reich. Mit dieser sagenhaften Vorstellung konfrontiert, kollabiert der Dichter seitwärts auf seinem Strandstuhl. Seine ernsthafte wie leidenschaftliche *Arbeit am Mythos* wurde bis zu seinem Todesmoment fortgesetzt. Seine letzte poetische Assoziation fügt sich zur hellenistischen Bildwelt. Der Leichnam des bekannten Schrift-

Tod im Angesicht der Schönheit

stellers wird wenige Minuten später entdeckt. Der letzte Satz der Novelle endet mit ihrem zentralen Thema:

> Und noch desselben Tages empfing eine respektvoll erschütterte Welt die Nachricht von seinem Tode. (GKFA 2.1, 591)

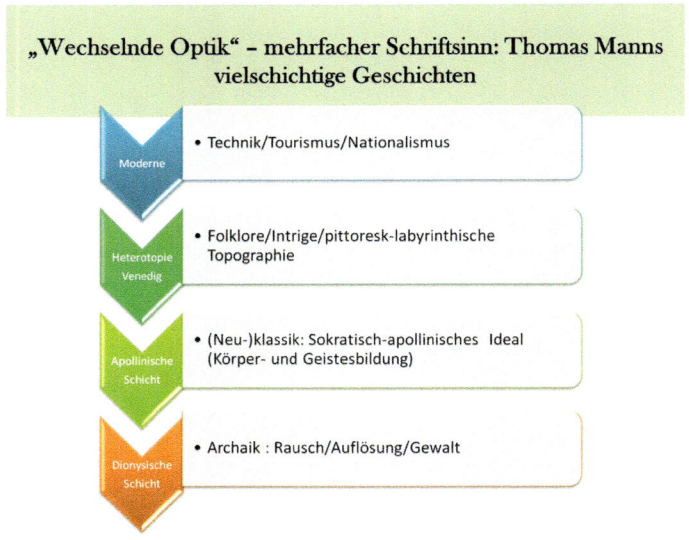

Die Sinnebenen der Novellenhandlung von ‚Der Tod in Venedig' nach Thomas Manns Konzept der ‚Wechselnden Optik'

Schönheitskult als ewiger Jugendstil

Der Junge hat als schöner Schatten den ernsten Künstler weg von der schöpferischen Sublimation in den Hades, das Totenreich, geführt. Die Wiederbegegnung des modernen Menschen mit der Gleichgeschlechtlichkeit wie mit dem Dionysischen im Sinne Nietzsches – beides Größen, die die abendländische Kultur weit vor dem Christentum fundieren – muss nach der Handlungslogik von Thomas Manns Novelle scheitern. Seine Inszenierung eines Todes in Venedig ist nicht nur friedlich, sondern auch (etwas ironisch) im Tonfall klassischer Idealisierung beschrieben. Die wiedergegebenen Bilder des jungen Polen erheben ihn in olympische Sphären:

> Vom Festlande geschieden durch breite Wasser, geschieden von den Genossen durch stolze Laune, wandelte er, eine höchst abgesonderte und verbindungslose Erscheinung […] dort draußen im Meere, im Winde, vorm Nebelhaft-Grenzenlosen. […] Der Schauende dort saß wie er einst gesessen, als zuerst, von jener Schwelle zurückgesandt, dieser dämmergraue Blick dem seinen begegnet war. […] Ihm war aber, als ob der bleiche und liebliche Psychagog dort draußen ihm lächle, ihm winke; als ob er, die Hand aus der Hüfte lösend, hinausdeute, voranschwebe ins Verheißungsvoll-Ungeheure. Und wie so oft machte er sich auf, ihm zu folgen. (GKFA 2.1, 592)

Der Novellenschluss beinhaltet eine Apotheose, eine Verherrlichung. Nicht umsonst betonte Thomas Mann in einem Brief an Carl Maria Weber (4.7.1920) den hymnischen Charakter seines Textes (GKFA 22, 348). Aschenbachs Liebestod hat opernhafte Züge, die an Wagners Oper *Tristan* erinnern. Er fügt sich in gewisser Weise aber auch in die Tradition Goethes ein, vergleichbar dessen enthusiastisch-hymnischem Gedicht *Ganymed* (HA 1, 46 f.) über einen männlichen Liebling des altgriechischen Obergottes Zeus. Mit einer Vision von Hermes Psychagogos, des Seelen(ver)führers, beschwört die Erzählung mit dem Lieblingsgott Thomas Manns ein Wesen mit einer vielfältigen Bildsprache: Er ist der Gott der sozialen Bindungen, aber auch der Gott der Illusion und der Travestie. Mit seinen hermaphroditischen Aspekten kann er auch als Gott wechselnder Geschlechtsidentitäten, des Gender Trouble, aufgefasst werden. Nach der von Thomas Mann intensiv rezipierten psychologischen Mythologie von Karl Kerényi ist er manchmal gar in der Lage, die apollinischen und dionysischen Prinzipien zu vereinigen (GKFA 12.2, 326 f.).

Gustav von Aschenbach, der degradierte Vertreter der älteren Generation und ihrer traditionellen Kunstbegriffe, stirbt friedlich mit einer apollinischen Vision. Dies geschieht ohne die abstoßenden Symptome der Cholera. Währenddessen schaut die personifizierte Jugend vor den Augen des Dichters in die Unermesslichkeit hinaus. Der Jugendkult ist ein Konzept der künstlerischen Erneuerung um 1900. Der Jüngling Thomas Mann, nur etwas älter als sein späteres Geschöpf Tadzio, umriss diese Kulturverjüngung bereits in der Schülerzeitung *Frühlingssturm* als „voll Jugendkraft und Kampfesmut, voll vorurteilsfreien Anschauungen und strahlenden Idealen" (GKFA 14.1, 18). Wenn Aschenbach sich vornimmt, „beim Schreiben den Wuchs des Knaben zum Muster zu nehmen, seinen Stil den Linien dieses Körpers folgen zu lassen, der ihm göttlich schien" (GKFA 2.1, 556), dann folgt er der stilistischen Linienkunst des Jugendstils. Die Geste des Jünglings am Strande ähnelt überdies einem populären Leitbild der zeitgenössischen Jugendbewegung: dem auf Postkarten vielfach reproduzierten Motiv des *Lichtgebets*. Erschaffen von dem Wandervogel-Künstler Fidus (1868–1848), reckt in ihm ein nackter schlanker Jüngling seine Arme der Sonne entgegen. Am Ende der Novelle Thomas Manns wird der junge apollinische Körper auf dem ‚Meer der Schönheit' in ein Reich idealer Schönheit erhoben, das schon der altgriechische Philosoph Platon in seinem *Symposion* (416 v. Chr.) beschrieb. Diese Idealisierung wird jedoch sanft ironisch gebrochen, denn die Zähne des jungen Gottes aus Polen sind so unschön wie die Zähne vieler Alltagsmenschen. Auf diese Weise dekonstruiert der Text die Mythen, die er zugleich nachdrücklich beschwört. Durch

Fidus: Lichtgebet

diese Verquickung sagenhafter und alltäglicher Ebenen wurde *Der Tod in Venedig* ein Text mit weltweiter Resonanz.

2. Unordnung und frühes Leid

Jugend und Jugendkulturen bleiben als Themen im Gesamtwerk Thomas Manns auch nach dem Ersten Weltkrieg virulent. Die Novelle *Unordnung und frühes Leid* von Thomas Mann erschien im Jahr 1925. Sie behandelt das Alltagsleben einer bürgerlichen deutschen Familie im Inflationsjahr 1923 und ist stark autobiografisch getönt. Die Gestalt des Vaters in dieser Familiennovelle, der Geschichtsprofessor Abel Cornelius, ist leicht als Alter Ego Thomas Manns zu identifizieren. Auch seine Kinder Erika und Klaus Mann tauchen in Gestalt der Kinder des Geschichtsprofessors, Bert und Ingrid, auf. Der orientierungslose Jugendliche Bert wird in der Novelle recht kritisch und ironisch gezeichnet. Sie ist insofern auch eine Adoleszenzgeschichte, die die Probleme heranwachsender Menschen behandelt. Die ‚Inflationsnovelle' ist darüber hinaus als historisches Dokument aus einer Zeit des Umbruchs und der Unordnung nach 1918 aufzufassen, in der sich etwa verarmte, ehemals bürgerliche Damen als Dienstboten verdingen müssen. Thomas Mann thematisiert hier zudem erstmals in seinem Werk den zeittypischen Generationskonflikt zwischen der bürgerlich-wilhelminisch geprägten Vorkriegsgeneration und ihrem Nachwuchs.

Ein beispielhaftes Jugendbild im 20. Jahrhundert

Katia Mann mit ihren Kindern (um 1919). Von links nach rechts: Monika, Golo, Michael, Katia, Klaus, Elisabeth, Erika.

Die Novelle skizziert dazu die unterschiedlichen Kleidungs- und Lebensstile, denen im Laufe des 20. Jahrhunderts viele Jugendkulturen, Jugendmoden und Jugendrebellionen folgen sollten. Ein abendliches Fest der Jugend im inflationsbedingt materiell begrenzten Professorenhaushalt steht im Zentrum der Handlung. Hier kontrastiert die Unkonventionalität der Jungen mit der skeptischen Betrachtung des bürgerlichen Vaters, aus dessen Blickwinkel das Geschehen geschildert wird. Die erste Liebe seiner kindlichen Tochter Lorchen zu einem hergelaufen Gesellen, zum jugendlichen Max Hergesell, von ihrem Vater eifersüchtig beäugt, ist die recht harmlose ‚unerhörte Begebenheit' der Novellenhandlung. Sie hat als ‚frühes Leid' sich wohl – ganz im Sinne der Novellentheorie Goethes – tatsächlich ungefähr so ‚ereignet', wie hier geschildert. Die Lieblingstochter Elisabeth, vom Vater 1919 im *Gesang vom Kindchen* gepriesen, ist hier das reale Vorbild für Lorchen, der Sohn Michael für ihren kleinen Bruder.

Autobiografische Materialverarbeitung

Thomas Mann betont selbst, dass „es sich um ein Dokument persönlichsten Charakters" (GW XI, 621), also um einen Text von nur bedingter Fiktionalität, handelt. Der vermeintliche Einblick in familiäre Intimitäten, den die Novelle gewährt, erklärt auch ihre Beliebtheit bei den Biografen Thomas Manns (vgl. beispielsweise Kurzke 1999, 308 f.). Auch von der Familie Thomas Manns selbst wurde der Text als so autobiografisch und somit entlarvend angesehen, dass Klaus Mann sie in einem Brief an seine Schwester Erika vom 17. Mai 1925 als „Zauberers Novellenverbrechen" (vgl. Lahme 2015, S. 36) bezeichnete. Zudem schreibt er in einem Brief vom 15. Januar 1926 an Erich Ebermayer: „Kanntest du die Geschichte eigentlich schon? *Mich* kann es nicht gerade erfreuen, daß er sie überall vorliest." (Klaus Mann 1991, S. 30.) Der unreife Jüngling Bert war nämlich für die Umgebung Thomas Manns leicht als Alter Ego Klaus Manns zu entziffern. Auch Golo Mann bestätigt den quasi-dokumentarischen Charakter der Novelle in seiner Autobiografie *Er-*

Thomas Mann 1924, Lithographie von Emil Stumpp

innerungen und Gedanken. Eine Jugend in Deutschland und blendet sie – aus dem eigenen Tagebuch zitierend – auf die tatsächliche Gesellschaft seiner Geschwister Erika und Klaus Mann:

> Die Freunde der beiden gefielen mir allerdings weniger. ‚Erikas Geburtstagsfest neulich, mit sehr viel Alkohol, gleichgültigen, ja unerfreulichen Leuten. […]' Es war noch immer die Gesellschaft, ungefähr, wie TM sie in der – vielbewunderten, aber mir eher peinlichen – Novelle *Unordnung und frühes Leid* beschreibt. (Golo Mann 1986, S. 433)

Porträt Klaus Manns von Olga Markowa Meerson (1926)

Die Novelle des Vaters Thomas Mann stellt eine Auseinandersetzung des Autors „mit den Erscheinungsweisen der neuen Jugendlichkeit, mit modischen Extravaganzen und unbedenklichem Sichausleben" (Fertig 1994, S. 187) dar. Über den Generationskonflikt hinaus behandelt die von Thomas Mann selbst so genannte „Revolutions- und Inflationsnovelle" (GW XI, 118) die Inszenierung des antibürgerlichen Epochenbruchs um den Ersten Weltkrieg. Der Anlass der Veröffentlichung war Thomas Manns Eintritt ins gehobene Alter (zumindest nach damaligen Maßstäben), sein fünfzigster Geburtstag, was angesichts des halb autobiografischen Inhalts der Novelle nicht ohne Interesse sein kann. Die Ausrichtung der literarischen Aussage seines Werkes auf die eigene und allgemeine Nachkriegssituation war Thomas Mann durchaus bewusst:

> Jetzt kürzlich, entronnen dem *Zauberberg* und genötigt zudem von der *Neuen Rundschau*, die aus festlichem Anlasse was Novellistisches brauchte, schrieb er [Thomas Mann] diese Geschichte […]. Sie ist bereits auf englisch und auf französisch zu lesen […]: ein Zeichen, daß man sie draußen als Dokument deutsch-bürgerlichen Nachkriegslebens versteht und willkommen heißt… (GW XI, 621)

Die modische Annäherung der Geschlechter: Thomas Mann mit Gattin Katia, 1927

Die Zeitnähe der Novelle erkennt der Autor durchaus, hegt aber aufgrund des beschleunigten kollektiven Zeiterlebens auch die Befürchtung, dass ihre „Aktualität dank der berüchtigten ‚Raschlebigkeit' unserer Zeit schon wieder ein bißchen verblichen ist." (GW XI, 621) Tatsächlich ist die geldliche Unsicherheit der Inflation von 1923 durch die Einführung der Rentenmark im Jahr 1924 zum Veröffentlichungszeitpunkt der Novelle 1925 schon wieder Geschichte. Die Zeitbeschleunigung wurzelt in den revolutionären Zuständen, die dem Bürgertum und dessen Status zusetzen. Thomas Mann baut über Anspielungen an Goethes *Campagne in Frankreich* (1822) eine assoziative Beziehung zwischen den Epochenbrüchen von 1789 beziehungsweise Goethes Teilnahme am Feldzug deutscher Fürsten gegen die Französische Revolution 1792 und dem folgenreichen Ersten Weltkrieg, wie schon Werner Hoffmeister feststellt:

> Daß Thomas Mann diesem Werk in der Tat zeittypische Repräsentanz zusprechen möchte, bezeugt er an derselben Stelle mit dem anspruchsvoll anspielungsreichen Satz: „Es ist eine Geschichte aus Revolutionszeiten, erzählt von einem, der nicht gerade ein Revolutionär ist, aber so ziemlich Bescheid weiß und nach Valmy nicht weissagt, daß alles beim alten bleibt." [Siehe GW XI, 621] Der Umbruch von 1918–19, der Deutschland das Ende der Monarchie, Revolution und den Beginn der Republik brachte, entspricht somit für Mann der Kanonade von Valmy, nach der Goethe eine ‚neue Epoche der Weltgeschichte' voraussagte. Die Erzählung *Unordnung und frühes Leid* soll also belegen, daß er, Thomas Mann, beim Umbruch in Deutschland ‚dabei gewesen' sei, wenn auch nicht gerade als Revolutionär; augenzwinkernd scheint er dem Leser zu bedeuten, daß er auch darin dem großen Vorbild nicht ganz unähnlich sei. (Hoffmeister 1994, S. 15f.)

Unordnung und frühes Leid wurde ein heute noch ebenso faszinierendes wie charakteristisches Zeitdokument der deutschen Geschichte aus den zwanziger Jahren des 20. Jahrhunderts. Als solches beweist es, dass der Bildungsbürger Thomas Mann auch dem Alltag, seinen Nöten und seinen Moden, ja sogar gegenüber Jugendkulturen aufgeschlossen war. Er wird hier zum Zeitchronisten. Die Inflation hat das Bürgertum als Ganzes schwer in Mitleidenschaft gezogen. Es ist nicht mehr wie einige Jahrzehnte zuvor in *Buddenbrooks* der Verfall *einer* Familie als Sonderfall zu beklagen. Vielmehr steckt das deutsche Bürgertum, das sich im 19. Jahrhundert, dem Jahrhundert der Buddenbrooks, aber auch der mit ihnen geschäftlich und politisch konkurrierenden Hagenströms, formierte, insgesamt in einer tiefen Krise. Die deutsche Situation ist nicht allein von der äußeren Not geprägt, sondern auch – gerade aufseiten der Jugend – durch die bewusste Inszenierung der neuen Zeit durch Kleidung, eine zum Teil amerikanisierte Musik und einen neuen Lebensstil. Abgelebt und überaltert erscheint demgegenüber die Lebenswelt der Elterngeneration. Kriegswirtschaft und Inflation haben dafür gesorgt, dass der großzügige bürgerliche Rahmen für die neue Ärmlichkeit und Lässigkeit unpassend erscheint. So zeigt sich die neue Situation, vergleichbar mit dem Haus der Buddenbrooks, in dem wilde Katzen hausten, auch äußerlich und symbolisch an der Villa der Professorenfamilie Cornelius:

Die Novelle als Zeitdokument der Zwanziger Jahre

> Das Vorstadthaus ist elegant und bequem, wenn auch etwas verwahrlost, weil Reparaturen aus Materialmangel unmöglich sind, und entstellt von eisernen Öfen mit langen Rohren. Aber es ist der Lebensrahmen des höheren Mittelstandes von ehemals, worin man nun lebt, wie es nicht mehr dazu paßt, das heißt ärmlich und schwierig, in abgetragenen und gewendeten Kleidern. (GW VIII, 621)

Thomas Mann im ‚Stresemann', 1926, der Anzug wurde nach dem seinerzeitigen Reichsminister des Auswärtigen, Gustav Stresemann, benannt.

Das Refugium des Historikers Cornelius, die Villa, fungiert als Zeitort altmodisch gewordener Bürgerlichkeit und der neuen, ärmlichen Lebensbedingungen, die sich in ihr entfalten. Für Ludwig Fertig tritt die „Unordnung […] so deutlich in Erscheinung, weil der großbürgerliche Rahmen noch existiert und weil er, der gerade noch gewahrt werden kann, auffallend mit den geschilderten Turbulenzen kontrastiert." (Fertig 1994, S. 192)

Fest der neuen Zeit in altem Rahmen

Zentrale Begebenheit der Novelle ist ein ‚Fest der neuen Zeit', bei dem die Lebenswelten aufeinandertreffen, das heißt Lebens- und Kleidungsstile der Generation der Nachkriegszeit mit den Gepflogenheiten der älteren, ‚bürgerlichen' Generation konfrontiert werden. Es ist eben, wie der Autor selbst sagt, „eine Geschichte von Alten und Jungen" (GW XI, 621). Alt ist jene Generation, der ja auch der Autor angehört, weniger an Jahren – die Hauptfigur Professor Cornelius ist „erst siebenundvierzig und seine Frau noch acht Jahre jünger" (GW VIII, 618). Alt ist sie durch ihre lebensweltliche Befangenheit in der vergangenen bürgerlichen Epoche der Buddenbrooks und Krögers. Der Generationenkontrast ist dabei nicht nur das zentrale Thema der Novelle Thomas Manns, er verursacht zudem ihre entscheidende Personenkonstellation. Der Professor schwankt, wie sein Schöpfer in seinem *Lebensabriss* betont, zwischen einem „sich selbst ironisierenden Kulturkonservativismus und der Vaterliebe zur neuen Welt" (GW XI, 118). Das Historische – und damit auch das Altmodische seiner Existenz – zeigt sich nicht zuletzt im Verhältnis des Professors zu neuen künstlerischen Formen. So heißt es über Iwan Herzl, einen expressionistisch-pathetischen Schauspieler und Freund seines Sohnes: „Er ist Künstler der neueren Schule, der in sonderbaren und, wie dem Professor scheint, äußerst gezierten und unnatürlichen Tänzerposen auf der Bühne steht und leidvoll schreit. Einen Professor der Geschichte kann das unmöglich ansprechen…" (GW VIII, 620). Die Profession des Professors scheint einen gewissen Einfluss auf seinen Kunstgeschmack zu haben: Dieser scheint eher an der Weimarer Klassik als am exaltierten (Spät-)Expressionismus der zwanziger Jahre orientiert zu sein.

Der Geschichte verhaftet, scheint Abel Cornelius neuen Ausdrucksformen aus Hoch- und Alltagskultur skeptisch gegenüberzustehen. Er ist sinnigerweise ein Gelehrter, der über die spanische Gegenreformation unter König Philipp II. (1527–1598), „über den sachlich aussichtslosen Kampf des langsamen Philipp gegen das Neue, den Gang der Geschichte, die reichszersetzenden Kräfte des Individuums"(GW VIII, 633), arbeitet. Als solcher ist er somit schon beruflich den Erzählungen des Vergangenen verpflichtet. Dass sich Thomas Manns ‚Professor Abel Cornelius' denselben Themen, also der spanischen Gegenreformation und der *Geschichte des Abfalls der vereinigten Niederlande von der spanischen Regierung*, widmet wie weiland, 1788, Friedrich Schiller, der ab 1789 in Jena ebenfalls als Professor Geschichte lehrte, kann angesichts der lebenslangen Orientierung des Autors Thomas Mann an der Weimarer Klassik wenig verwundern. Ebenso wenig wie die Tatsache, dass der expressionistische Schauspieler Herzl, der als Verkörperung säkular-jüdischer Modernität nicht zufällig denselben Namen trägt wie der Begründer des Zionismus, im Theater gerade Schillers thematisch-historisch verwandtes Drama *Don Karlos* gibt.

Der mithin mehrfach in der Vergangenheit, seiner eigenen und der historischen, verhaftete Vater mit dem an den biblischen Bruderzwist zwischen Kain und Abel gemahnenden uralten Vornamen wird von seinen Kindern zum historisch gewordenen und wie Abel unterlegenen Greis gestempelt. Gleichzeitig werden die Großeltern mit der Bezeichnung ‚Urgreise' als von der neuen schnellen Welt „verschüchtert[e]" (GW VII, 619) Relikte durch die schon im *Zauberberg* reflektierte Vorsilbe ‚Ur' sprachlich in die Urgeschichte gerückt. Thomas Mann wird diese Vorsilbe später noch in der Vorrede zu *Joseph und seine Brüder*

Geschichtsphilosophische Aspekte

König Philipp II von Spanien

Ludwig Müller: Kain und Abel, 1762

wortgeschichtlich beschwören (GKFA 7.1, XI). In der zeitgenössischen Inflationsnovelle findet sie noch eine ganz alltägliche und familiäre Verwendung:

> Die Großen nennen die Eltern „die Greise"– nicht hinter ihrem Rücken, sondern anredeweise und in aller Anhänglichkeit, obgleich Cornelius erst siebenundvierzig und seine Frau noch acht Jahre jünger ist. „Geschätzter Greis!" sagen sie, „treuherzige Greisin", und die Eltern des Professors, die in seiner Heimat das bestürzte und verschüchterte Leben alter Leute führen, heißen in ihrem Munde „die Urgreise". (GW VIII, 619)

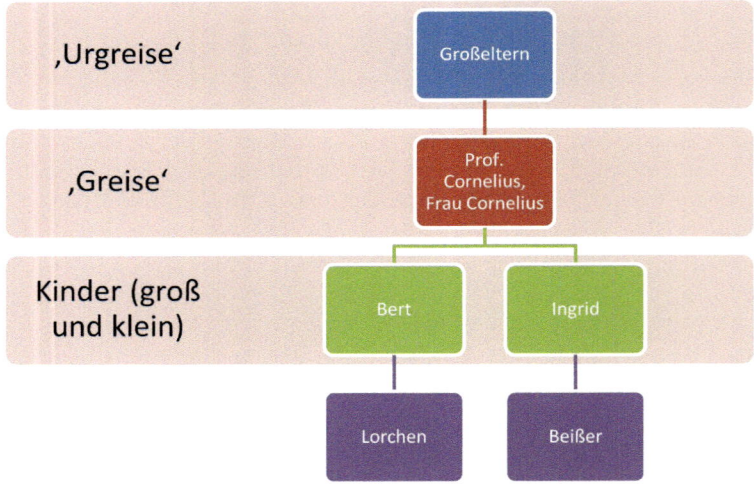

Die Familienkonstellation der Familie Cornelius über die Generationen hinweg

Nicht nur die Lebenswelt, auch der Wohlstand der Alten ist dahin. „Wirtschaftliche Bürgerlichkeit gibt es ohnehin nicht mehr. Es gibt nur reiche und arme Proletarier", so Thomas Mann 1926 in einem Interview mit dem Literaturkritiker und Schriftsteller Wilhelm Emanuel Süskind (vgl. Hansen/Heine 1983, S. 98). Die Speisen, die in bürgerlichem Ambiente gereicht werden, sind nach Weltkrieg und Novemberrevolution auch nicht eben üppig:

> Der Professor zeigt bürgerlichen Ehrgeiz. Er möchte, daß es zum Abendessen […] eine Torte gebe, etwas Tortenähnliches; aber Frau Cornelius erklärt, daß das zu weit führen würde – die jungen Leute erwarteten es gar nicht, meint sie, und die Kinder stimmen ihr zu […]. (GW VIII, 622)

Auch modische Symbole werden in *Unordnung und frühes Leid* reichlich als literarische Motive verwendet, um das Thema des historischen Wandels nach außen ‚verdichtet' zum Ausdruck zu bringen. Dies gilt auch für die Bartmode. Thomas Mann hält hier für den Epochenbruch des Ersten Weltkriegs von 14/18 eine zeichenhafte Zeitenwende fest, die viele Leserinnen und Leser auch heute noch in den eigenen Familienalben nachverfolgen können:

> Es sind die Nase und der Mund des Vaters, wie recht deutlich geworden, seitdem der Professor sich den Spitzbart hat abnehmen lassen und glatt rasiert geht. (Der Spitzbart war wirklich nicht länger zu halten; auch der historische Mensch bequemt sich schließlich zu solchen Zugeständnissen an die Sitten der Gegenwart). (GW VIII, 625)

Trotz dieser äußeren Zugeständnisse ist Professor Cornelius ein entschiedener Gegner der dynamisierten Geschichte seiner Zeit, die seine eigene Lebensgeschichte, seine Lebensverhältnisse in ‚Unordnung' bringt. Der ordnende Rückblick auf das Geschehen, die Sinngebung des Sinnlosen der Geschichte, ist ihm im zeitgeschichtlich-aktuellen Lebenskontext versagt. Cornelius, dessen Beruf es ist, das Vergangene nach Daten zu erzählen, Tote und tote Fakten wiederzubeleben, scheitert gereizt an der alltäglichen Lebenswelt nach dem Großen Krieg, an ihrer durch die Inflation verursachten Dürftigkeit wie auch an dem Deutungsdunkel, das die neue Jugendkultur seiner eigenen Kinder umgibt.

> Er weiß, daß Professoren der Geschichte die Geschichte nicht lieben; sofern sie geschieht, sondern sofern sie geschehen ist; daß sie die gegenwärtige Umwälzung hassen, weil sie sie als gesetzlos, unzusammenhängend und frech, mit einem Worte, als ‚unhistorisch' empfinden, und daß ihr Herz der zusammenhängenden, frommen und historischen Vergangenheit angehört. [...] Das Vergangene ist verewigt, das heißt: es ist tot, und der Tod ist die Quelle aller Frömmigkeit und alles erhaltenden Sinnes. (GW VIII, 626)

Das weitgehend auf die Perspektive des Professors beschränkte personale Erzählverhalten der Novelle bedingt die breite Schilderung dieser Verzweiflung an dürftiger Gegenwart und jugendlicher Zukunft, freilich nicht ohne die Thomas Mann'sche Ironie. Die innere Distanz des bildungsbürgerlichen Professors gegenüber der an US-amerikanischen Modetänzen orientierten „Shimmy-Gesellkigkeit" (GW VIII, 642) ist fühlbar. Der Salon wird jugendlich belebt.

Soziologie der Jugendkulturen

Nicht nur Nationen, auch einzelne ‚Stämme' einer ausdifferenzierten Jugendkultur lassen sich hier bestimmen. So fällt beispielsweise in *Unordnung und frühes Leid* die ‚bürgerliche', das heißt von Bürgern abstammende Jugend auch kleidungsmäßig aus dem Rahmen bürgerlicher Etikette. Dies geschieht nicht zuletzt, weil ihrer Elterngeneration durch den Ersten Weltkrieg und die auf ihn folgende Inflation die bürgerliche Existenz genommen wurde:

> Die Kinder wissen nichts anderes, für sie ist es Norm und Ordnung, es sind geborene Villenproletarier. Die Kleiderfrage kümmert sie wenig. Dies Geschlecht hat sich ein zeitgemäßes Kostüm erfunden, ein Produkt aus Armut und Pfadfindergeschmack, das im Sommer beinahe nur aus einem gegürteten Leinenkittel und Sandalen besteht. Die bürgerlich Alten haben es schwerer […]. (GW VIII, 621)

In dem inneren Widerspruch des ‚Villenproletariers' konzentriert sich zunächst einmal eine Verwischung von Klassengrenzen als Spezifikum der Jugendkulturen des 20. Jahrhunderts. Sie wird später in der zweiten Jahrhunderthälfte vor allem durch den Siegeszug der Jeans inszeniert, die ursprünglich der proletarischen Arbeitswelt entstammt. Der Kleidungsstil der Jugend – beeinflusst auch von der Wandervogelbewegung – geht einher mit einer Aufhebung des spezifischen Klassenbewusstseins. Das zeigt sich auch in den Berufswünschen der Jungen. Die Inflation, die dem Verlust ‚alter nationaler Werte' durch Krieg und Revolution den Verlust der materiellen Werte als ökonomischer Grundlage bürgerlichen Lebens hinzufügte, scheint bürgerliche Ambitionen überflüssig zu machen. Bert, der Sohn des Professors, repräsentiert diese Lebenshaltung:

> Bert, blond und siebzehnjährig, der die Schule um keinen Preis beenden will, sondern sich so bald wie möglich ins Leben zu werfen wünscht und entweder Tänzer oder Kabarett-Rezitator oder aber Kellner werden will: dies letztere unbedingt ‚in Kairo' […]. (GW VIII, 618)

Die merkwürdigen Berufswünsche des Professorensohns gehen mit einer Verwischung des schichtspezifischen kleidungsmäßigen Zeichensystems einher. Ein Vergleich zwischen ihm und dem jungen Hausdiener der Familie Cornelius, der keine Livree, keine Bedienstetenuniform, mehr trägt wie noch

Rückgang der Standesgrenzen

die Diener der altbürgerlichen Welt, zeigt symbolisch diese Annäherung der Schichten in Mentalität und wirtschaftlicher Basis (die Zigaretten des Dieners sind teurer als diejenigen Berts). Professor Cornelius verwendet die russische Bezeichnung „Mushik" (GW VIII, 619), also Bauer oder ‚ganzer Kerl', für die beiden jungen Männer, seinen Sohn und den jungen Diener. Indirekt belegt dies den Einfluss der Oktoberevolution auf die jugendliche Subkultur westlicher Länder, die die Zeichensysteme dieses gewalttätigen Umbruchs spielerisch aufgreift:

> Er [Bert] zeigt entschiedene Ähnlichkeit mit Xaver Kleingütl, dem gleichaltrigen Hausdiener; nicht weil er gewöhnlich aussähe – er gleicht sogar auffallend seinem Vater, Professor Cornelius – , sondern eher kraft einer Annäherung von der anderen Seite her, oder allenfalls vermöge einer wechselseitigen Anpassung der Typen […]. Wenn einer von ihnen durch die Gartenpforte das Haus verläßt, barhaupt bei jedem Wetter, in einer Windjacke, die aus bloßer Koketterie mit einem Lederriemen gegürtet ist, und mit etwas vorgeneigtem Oberkörper […], so kann Doktor Cornelius von seinem Schlafzimmerfenster aus beim besten Willen nicht unterscheiden, wen er vor sich hat, den Burschen oder seinen Sohn. Wie junge Mushiks, findet er, sehen sie aus… (GW VIII, 618 f.).

Die Performanz des Bürgersohns und des Bediensteten ist aus der Vaterperspektive des Geschichtsprofessors austauschbar. Die Kollektivsymbole der Jugend triumphieren über die alte Hierarchie der bürgerlichen Zeit vor 1914. Xaver, der Diener, wird aus dem personalen Erzählverhalten des Professors heraus als „ein Revolutionsdiener, ein sympathischer Bolschewist" (GW VIII, 645), bezeichnet. Ein sympathischer Bolschewist kann jedoch nur derjenige sein, der den Bolschewismus nicht umsetzt, sondern allein modisch inszeniert. Doch selbst die Simulation ist verglichen mit dem zugeknöpften wilhelminischen Zeitalter schon eine Revolution. Die wechselseitige Angleichung von Diener und Sohn wäre in der Welt des ‚guten Tons' vor 1914 undenkbar gewesen. Nach dem Zusammenbruch der bürgerlichen Welt im großen Krieg und in der Revolution sind die unbürgerlichen Zeichensysteme gerade bei Bürgerkindern in Mode. In der jugendlichen Subkultur der Bürgerkinder wird die blutige Revolution zum Spiel der Zeichen (vgl. Füllmann 2008, S. 344–356).

Ein weiteres typisches Element der Inszenierung von Jugendlichkeit im 20. Jahrhundert ist der sogenannte Gender Trouble, die inszenierte Verwischung der Geschlechterdifferenz (vgl. Butler 1991). Auch dies wird in *Unordnung und frühes Leid* am Beispiel von Bert Cornelius und seinem Freund, dem Schauspieler Herzl, demonstriert. In den neuen ‚Technologien des Selbst', also Selbstinszenierungen, verwischen die Grenzen der Geschlechterrollen, was auch Thomas Mann in seiner Novelle festhält: „Bert […] schwärzt sich den Rand der unteren Augenlider, worüber es zu einigen schweren, aber fruchtlosen Szenen mit dem Vater gekommen ist…" (GW VIII, 620) Als Vorbild für den Sohn Bert dient hier der Schauspieler Herzl, der seine Queerness demonstrativ mit Lidstrich unterstreicht:

Auflösung tradierter Männlichkeitsbilder

> Schauspieler Herzl ist schmal und klein, hat aber einen mächtigen schwarzen Bartwuchs, wie man an der überpuderten Rasur erkennt. Seine Augen sind übergroß, glutvoll und tief schwermütig; dabei hat er jedoch außer dem vielen Rasierpuder offenbar auch etwas Rot aufgelegt — das matte Karmesin auf der Höhe seiner Wangen ist sichtlich kosmetischer Herkunft. (GW VIII, 637)

Die Männlichkeitsdenkmäler des Wilhelminismus werden geschleift. Die in den Werken von Thomas, vor allem dann aber bei Klaus Mann beschriebenen jungen Männer werden zur Avantgarde eines neuen jugendlichen Männlichkeitsbildes. Ab den siebziger Jahren des 20. Jahrhunderts sollte dieses Bild mit Pop-Idolen wie David Bowie (1947–2016) alias Ziggy Stardust den eng begrenzten Kreis der Subkultur gänzlich verlassen und, wenn auch mit Rückschlägen, jahrzehntelange Wirkung entfalten. Die jugendspezifische Verwischung von Klassen- und Gendergegensätzen mithilfe der Adaption ‚weiblicher‘, ‚männlicher‘ und proletarischer Attribute durch die jeweiligen geschlechtlichen wie sozialen Antipoden ist wiederum ohne Jugendbewegungen, die ein Spezifikum des 20. Jahrhunderts darstellen, undenkbar.

Transkulturalität und kosmopolitische Jugendkultur

In Thomas Manns *Unordnung und frühes Leid* wird die deutsche Jugendbewegung durch einen jungen Mann namens „Lieder-Möller" repräsentiert. Es handelt sich um einen

> Wandervogel-Typ, der bürgerliche Festkleider weder besitzt noch besitzen will (im Grunde gibt es das gar nicht mehr), ein junger Mensch, der fern davon ist, den ‚Herren‘ zu spielen (das gibt es im Grunde auch nicht mehr), in gegürteter Bluse und kurzer Hose […]. Er ist im Bankfach tätig, wie der Professor erfährt, ist aber außerdem etwas wie ein künstlerischer Folklorist, ein Sammler und Sänger von Volksliedern aus allen Zonen und Zungen […]. (GW VIII, S. 646)

Schon in den zwanziger Jahren ist dieser junge Mann also transkulturell engagiert, eine Art unbürgerlicher Weltbürger. Einerseits ist der typische Wandervogel schon in der Berufswelt der Erwachsenen angekommen, andererseits trägt er noch die kurzen Hosen, die damals eigentlich der Altersstufe der Jungen vorbehalten war. Für gewöhnlich bekam man seine ersten langen Hosen nach Passagenritualen wie der Konfirmation, also lange vor dem Einstieg ins Berufsleben. Durch seine inszenierte Jungenhaftigkeit ist Lieder-Möller mithin ebenso schwer lebenszeitlich zu verorten, wie seine lebensräumliche

Eine Gruppe des Steglitzer Wandervogels aus Berlin auf großer Fahrt, um 1930

Verortung durch seinen folkloristischen Internationalismus erschwert wird. Auch in der Umgebung eines Jugendfestes, auf dem er auftritt, herrscht eine neue pluralistische Unübersichtlichkeit. In der Novelle wird dieses unordentliche Jugendkollektiv – aus der Vaterperspektive – wie folgt skizziert:

> Die Freundschaft der ‚Großen' ist von gemischten Äußeren: der bürgerliche Gesellschaftsanzug kommt wohl mehrmals vor, ist aber nicht herrschend: Typen von der Art von Lieder-Möller [also in Wandervogelkleidung] sind vielfach eingesprengt, und zwar sowohl weiblicherseits wie unter den jungen Herren. [...] es sind im männlichen Teil manchmal abenteuerliche und von der Zeit ganz eigens erfundene Existenzen. Ein bleicher, lang aufgeschossener Jüngling mit Perlen im Hemd, Sohn eines Zahnarztes, ist nichts als

Börsenspekulant und lebt nach allem, was der Professor hört, in dieser
Eigenschaft wie Aladin mit der Wunderlampe […]. (GW VIII, 646)

Unordnung und frühes Leid ist ein auch heute noch interessantes Sittenbild.
Das Gesamtbild des Festes ist von geradezu postmoderner Vielgestaltigkeit;
nur „von Züchtigkeit, Galanterie und Salon ist wenig zu spüren" (GW VIII,
636). Die symbolischen Formen, die sich durch die verschiedenen Kleidungsstile der jugendlichen Subkulturen im öffentlichen Raum darbieten, sind nicht
auf einen Nenner zu bringen. Das Zeichensystem der Lebensreform, personifiziert durch den internationalen Folkloristen in kurzen Hosen, steht neben
dem glatten Börsianer im eleganten Smoking, dem Yuppie der zwanziger
Jahre, der von der seinerzeitigen Finanzkrise profitiert und auf seine Weise
ebenso kosmopolitisch erscheint wie besagter Lieder-Möller. Es gelingt Thomas
Mann hier, modische Zeittendenzen der zwanziger und dreißiger Jahre fest-
zuhalten, die jenseits einer intimen Feier junger Leute in einer Professoren-
villa ein großes zeitgeschichtliches Potenzial besitzen. Weder Wandervögel
noch androgyne Schauspieler sind ohne politische Bezüge. Die Symbolik ihrer Selbstinszenierung ist kein unverbind-
liches Spiel. Entthronte Patriarchen wie der Historiker Abel
Cornelius wiederum reagieren
auf ihre neue Situation und die
Infragestellung ihres männlichen Selbstbilds mit Irritation
und Selbstironie. Sie versuchen
aber auch, die modischen Zeichensysteme des Neuen und

Gender Trouble der Zwanziger Jahre:
drei Frauen in Wanderkleidung

das eigene Aus-der-Zeit-Fallen einer detaillierten historischen und symboltheoretischen Betrachtung zu unterziehen. In seinem Epochenpanorama *1926. Ein Jahr am Rand der Zeit* stellt Hans Ulrich Gumbrecht für die im Titel genannte Epoche heraus:

> Eine der lebhaftesten Debatten, die unter deutschen Intellektuellen ausgetragen werden, dreht sich um den Konflikt zwischen den Generationen. (Gumbrecht 2001, S. 290)

Unordnung und frühes Leid ist ein gewichtiger Beitrag zu dieser Debatte aus der Mitte der zwanziger Jahre des 20. Jahrhunderts. Die Hinwendung des Texts zur Alltagskultur, ja zur Popkultur, stellt für Hoffmeister geradezu eine Wende in Thomas Manns Gesamtwerk dar. Die Popkultur hängt für ihn innerlich mit dieser Hinwendung des bildungsbürgerlichen elitären Schriftstellers Thomas Mann zum Populären und damit zur egalitären Demokratie zusammen. Zum Liedreservoir des Lieder-Möller stellt er fest:

Thomas Manns Novelle und die Zeitgeschichte

> Leser, die es gewohnt sind, in Thomas Manns früheren Werken Motive und Kompositionen der musikalischen Hochkultur von Bach über Beethoven zu Wagner zitiert und integriert zu finden, werden hier nicht umhinkönnen, den Rückgriff auf die internationale Volksliedtradition zumindest als zeitgeschichtliches, wenn nicht sogar als soziales und politisches Signal zu verstehen. (Hoffmeister 1990, S. 171)

Hoffmeister stellt das beschriebene Fest der Jugend, der Kinder des Geschichtsprofessors Cornelius und ihrer Freunde in der nachwilhelminischen Zeit, in den Werkkontext Thomas Manns. Indem er es zu den *Buddenbrooks*, zu *Tonio Kröger* und zu *Der kleine Herr Friedemann* in Beziehung setzt, kann er politische Bezüge aufzeigen, die – wenn überhaupt – nur implizit im Text enthalten sind:

> Diese Jugend erscheint außerordentlich entspannt, frei und unbelastet von Tradition und Konvention. Ihre Fête sieht eher einer ‚Party' unserer Zeit in der Bundesrepublik oder den USA ähnlich als einer Abendgesellschaft im Hause Buddenbrook, Kröger oder von Rinnlingen. Thomas Mann schildert hier die jugendliche Festivität einer offenen, republikanischen Gesellschaft in sehr sympathischem positivem Licht. (Hoffmeister 1990, S. 166)

Hoffmeister schließt hier von einem Pluralismus der Kleidungs- und Lebensstile auf ein damit verbundenes Bekenntnis Thomas Manns zum demokratischen Pluralismus. Nach dem Bekenntnis *Von deutscher Republik* von 1922 und vor der *Deutschen Ansprache* von 1930, die in die konkrete Politik eingreifen sollen, ist *Unordnung und frühes Leid* eine Sympathieerklärung für die moderne Medienwelt und ihre Alltagskultur, die der Exilant Thomas Mann dann in Hollywood in Gestalt des von ihm durchaus geschätzten, oft deutschstämmigen „Movie-Gesindels" (vgl. Vaget 2011, S. 349–375) näher kennen lernen wird. Die Verteidigung des Pluralismus der Lebensformen gegen totalitäre Identitätspropaganda wird ab 1930 ein wesentlicher Impuls seines schriftstellerischen und journalistischen Werks sein.

VII. Aufsätze

1. *Von deutscher Republik*

Der Literaturnobelpreisträger Günter Grass

Die Nähe zur Jugend schließt bei Thomas Mann in den zwanziger Jahren demokratiepolitisch-volkserzieherische Anstrengungen ein. Er war damit Vorbild für andere Schriftsteller des 20. Jahrhunderts wie Günter Grass (1927–2015). Der Einsatz für die republikanische Ordnung Weimars wird von Thomas Mann als Dialog mit der Jugend inszeniert. So wendet sich Thomas Mann explizit an die „deutsche Jungmannschaft" (GKFA 15.1, 519), verwendet als Anrede an sein Publikum die pädagogische Anrede „Kinder, Mitbürger" (GKFA 15.1, 531). Wohl kontrafaktisch wird im Text zum Vortrag *Von deutscher Republik* von 1922 sogar eine scharrende Rebellion der jugendlichen Zuhörer im Publikum simuliert. So heißt es im Kommentarband der Großen Kommentierten Frankfurter Ausgabe: „Die in den Vortrag eingebauten Publikumsäußerungen sind fiktiver Natur" (GKFA 15.2, 349).

Thomas Mann als republikanischer Volkspädagoge

Gerhart Hauptmann, 1922

In der Rede *Von deutscher Republik*, die Thomas Mann am 13. Oktober 1922 im Berliner Beethovensaal hielt, gratulierte er dem Literaturnobelpreisträger Gerhart Hauptmann (1862–1946) zum 60. Geburtstag. Dabei war Hauptmann beim Vortrag gar nicht anwesend. Nach dessen Kniefall vor den Nazis von 1933 sollte Thomas Mann ihn, den vormaligen „König der Republik" (GKFA 15.1, 515), als hassenswerte „Attrappe, die ich zu verherrlichen half" (TB 1933–1934, 79), bezeichnen. Seine Ansprache von 1922 mit „direkten Anreden" ist ein „literarisches Spiel" (GKFA 15.2, 349), ebenso wie der fiktive Unmut der (vor allem akademischen) „deutsche[n] Jugend" (GKFA 15.1, 514):

> […] und wenn ich den Kopf ein wenig höher hebe, soll deutsche Jugend da sein und ihre Ohren spitzen, denn auch zu ihr will ich […] heute wieder reden, […] über Dinge der Humanität, – Dinge also, für welche deutsche Jugend nie und nimmer sich unempfänglich erweisen kann […] Dennoch ist leicht möglich, daß sie scharrt. Aber das macht nichts, ich werde zu Ende reden und Herz und Geist daran setzen, sie zu gewinnen. Denn gewonnen muß sie werden, soviel ist sicher, und ist auch zu gewinnen, da sie nicht schlecht ist, sondern nur stolz und vertrotzt in ihren scharrenden Teilen. (ebd.)

Politischer Kontext der Rede

Der demokratiedidaktische Auftrag, den Thomas Mann an sich selbst richtet, wird hier also explizit formuliert. Es werden sogar die Hindernisse bei der Erfüllung jenes schwierigen Ansinnens explizit genannt. Anlass zur Rede war, wie aus einem Brief vom 8. Juli 1922 an den Germanisten Ernst Bertram hervorgeht, das mörderische Attentat auf den deutschen Außenminister Walther Rathenau (GKFA 22, 440). Mann sieht hier eine „gewisse Jugend zum Wahnsinn verführt". (ebd.) Er nimmt sich Folgendes vor: „Ich denke daran, einen Geburtstagsartikel über Hauptmann zu einer Art Manifest zu gestalten, worin ich der Jugend, die auf mich hört, ins Gewissen rede." (ebd.) Die Bedingungen für eine solche republikanische Volkspädagogik sind angesichts des verlorenen Ersten Weltkriegs, des Vertrags von Versailles und der damit verknüpften antiwestlichen Ressentiments, der nationalromantischen Traditionen des deutschen Bürgertums und des Kameradschaftskults deutscher Jungmannen äußerst schwierig. Thomas Mann jedoch geht es um die demokratische Verfassungsordnung an und für sich, die gegen die „scharfen Knabenstimmen" (GKFA 15.1, 515) einer jungdeutsch-völkischen Reaktion verteidigt werden soll. Das Humane und das Internationale seines Kulturbegriffs steht für Thomas Mann dabei im Vordergrund, was sich auch in Zwischenrufen der jugendlichen Zuhörer zeigt, wenn er Gerhart Hauptmann „eine Volkstümlichkeit des humansten Gepräges" bescheinigt,

> um rohe und hausbackene Vorstellungen abzuwehren: human bereits im Punkte ihrer historischen Ursprünge. Kommilitonen! (‚Nanu?') Ich rede euch an, akademische Jugend, namentlich soweit ihr mit scharrender Unruhe meine Worte zu begleiten euch schon mehrmals bemüßigt fandet. (GKFA 15.1, 516)

In die Rede ist insofern die (jugendliche) Gegenrede eingebaut. Der Vortrag ist gegen einen übertriebenen identitären Fanatismus gerichtet; er betont, dass, „wer sich aber zu bewahren trachtet, sich verlieren, das heißt der Barbarei oder biederer Unbeträchtlichkeit anheimfallen wird." (GKFA 15.1, 517) Die Folge dieser Feststellung ist indes „(Verbreitete Unruhe.)" (ebd.) des Publikums. Wenn Thomas Mann dabei an dem Jubilar Hauptmann lobt, dieser sei im Ersten Weltkrieg nicht pazifistisch und „literatenhaft" (ebd.) nach Zürich gegangen, dann birgt dies eine gewisse schicksalhafte Ironie, sollte er selbst doch später, im weiteren Verlauf des 20. Jahrhunderts, als Exilant genau dort wohnen.

Der romantische Poet
Novalis (1772–1801)

Thomas Mann bewältigt in seiner republikanischen Nachkriegsrede natürlich auch seine eigenen *Gedanken zum Kriege*, seine *Betrachtungen eines Unpolitischen* mit ihrem unguten Geist von 1914. Über Novalis und andere Romantiker will er sich und der Jugend eine Brücke zu neuen, zu republikanischen Ufern und friedlicher Gesinnung bauen:

> Und um das Nationale nicht völlig in Verruf kommen, es nicht gänzlich zum Fluche werden zu lassen, wird nötig sein, daß es, statt als Inbegriff alles Kriegsgeistes und Geräufes, vielmehr, seiner künstlerischen und fast schwärmerischen Natur durchaus entsprechend, immer unbedingter als Gegenstand eines *Friedenskultus* verstanden werde. (Man scharrt.) Jungmannschaft, – nicht diese Töne! (GKFA 15.1, 519)

Wortscheue Ungeduld der Jugend

So heißt es hier in Anknüpfung an Ludwig van Beethovens (1770–1827) Neunte Symphonie. Mehr als bei Sokrates (469–399 v. Chr.) und seinen philosophischen Gesprächen mit jungen Männern ist der Dialog, der hier textuell verfasst wird, ungleichgewichtig. Zuvorderst vorwegnehmende Bemerkungen wie „Jetzt werdet ihr böse!" (GKFA 15.1, 533) simulieren einen Dialog. Ähnlich funktionieren die eingebauten aufmüpfigen zugerufenen rhetorischen Fragen, die dem Publikum zugewiesen werden, wie: „Goethe und Nietzsche waren wohl Liberale?" (GKFA 15.1, 532), oder mit Bezug auf die nationalen Bekenntnisse des Autors von 14/18: „Wie? Und dein Buch? Deine antipolitisch-antidemokratischen Betrachtungen von anno 18?! Renegat! Überläufer!" (GKFA 1.1, 533) Dies würden aus Sicht des Redners die jugendlichen Zuhörer ihm zurufen, „wenn nicht die Gegenwart hochgestellter Personen eure Lebhaftigkeit einschränkte" (ebd.). Die unterschiedlich gewichtete Redemacht zwischen dem Lehrenden und den Belehrten wird allein schon darin deutlich, dass der ‚Jungmannschaft' nur kurze Zwischenrufe und vor allem nonverbales animalisches Scharren als Reaktion auf die Lehrinhalte Thomas

Manns zugewiesen werden. Pferde scharren mit den Hufen; so bringt der Redner den Trotz des zu belehrenden Publikums mit bockenden Rössern in Verbindung. Er ruft einem Kontrahenten zu: „Jugend und Bürgertum, euer Widerstand gegen die Republik, die Demokratie ist Wortscheu, – ja, ihr bockt und scheut vor diesen Worten wie unruhige Pferde, abergläubische Nervosität raubt euch die Vernunft, sobald sie nur ausgesprochen werden." (GKFA 15.1, 528) Die Sphäre der Tiermetaphern, die Thomas Mann als rhetorische Mittel benutzt, um zu überzeugen, ist weit. Die Jugend, mit der er nach eigener Aussage ein Hühnchen zu rupfen hat, reagiert gockelhaft wie auf dem Hühnerhof. Dieser wütige Hahnenkampf passt freilich auch zu ihrer aggressiv-völkischen Gesinnung, für die gilt, dass „die Sphäre des Bluts […] auch auf schreckliche Art die blutige Sphäre" (GKFA 15.1, 519) ist.

Diesem Abgrund von Blut und Boden setzt Thomas Mann in seiner Rede das Ideal der Republik entgegen. Der hanseatische Senatorensohn verweist nicht ohne Anklänge an Heimatromantik auf die eigene politische Familientradition, auf das, was er wenig später in Anknüpfung an den Pädagogen und Philosophen Eduard Spranger als *Lübeck als geistige Lebensform* (vgl. hierzu den gleichnamigen Vortrag von 1926 in: GW XI, 376–398) bezeichnet:

Von der eigenen Nationalromantik zur Republik

Der Pädagoge und Philosoph Eduard Spranger (1830–1963)

> Die Republik … wie gefällt euch das Wort in meinem Munde? Übel, – bestimmten Geräuschen nach zu urteilen, die man wohl leider als Scharren zu deuten genötigt ist. Und doch ist mir jenes Wort, anders als den meisten von euch, von jung auf vertraut und geläufig. Meine Heimat war ein republikanischer Bundesstaat des Reiches, wie diejenigen, aus denen es heute durchaus besteht. (GKFA 15.1, 521)

Thomas Mann wirbt für die „Demokratie – als ob das nicht heimlichere Heimat sein könnte, als irgendein strahlendes, rasselndes, fuchtelndes Empi-

Szene aus dem 3. Akt der *Meistersinger* von Richard Wagner

re!" (GKFA 15.1, 528) Der Wagnerianer Thomas Mann verweist dabei nicht nur auf die nördlich-hanseatische Tradition der deutschen Stadtrepubliken, sondern auch auf die allseits beliebte Nationaloper des 1922 längst von völkischen Radikalantisemiten vereinnahmten 1848ers und Exilanten Richard Wagner. Er fragt seine bildungsbürgerlichen Zuhörer: „Hörtet ihr kürzlich die *Meistersinger*?" Diese „sind [...] *Demokratie*, durch und durch demokratisch [...] – sie sind, sage ich, deutsche Demokratie, und beweisen [dies] mit biederstem Pomp, auf romantisch innigste Art." (GKFA 15.1, 528) Die vom Librettisten Wagner nach dem Motto „Ehrt eure deutschen Meister!" entworfene mitteldeutsche Handwerker- und Gesellenrepublik der Lutherzeit soll der Weimarer Republik der zwanziger Jahre des 20. Jahrhunderts als Vorbild dienen.

Ein Repräsentant der Weimarer Republik, „der Vater Ebert zum Beispiel", erscheint in der Rede Thomas Manns als „grundangenehmer Mann, bescheiden-würdig, nicht ohne Schalkheit, gelassen und menschlich fest. In seinem schwarzen Röcklein" fungiert er als „ein Bürger unter Bürgern, bei Festlichkeiten ruhig-freundlich sein hohes Amt darstellend" (GKFA 15.1, 531), wie ein modernes Pendant zu Wagners Hans Sachs und den anderen Alt-Nürnberger Bürgern auf der Festwiese im Schlussakt der *Meistersinger*. Hier soll mit dem sozialdemokratischen Reichspräsidenten Friedrich Ebert (1871–1925) ein Kontrapunkt zur „imperiale[n] Gala-Oper" (ebd.) Kaiser Wilhelms II. gesetzt werden.

Republik und homosozialer Männerbund

Das Biedere aber reicht an Überzeugungskraft nicht aus. Nach dem Motto des romantischen Dichters Novalis (1772–1801) ‚Wo junge Leute sind, da ist Republik' will Thomas Mann das Ideal der Republik an die nächste Generation weitertragen. Er knüpft dazu an die burschenschaftlichen Traditionen des Vormärz, der Zeit vor der Revolution von 1848/49, an. Rhetorisch fragt er mit Nachdruck, ob nicht

> Freiheitsdurst, Liebe zur Veränderung, hochherziger Revolutionsdrang immer ein natürliches Vorrecht der Jugend gewesen ist, hier wie anderwärts? Unserem Studententum, unserer Burschenschaft fehlt es ja keineswegs an demokratischer Überlieferung. Es gab Zeiten, wo das Nationale und das Monarchisch-Dynastische, weit entfernt, in der Idee zusammenzufallen, vielmehr in unversöhnlicher Opposition zueinander standen; wo Patriotismus und Republik nicht nur keinen Gegensatz bildeten, sondern als ein und dieselbe Sache erschienen, und wo alle Leidenschaft edlerer Jugend zu ihr, der Sache des Vaterlandes und der Freiheit stand. (GKFA 15.1, 523).

In seinem Plädoyer für die Demokratie erweist sich Thomas Mann aber nicht nur als deutscher Patriot, sondern auch als Westler. Anknüpfend an den US-amerikanischen Dichter Walt Whitman (1819–1892) und mit Blick auf den romantischen Republikanismus eines Novalis unterstreicht er, dass dessen „demokratische[r] Pluralism […] jeder metaphysischen Schwüle" (GKFA 15.1, 544) entrate, denn „er ist von fast amerikanischer Frische, von vollkommen pädagogischer Tauglichkeit, – jeder rechtschaffene Knabe wird sich empfänglich dafür erweisen." (ebd.) Auch und gerade im Kontext der sokratischen Gespräche ist der Weg vom Knaben zum pädagogischen Eros, dem auch der Dichter Whitman frönte, nicht weit, zu „Hellas, – wiedergeboren aus dem Geiste amerikanischer Demokratie" (GKFA 15.1, 553).

Der amerikanische Schriftsteller Walt Whitman (1819–1892)

Republik und pädagogischer Eros

Dadurch erhält Thomas Manns Demokratiedidaktik eine kuriose körperpolitische Dimension im Sinne dessen, was er in einem Tagebucheintrag vom 13. Oktober 1937 als „deutsche Knabenliebe" bezeichnete (Vaget 2010, S. 152). Der Redner dringt hier zum antiken Ursprung der Demokratie in Gestalt der

Hans Blüher, der Wandervogelphilosoph (um 1920)

altgriechischen Stadtrepubliken vor. Er tritt ein „in jene Zone der Erotik [...], in der wir Gleiches mit Gleichem, reifere Männlichkeit mit aufschauender Jugend, in der sie einen Traum ihrer selbst vergöttern mag, oder junge Männlichkeit mit ihrem Ebenbilde zu leidenschaftlicher Gemeinschaft verbunden sehen." (GKFA 15.1, 553) Auch dieser Bezug soll die männliche Jugend Berlins der Republik näherbringen. Immerhin ist sie durch Hans Blüher, den Lebensphilosophen der Wandervogelbewegung, und sein Hauptwerk *Die Rolle der Erotik in der männlichen Gesellschaft* (1917), eine homoerotische Staatstheorie, geschult. Thomas Mann entdeckt in Walt Whitmans Gedichten „phallisch heilige[], phallisch strotzende[] Inbrunst" (GKFA 15.1, 556). Den Bezug zur neuen deutschen Republik stellt er mit einer zutreffenden Bemerkung über ein homoerotisches Paar her, die Tyrannentöter und Begründer der athenischen Demokratie: „Nun, Harmodios und Aristogeiton waren Demokraten" (GKFA 15.1, 554). Interessanterweise soll mit dieser Bemerkung nicht die Begründung der Demokratie die Homoerotik rechtfertigen, wie es schon im antiken Athen bei dem Staatsmann Demosthenes (384–322 v. Chr.) der Fall war, sondern umgekehrt: Die Todeskameradschaft „antiker Freund-Liebschaften" (ebd.) dient dem Demokratie-Vermittler Thomas Mann vor einer männerbündisch geprägten deutschen Jungmannschaft als Legitimierung der Demokratie.

Republik und Humanität

Neben diesen zeitgemäßen Verstiegenheiten, die dennoch faktisch zu den sokratisch-apollinischen Wurzeln abendländischer Kultur zurückführen, wird bei Thomas Manns ein Konzept der politischen Mitte deutlich: Der (zukünftige) Literaturnobelpreisträger sucht in Abwehr der Extreme von links und rechts ein Bündnis mit der Sozialdemokratie, mit ‚Vater Ebert', dem ersten Reichspräsidenten. Der Schriftsteller will auf diese Weise der deutschen Öffentlichkeit und insbesondere der Jugend einen Vernunftrepublikanismus vermitteln, der pragmatisch und literarisch zugleich erscheint: „Ich nenne noch einmal ihren ein wenig altmodischen und heute doch wieder in Jugendglanz lockenden Namen: Humanität." Sie ist

> in Wahrheit die deutsche Mitte, das Schön-Menschliche, wovon unsere Besten träumten. Und wir huldigen ihrer positiven Rechtsform, als deren Sinn und Ziel wir die Einheit des politischen und des nationalen Lebens begriffen haben, indem wir unsere noch ungelenken Zungen zu dem Rufe schmeidigen: „Es lebe die Republik!" (GKFA 15.1, 559)

Dass Thomas Mann bei seiner Demokratievermittlung den geradezu verbockten (jugendlichen) Widerstand auf seine republikanischen Monologe inszeniert, zeigt mit erzählerischer Ironie das Problem zivilisatorischer Weiterbildung in Deutschland.

Reichspräsident Friedrich Ebert (1871–1925)

2. *Leiden und Größe Richard Wagners*

Thomas Mann verfertigte den unbeabsichtigt anstößigen wie für seine ganze Familie schicksalhaften Essay *Leiden und Größe Richard Wagners* vom Dezember 1932 bis zum 30. Januar 1933. Anlass war unter anderem eine Einladung der Wagner-Vereinigung Amsterdam. Auch gab es das Ersuchen der Goethe-Gesellschaft, zur fünfzigsten Wiederkehr des Todestages von Richard Wagner einen Festvortrag im Auditorium Maximum der Universität München zu halten. Daneben erhielt er weitere Einladungen des belgischen PEN-Clubs und aus Paris, denen er nachkam. Beim Schreiben wuchs sich das Vortragsmanuskript zu einer größeren Abhandlung aus. Der eigentliche Vortragstext musste folglich auf einen Auszug reduziert werden.

In einem Brief an Ernst Fischer vom 25. Mai 1926 bekannte Thomas Mann: „Wagner war mein stärkstes, bestimmendes künstlerisches Erlebnis." (Vaget

Der Wagner-Vortrag und die Machtergreifung von 1933

Der Exilant Richard Wagner in Paris (1861)

2010, S. 77) In einem weiteren Brief, gerichtet an den Theologen Kuno Fielder, vom 21. Dezember 1937 stellte er lapidar mit Bezug auf seinen Lieblingskomponisten fest: „Ich weiß Bescheid" (Vaget 2010, S. 177). Wagner verursachte zudem einen wesentlichen Wendepunkt seines Lebens. Der sächsische Opernkomponist, Schweizer Exilant und 48er-Revolutionär trieb mit dem ihm gewidmeten Gedenkvortrag posthum Thomas Mann 1933 gleichsam ins Exil, zunächst wiederum in die Schweiz. Nicht nur deshalb ist sein Großessay *Leiden und Größe Richard Wagners* ein wesentlicher Markstein in seiner intellektuellen und politischen Biografie. Die Abhandlung, die im Jahr von Hitlers Machtergreifung dazu führte, dass naziaffine erbitterte Gegner Thomas Manns bewusst einen politischen Skandal entfachten (vgl. Mertens 2006, S. 149–163), war mithin folgenreich.

Wagner-Pflege und Wagner-Kritik

Es zeigt sich ein wesentlicher Bezug zum Vortrag *Von deutscher Republik* von 1922: Die Opponenten warfen in ihrer Reaktion von 1933 Thomas Mann öffentlich vor, dass er „das Unglück erlitten hat, seine frühere nationale Gesinnung bei der Errichtung der Republik einzubüßen und mit einer kosmopolitisch-demokratischen Auffassung zu vertauschen." (Vaget 2010, S. 234) Hier offenbart sich der eigentliche Beweggrund für den Protest, denn in dem Essay, den Thomas Mann in seiner *Antwort an Hans Pfitzner* von 1933 selbst als eine Art „Sammelbecken" (vgl. Vaget 2010, S. 257) seiner bisherigen Wagner-Pflege ansah, ist keine einzige Kritik an Wagner zu lesen, die er nicht schon vorher publiziert hätte. Ja, auch und gerade in seiner nationalistischen Bekenntnisschrift *Betrachtungen eines Unpolitischen* (von den Gegnern fälschlich ‚Gedanken eines Unpolitischen' genannt; vgl. Vaget 2010, S. 235) übte der lebenslange Wagnerianer Thomas Mann scharfe Kritik an dem Künstler, der nach eigenem Bekennen sein Künstlertum wie kein anderer geprägt hatte.

Dies verhinderte indes nicht die „opportunistische Denunziation Thomas Manns gleich nach der Machtergreifung" (Vaget 2017, S. 258) unter dem Titel *Protest der Richard-Wagner-Stadt München*, gedruckt in den *Münchner Neuesten Nachrichten* (16./17. April 1933). Die Initiative geht auf den „verrückten" (so unser Autor in einem Tagebucheintrag vom 2. Juli 1947; vgl. Vaget 2010, S. 199) Wagner-Dirigenten Hans Knappertsbusch (1888–1965) zurück. Unterstützt wurde sie von den rechtsnationalen Komponisten Richard Strauss (1864–1949) und Hans Pfitzner (1869–1949), den Thomas Mann im Ersten Weltkrieg sehr gefördert hatte, sowie einer stattlichen Reihe Münchner Honoratioren per Unterschrift. Thomas Mann sah angesichts der realen Bedrohung, ihn in ein KZ zu verfrachten, den Aufruf zu Recht nicht als „Protest" an, sondern vielmehr als „lebensgefährlich", als „gesellschaftliche Ächtung" und als „nationale Exkommunikation", welche dann 1936 auch juristisch erfolgte (Vaget 2010, S. 262). Knappertsbusch und seine Mitstreiter warfen Thomas Mann nicht allein seine Einstellung zum 48er Wagner, sondern auch und vor allem seine „Bekehrung zum republikanischen System" (Vaget 2010, S. 235) vor. Der anstößige Vortrag wurde dennoch – trotz der angespannten politischen Gesamtlage noch störungsfrei – am 10. Februar im Auditorium Maximum der Münchner Universität gehalten. Noch im April 1933 (also nach der fatalen Märzwahl desselben Jahres) erschien der viel längere Essaytext in der *Neuen Rundschau*. Durch Übersetzungen kam es rasch zu einer internationalen Resonanz (vgl. Vaget 2017, S. 199 f.).

Was waren nun die Steine des Anstoßes an Thomas Manns Wagner-Konzept, die unter anderem dafür sorgten, dass ihm seine Kinder eindringlich warnend dazu rieten, nicht mehr nach Deutschland zurückzukehren? Thomas Mann knüpft etwa an den Schweizer Musikjournalisten Bernhard Diebold an, der sich schon 1928 darüber wunderte, dass nur „Rechtser-Deutsche" (Diebold 1928, S. 5) unter den Bayreuther Festspielbesuchern seien, wo doch die Oper

Ein inszenierter Skandal

Der Komponist Hans Pfitzner (1869–1949)

Der Komponist Richard Strauss (1864–1949)

Der Dirigent Hans Knappertsbusch (1888–1965)

Der französische Poet und Essayist Charles Baudelaire (1821–1867)

Die Meistersinger ein „Festspiel der Demokratie" (Diebold 1928, S. 46) sei. Auch Thomas Mann unterstreicht, dass Wagner sein „Leben lang mehr Sozialist und Kulturutopist" (GW IX, 418) war „denn Patriot im Sinne des Machtstaates" (ebd.). Elementar ist zudem der psychologische Bezug, vergleichbar dem Tiefenpsychologen Georg Groddeck (1866–1934), der sich in *Vier Lehrbücher der Psychoanalyse* (1927) intensiv mit den Opern Wagners als seelenanalytischen Texturen beschäftigte. Auch das hat Tradition: Insgesamt knüpft Thomas Mann mit seinem Wagner-Essay an ein „älteres […] Wagner-Verständnis an, das kosmopolitischen Charakters war und mit dem deutschtümelnden, konsequent antijüdischen Bayreuther Gedanken nichts zu tun haben wollte. Die Kronzeugen diese Wagner-Verständnissen waren Baudelaire und Nietzsche; sein Kustode in deren Fußstapfen Thomas Mann." (Vaget 2017, S. 259) Wagner selbst hatte seine Modernität in ein Wortspiel gefasst: „Lasst klüglich alles Alte modern / wir rechten Leute sind modern".

Wagnerianer von Jugend an

Leiden und Größe Richard Wagners ist die Zusammenfassung der Positionen Thomas Manns zu seinem Lieblingskomponisten. In ihr geht er weit über die genuine Musikästhetik hinaus. So bekennt Thomas Mann in seiner Abhandlung, die gleichzeitig ein ästhetisches Bekenntnis ist:

> Die Passion für Wagners zaubervolles Werk begleitet mein Leben, seit ich seiner zuerst gewahr wurde und es mir zu erobern, es mit Erkenntnis zu durchdringen begann. (GW IX, 373)

Es ist eine um Verständnis ringende Leidenschaft, wie Thomas Mann gleichzeitig unterstreicht, was seinen seinerzeitigen braunen Widersachen sicherlich nicht zupass kam:

Meine Neugier nach ihr [der Musik Wagners] ist nie ermüdet; ich bin nicht satt geworden, sie zu belauschen, zu bewundern, zu überwachen – nicht ohne Misstrauen, ich gebe es zu; aber die Zweifel, Einwände, Beanstandungen taten ihr so wenig Abbruch wie die unsterbliche Wagnerkritik Nietzsches. (ebd.)

Henrik Ibsen (1900)

Wie der norwegische Dramatiker Henrik Ibsen (1828–1906) ist Wagner für Thomas Mann – wie er, auf Goethes *Zauberlehrling*-Ballade anspielend, feststellt – ein

> schlimm verschmitzter alte[r] Hexenmeister […], tief bewandert in allen Einflüsterungskünsten einer so sinnigen wie ausgepichten Teufelsartistik, groß in der Organisation der Wirkung, im Kultus des Kleinsten, in aller Doppelbödigkeit und Symbolbildung, in diesem Zelebrieren des Einfalls, diesem Poetisieren des Intellekts." (GW IX, S. 367)

Hier klingt das dämonische Kunstverständnis seines späteren *Doktor-Faustus*-Romans bereits an. Thomas Mann bekennt aber auch (oder vielleicht gerade deswegen): „Auf jeden Fall bleibt Wagner für mich der Künstler, auf den ich mich am besten verstehe und in dessen Schatten ich lebe." (ebd.)

Schon früh war das Werk Wagners Thomas Mann vor allem in Gestalt des ihn sein Leben lang begleitenden Ritters *Lohengrin* im Lübecker Stadttheater begegnet. In der Kindheit des Schriftstellers war im Lübecker Theater sein „Violinlehrer […] Ludwig Winkelmann […] Konzertmeister, dessen Bruder Hermann Winkelmann, hatte in der Bayreuther Uraufführung des *Parsifal* die Titelpartie gesungen." (Vaget 2017, S. 339) Wagner und Bayreuth gehörten somit beinahe zur Familie Mann. Und so beginnt der Vortrag über *Leiden*

Lübeck mit dem Stadttheater (rechts) in Thomas Manns Jugendzeit

und Größe Richard Wagners mit einem durchaus als Apotheose zu verstehenden Auftakt:

Leidend und groß, wie das Jahrhundert, dessen vollkommener Ausdruck sie ist, das neunzehnte, steht die geistige Gestalt Richard Wagners mir vor Augen. Physiognomisch zerfurcht von allen seinen Zügen, überladen mit allen seinen Trieben, so sehe ich sie. (GW IX, 363)

Wagner als mythologischer Tiefenpsychologe

Bereits hier wird ein Vergleich zwischen der künstlerischen Identität Thomas Manns und derjenigen des im freudianischen Sinne triebgesteuerten Komponisten aufgebaut. Schon die dunkel-romantische Überzeugung Wagners, dass er ein Kind des Todes ist, verbindet ihn mit dem Autor von *Tod in Venedig*. Nicht zuletzt sind beide wenn auch nicht Generationsgenossen, so doch Kinder des 19. Jahrhunderts. Es ist ein 1933, im Zeitalter brutalster Totalitarismen, arg fern gerücktes Säkulum. Seine „liberale Anhänglichkeit an Vernunft und Fortschritt scheint uns belächelnswert, sein Materialismus allzu kompakt, sein monistischer Welteneträtselungsdünkel außerordentlich seicht." (GW IX, 363) Beide, Thomas Mann und Wagner, haben zudem einen Hang „zum großen Format, zum Standardwerk" (ebd.) und ersterer fügt ja Wagners germanisch-mythologischem „Riesenmärchenspiel" (Vaget 2010, S. 200), dem *Ring-des-Nibelungen*-Zyklus, im Bereich des Romans seinen biblisch-ägyptischen *Joseph*-Zyklus bei. Wagner, der Komponist einer *Faust*-Ouvertüre, hat im Sinne von Goethes Drama eine Tendenz zur totalen Weltschau. Er präsentiert seinem Publikum zwischen dem *Rheingold* mit seiner „Urzelle, dem Erzbeginn, dem ersten Baßfagott-Es des Rheingoldvorspieles" (GW IX, 375), und dem Weltenende in der *Götterdämmerung* jenseits der Operntradition ein „singendes, sagendes Wissen von der Welt Anfang und Ende". Dies ist eine die Weltentstehung ausmalende „kosmogonische Märchenphilosophie" (GW IX, 372), wie sie auch beim späten Thomas Mann im Kuckuck-Kapitel des *Felix-Krull*-Romans zu finden ist. Bei Wagner sind es indes die germanischen Schicksalsgöttinnen, die einen „weihevollen Weltenklatsch" (ebd.) singen. Beide künstlerische Weltenschöpfer, Thomas Mann und Richard Wagner, neigen in ihren musikalischen bzw. epischen Kompositionen zum „symbolischen Formelwesen[…], denn das Leitmotiv ist eine Formel – mehr noch, es ist eine Monstranz, es nimmt eine fast schon religiöse Autorität in Anspruch" (GW IX, 366). Durch die Leitmotivtechnik gewinnt das jeweilige sprachliche oder musikdramatische Kunstwerk eine Qualität liturgischer Weltdeutung.

Diese Welterklärung in einem Drama und Musik umfassenden Gesamtkunstwerk gewinnt auch psychologische, ja psychoanalytische Züge, etwa wenn man in Wagners Germanen-Oper *Siegfried* von 1876

> das frühlingshaft keimende und hervorsprießende Liebesleben des Knaben Siegfried betrachtet. […] Da ist ein ahnungsvoller und aus dem Unterbewußten heraufschimmernder Komplex der Mutterbindung […], der den Psychologen Wagner in merkwürdiger, intuitiver Übereinstimmung zeigt mit einem anderen typischen Sohn des neunzehnten Jahrhunderts, mit Sigmund Freud, dem Psychoanalytiker. (GW IX, S. 370)

Zentral für Thomas Mann ist, „dass auch bei Freud […] das Interesse für das Mythische, Menschlich-Urtümliche und Vorkulturelle mit dem psychologischen Interesse auf engste zusammenhängt." (ebd.)

Aber Wagner führt nicht nur in sagenhafte Urtiefen. Er ist auch ein humorvoller sächsischer Kleinbürger aus dem „Theatervölkchen" (GW IX, 393), der seinen künstlerischen Mitstreitern durchaus den launigen Befehl „Ab jetzt kein ernstes Wort mehr!" (ebd.) erteilen kann. In seiner Abhandlung äußert

Wagner als freiwilliger und unfreiwilliger Humorist

sich Thomas Mann folglich auch über Komik und Tragik in der Kunst. Zu ihrer gegenseitigen Durchdringung im Kunstwerk schreibt er, „dass Tragödie und Posse aus ein und derselben Wurzel kommen. Eine Beleuchtungsdrehung verwandelt die eine in die andere; die Posse ist ein geheimes Trauerspiel, die Tragödie – zuletzt – ein sublimer Jux." (GW IX, 394) Schließlich ist „Kunst […] pittoresk, ja grotesk und auf Distanz berechnet, wie das Theater es verlangt." (GW IX S. 383 f.) Auch die „Edelhysterie" (GW IX, 371) der Frauengestalten Wagners führen nicht nur zu Freud, dessen erstes großes Werk nicht zufällig *Studien über Hysterie* betitelt war. Sie führt auch in die Sphäre unfreiwilliger Komik.

Wagners Gesamtkunstwerk als genialer Dilettantismus

Der hohe Anspruch und das ehrgeizige Streben des nervösen Ohrenmenschen Wagner zeigen sich in einem alle Künste vereinigenden Gesamtkunstwerk auf der Opernbühne mit Opernmusik, vom Komponisten selbst verfasstem Textbuch sowie mit einem Bühnenbild, das von Künstlern wie dem Wiener Salonmaler Hans Makart (1840–1884) gestaltet werden sollte. Angesichts der Unzulänglichkeit des herkömmlichen Theaterbetriebs bergen sie aber auch ein Element des Dilettantischen in sich. Thomas Mann stellt daher die These auf, „daß Wagners Kunst ein mit höchster Willenskraft und Intelligenz monumentalisierter Dilettantismus ist. […] Es ist etwas Zweifelhaftes um seine Beziehung zu den Künsten; so unsinnig es klingt, haftet ihr etwas Amusisches an. Italien, die bildende Kunst lassen ihn im Grunde völlig kalt." (GW IX, 376) Mann betont demgegenüber das Kollegial-Schriftstellerische, das ihn mit der Person Wagners verbindet: „Es ist klar, dass er zur Dichtung ganz anders steht als zur bildenden Kunst. Sie hat ihm, namentlich durch Shakespeare, sein Leben lang Unendliches gegeben." (GW IX, 376 f.) Die Verehrung des großen Engländers teilte Wagner wiederum mit einem anderen großen Idol Thomas Manns: Goethe. Von seinen „lutherisch gesunden ‚Meistersingern'" (GW IX, 386) ließ sich noch 1955 der achtzigjährige Thomas Mann für sein letztes Dramenprojekt, ein Lustspiel namens *Luthers Hochzeit*, inspirieren (vgl. Vaget 2010, S. 327). Für gläubige Wagnerianer kommt Thomas Mann indes zu folgendem provokanten Fazit:

> Sein Genie ist eine dramatische Synthese der Künste, die nur als Ganzes, eben als Synthese, den Begriff des echten und legitimen Werkes erfüllt. Den Bestandteilen, selbst der Musik als solcher und sofern sie eben nicht Mittel zum Gesamtzweck ist, eignet etwas Wildwüchsig-Illegitimes, das sich erst im erhabenen Ganzen aufhebt. (GW IX, 377)

Schon in seinem Brief vom 4. Juni 1920 an Ernst Bertram hatte Thomas Mann das rezeptionsästhetische Paradoxon formuliert, dass Wagners Musik „eine Musik für Unmusikalische, oder doch *auch* für Unmusikalische" (Vaget 2010, S. 69) sei. Selbst Wagner schreibt am 8. Mai 1859 an seinen späteren Schwiegervater, den deutsch-ungarischen Komponisten Franz Liszt (1811–1886), von seiner „musikalischen Lumpenhaftigkeit" (GW IX, 379). Aber gerade durch seinen intellektuellen Scharf- und Tiefblick kann dieses musikdramatische Schaffen, das nur im Sinne von Goethes *Wilhelm-Meister*-Romanen und deren Bildungsvorstellung dilettantisch ist, „Psychologie, Symbol, Mythik" gleichzeitig ausmachen. In seiner Vielfalt offenbart das auf dem Prinzip des synthetischen Gesamtkunstwerks aufgebaute Gesamtwerk Wagners seinen Schöpfer geradezu als in allen Genres allgegenwärtiges „Vermummungsgenie" mit „imitativem Allvermögen" (GW IX, 384). Gerade in Wagners naturmystischer *Rheingold*-Oper mit ihren Rheintöchtern und musikalisch aquarellierten Wasserspielen oder in der Liebesmystik seiner *Tristan*-Oper, die Thomas Mann in einer gleichnamigen Novelle von 1903 thematisierte und parodierte, dringt Wagners Komponieren aus „vorkulturellen Tiefen des Mythos" hervor, und „aufgelöst in ihre Urelemente muss Musik dazu dienen, mythische Philosopheme ins Hochrelief zu treiben." (GW IX, 381) Das Manko von Wagners

Wagners Werk als Un- und Übermusik

Der Komponist Franz Liszt (1876)

Musikdramen wird so zum Plus umgemünzt. Thomas Mann zitiert den Münchener Generalmusikdirektor und späteren Begleiter im Exil Bruno Walter (1876–1962): „Ein berühmter Dirigent, der eben den *Tristan* geleitet hatte, sagte auf dem Heimweg zu mir: ‚Es ist gar keine Musik mehr!'" (GW IX, 381)

Wagners Werk als Kraftakt seines Schöpfers

Insgesamt hinterlässt das Werk Wagners einen die Musik und ihr Theater übersteigenden metaphysischen Eindruck. Das zeigt sich nicht zuletzt mit seiner Mystik vom Heiligen Gral, dem Gefäß, in das der Sage nach das Blut Christi geflossen sein soll, einer Mystik, die sich von der Gralsarie Lohengrins bis zur Gralsoper bzw. zum Bühnenweihfestspiel *Parsifal* spannt. Angesichts des schwächlichen Sachsen Richard Wagner ist für Thomas Mann die Entstehung des Gesamtwerks selbst ein Geheimnis und Rätsel:

> Ja, es ist schwer, hier nicht an einen metaphysischen Eigenwillen des Werkes zu glauben, das nach Verwirklichung strebt und dem das Leben seines Erzeugers nur Werkzeug und freiwillig-unfreiwilliges Opfer ist. (GW IX, 388)

Der leidende Gralskönig Amfortas im Bühnenweihfestspiel *Parsifal*

Im lebenslangen Kraftakt seines künstlerischen Schaffens im „Willenskrampf" (GW IX, 391), der der Kunst dient wie im *Parsifal* der verwundete, schwächliche König Amfortas dem Heiligen Gral und seinem Ritterorden, offenbart sich für Thomas Mann gleichzeitig *Leiden und Größe Richard Wagners*. Auch der Schöpfer des Amfortas vollendet das „heilige Werk", wie es im Textbuch des *Parsifal* genannt wird. Wagners in der „Tempelbude" des Festspielhauses, im Bayreuther „Theater-Lourdes" (GW IX, 404), dargebotenes Werk geht über den Anspruch der Opernunterhaltung in der Belle Époque weit hinaus.

Einflüsse Schopenhauers auf Wagners Welten

Zu dem Anspruch einer Vergeistigung des Musikdramas bis hin zum ‚Bühnenweihfestspiel' passen für Thomas Mann auch die buddhistischen Aspirationen Wagners, etwa im erotischen „Nirwana" (GW IX, 402) der *Tristan*-Oper. Auch Mann wird mit der altindischen Legendenerzählung *Die vertauschten Köpfe* wenig später diese Sphäre betreten. Für den Künstler liegt im Leiden wie in der Größe viel Tröstliches in „einer Metaphysik, die das Ich als Täuschung, den Tod als Befreiung aus seiner Unzulänglichkeit, die Welt als Produkt des Willens und als sein ewiges Eigentum erweist." (GW IX, 398) Die eigentümliche „Mischung aus Heroik und Pazifismus" (ebd.), die Thomas Mann in Schopenhauers Werk ausmacht, fügt sich gut zu Wagners Welt, in der etwa im *Parsifal* im Gralsbezirk selbst das Jagen von Tieren, etwa Schwänen, untersagt ist und die Diener des Heiligen Grals einer Entsagungsethik frönen.

Ein weiterer, von Thomas Mann in seinem Vortrag breit entworfener Zug im Gesamtwerk Wagners ist seine wechselnde Optik, seine „dramatische Fähigkeit, das Volkstümliche und das Geistige in einer Gestalt zu binden". Dazu fügt sich das „‚atemlose Entzücken', das der zukünftige Theaterdirektor von Bayreuth eines Tages als Zuschauer einer Kasperltheatervorstellung empfand" (GW IX, 406). Hier ergeben sich nicht nur Anknüpfungspunkte zu Goethes in *Dichtung und Wahrheit* geschilderter früher Begeisterung für das Puppentheater, zum „Grundzug populärer Treuherzigkeit" (GW IX, 587), den Thomas Mann 1939 in Goethes *Faust* erkennt, oder zu Hanno Buddenbrooks Faszination für seine Puppen und deren Weltillusion. In der Parallele zwischen dem Kampf des Kasperl mit dem Krokodil einerseits und des Siegfried mit dem Drachen Fafner anderseits zeigt sich Wagner als „Hanswurst, Lichtgott und anarchistischer Sozialrevolutionär auf einmal" (GW IX, 404). Für Thomas Mann ist es „die Volksseele, die aus ihm und durch ihn dichtet" (ebd.). „Ehrt eure deutschen Meister! Dann habt ihr gute Geister!" – mit dem Ausruf des Hans Sachs auf der Festwiese am Schluss der *Meistersinger*-Oper erweist sich der Erfinder und Tonschöpfer dieser Zeilen als äußerst selbstbezüglich. Hier

Wagners Schaffen zwischen Popularität und Avantgarde

offenbart sich eine „romantisch-demokratische Kunst- und Künstlergesinnung." (GW IX, 411)

Weltmusik aus Deutschland

Dem deutsch-volkstümlichen Zug von Wagners Werk steht nach der Meinung Thomas Manns jedoch ein anderer Aspekt diametral entgegen: sein einmaliger weltweiter Erfolg, seine mondäne Weltläufigkeit, die schon mit der Wagner-Begeisterung des Pariser Avantgarde-Lyrikers Charles Baudelaire (1821–1867) begann:

> Ein Monstreerfolg, wie Wagners Musiktheater ihn erzielt hat, ist großer Kunst sonst überhaupt niemals zugefallen. Der Erdball ist, fünfzig Jahre nach des Meisters Tode allabendlich in diese Musik eingehüllt. (GW IX, 414)

Der Publizist und Schriftsteller Ludwig Börne (1786–1837)

Nach der Einschätzung von Thomas Mann ist Wagner, der Freund des russischen Anarchisten und Berufsrevolutionärs Bakunin, nicht nur Internationalist, dessen „Herz […] für die Armen gegen die Reichen" schlug, wie sein anklagendes Gedicht *Die Not* (1849) und seine Affinität zum linken wie ehemals jüdischen Publizisten Ludwig Börne (1786–1837) zeigen. Trotz starker antisemitisch-reaktionärer Züge und der Komposition des *Kaisermarschs* im Zuge der Reichsgründung 1871 ist Wagner auch ein auffällig internationales Phänomen. Er bekennt: „Ich fühle mich als den einzigen Deutschen inmitten dieser stumpfsinnigen Bevölkerung, die man die Deutschen nennt!" (Vaget 2010, S. 149) Damit verkörpert Wagner exemplarisch das, was der Exilant Thomas Mann später für sich selbst als ‚Weltdeutschtum' in Anspruch nahm:

> „Ja, Wagner ist deutsch, ist national, auf beispielhafte – vielleicht allzu beispielhafte Weise. Denn *außer dem,* dass dieses Werk eine eruptive Offenbarung deutschen Wesens ist, ist es auch eine schauspielerische Darstellung

davon, und zwar eine Darstellung, deren Intellektualismus und plakathafte Wirksamkeit bis zum Grotesken, bis zum Parodischen geht und bestimmt scheint, ein neugierig schauderndes Weltpublikum zu dem Ausrufe hinzureißen: ‚Ah ça c'est bien allemand par exemple!' Dies Deutschtum also […] ist modern gebrochen und zersetzt, dekorativ, analytisch, intellektuell, und seine Faszinationskraft, seine eingeborene Fähigkeit zu kosmopolitischer, zu planetarischer Wirkung kommt daher. (GW IX, 422)

Schon in seinem Aufsatz *Kosmopolitismus* von 1925 hatte Thomas Mann Wagner gegen die „höhlenbärenmäßige[] Deutschtümelei" (GKFA 15.1, 1022) der Bayreuther Reaktion der Zwischenkriegszeit in Schutz genommen. Diese Worte müssen in der nationalistisch aufgeheizten Stimmung von 1933 durchaus provokant gewirkt haben. Doch Thomas Mann setzt im Fazit seiner ausführlichen Ausführungen noch zu einer rhetorischen Steigerung des bereits Gesagten an. Er beschreibt sein künstlerisches Leitbild Wagner als „aus freiester Liebe geborenen Weltzertrümmerer", als „diesen verwegenen musikalischen Neuerer, der im *Tristan* mit einem Fuß schon auf atonalem Boden steht und dessen gleichen man heute ganz sicher einen Kulturbolschewisten nennen würde; diesen Mann des *Volkes,* der Macht, Geld, Gewalt und Krieg sein Leben lang innig verneint hat" (GW IX, S. 425 f.). Der Wagner, den Thomas Mann hier ausstellt, ist ein Mann der Zukunft, kein böser „Geist des frommen und brutalen Zurück" (GW IX, 426).

Schon zu Wagners Lebzeiten kristallisierte sich – durchaus dem antithetischen Denken Thomas Manns entsprechend – ein sogar geografischer Gegensatz zweier Wagner-Auffassungen heraus. Hans Rudolf Vaget fasst ihn im Kontext von *Leiden und Größe Richard Wagners* wie folgt zusammen: „Zwei unversöhnliche Auffassungen von Wagner stehen sich somit hier gegenüber: eine deutsch-nationale mit dem Gravitationszentrum Bayreuth und eine europäisch

Thomas Manns Wagnerbild bei Friedelind Wagner

Siegfried Wagner und seine Familie 1922, rechts im Bild Friedelind

kosmopolitische mit dem Gravitationszentrum Paris." (Vaget 2010, S. 336) Im Laufe des katastrophalen 20. Jahrhunderts kommt dann noch ein weiteres Zentrum hinzu: New York als Fokus der deutschen Emigration. Zu dieser gehörte dann im Zweiten Weltkrieg auch die Wagner-Enkelin Friedelind Wagner (1918–1991). Sie trat mit ihrer Flucht über die Schweiz in die freie Welt im Jahr 1939 in die Fußstapfen ihres amerikafreundlichen Großvaters, des freiheitlichen Komponisten der solidarischen *Polonia*-Ouvertüre und des *American Centennial March* zum 100. Jubiläum der USA von 1876. Seine Enkeltochter trug in New York am 14. Februar 1942, „einen Tag nach dem 59. Todestag ihres Großvaters […,] einen kämpferischen Text zu einer *Tannhäuser*-Übertragung vor, bei der drei Emigranten mitsangen, nämlich Lauritz Melchior, Herbert Janssen und Alexander Kipnis. Sie prüfte das ihr vorgelegte Skript, das Erika Mann verfasst hatte, […] und korrigierte einiges darin. Ihre Stimme wurde nach Europa übertragen." (Rieger 2012, S. 214) Es ist kein Zufall, dass die mutige Wagner-Enkelin bei ihrer Radio-Ansprache im gerade gegründeten Sender *Stimme Amerikas* dieselbe Anrede, also ‚Deutsche Hörer!', verwendet wie Thomas Mann in seinen berühmten Rundfunkreden gegen Hitler. Die emigrierte Enkelin des Bayreuther Meisters macht sich mit dieser Stellungnahme gleichsam das Wagner-Bild Thomas Manns zu eigen, den sie später auch persönlich traf (Eintrag 8.5.1947, TB 1946–1948, 125). In Friedelind Wagners antifaschistischem Wagnerismus spricht die familiär erweiterte Autorschaft Erika Manns, die aus der Sicht ihres Vaters wie Wagners Walküre ein ‚kühnes herrliches Kind' ist:

Deutsche Hörer! Es mag Ihnen seltsam erscheinen, dass ich den Todestag meines Großvaters im Ausland, im feindlichen Ausland begehe und aus New York zu Ihnen spreche. Glauben Sie mir aber, ich habe Deutschland nicht leichthin verlassen und bin erst fortgegangen, als die mörderischen Absichten des heutigen Regimes klar am Tage lagen. Selbst dann habe ich mich gefragt, wie würde mein Großvater gehandelt haben an meiner Stelle […]. Kein Zweifel ist möglich: Richard Wagner, der die Freiheit und die Gerechtigkeit mehr geliebt hat als selbst die Musik, hätte in Hitlers Deutschland nicht atmen können. (ebd.)

Der Zuschauerraum der New Yorker Metropolitan Opera, 1937

Obwohl Erika Mann den Text für Friedelind Wagner in Mann'scher Ironie für ein „wonnig Stückchen" (ebd.) hielt, schließt sich hier der Kreis: Wie auch im Falle seines Leitsterns Goethe gelingt es Thomas Mann mit töchterlicher Unterstützung, sein zweites Idol Wagner ebenfalls ans rettende Ufer des Exils zu tragen, gleichsam ins ferne „Land, unnahbar euren Schritten", wie es in der Gralsarie im *Lohengrin* heißt. Das dürfte – laut Erika – den braunen ‚Hunden im Souterrain' der Politik, mithin „den Tieren zu gehörigem Verdruss gereicht haben." (ebd.)

3. Einführung in den Zauberberg

1938 wurde Thomas Mann, der damals in der Schweiz lebte, durch den Universitätspräsidenten Harold Dodds von der US-amerikanischen Princeton University (Boston) als Lecturer of the Humanities eingeladen (vgl. Vaget 2011, S. 278–280). Im Mai 1939 wurde ihm in Princeton die Ehrendoktorwürde verliehen. Er hielt dort Vorlesungen über Goethe, Wagner und Freud. Am 10. Mai 1939 im Rahmen eines Kurses des deutschstämmigen Christian Gauss (1878–1951) und noch zweimal 1940 trug er auf Englisch seine *Ein-*

Thomas Mann als akademischer Lehrer in Princeton

Thomas Mann in Princeton, 1939

führung in den Zauberberg vor. Sie gilt neben der *Entstehung des Doktor Faustus* als ein gewichtiger Beitrag zur Selbsterklärung der Produktion Thomas Manns. Die Abhandlung diente auch amerikanischen Ausgaben des *Zauberberg*-Romans als eine Art Vorwort (Vaget 2011, S. 281). Der Autor schreibt zur studentischen Aufnahme seines Vortrags im Tagebuch vom 10. Mai 1939: „Eine Stunde gelesen, gut. Danach Fragen u. später Sitzung mit der Gruppe in Gegenwart Golos. Ziemlich erschöpft. Kuriose Burschen." (TB 1937–1939, 404).

Gleich zu Beginn des Vortrags thematisiert Thomas Mann mit bescheidener Geste, dass er „nicht wenig verwirrt ist, sein Buch den großen Werken der Weltliteratur als Studienobjekt eingegliedert zu sehen" (GW IX, 602), mithin das Kuriosum, dass er als Gegenwartsautor in einem literaturgeschichtlichen Seminar (eines Romanisten) auftritt und schon zu Lebzeiten in den großen Klassikerkanon aus der Vergangenheit eingeordnet wird:

Es ist entschieden ein außerordentlicher Fall, dass bei Ihren literarischen Studien der Autor zugegen ist und mit Ihnen sein Werk betrachtet. Zweifellos hätten Sie es vorgezogen, von Monsieur de Voltaire oder Señor Cervantes einige persönliche Bemerkungen über ihre berühmten Bücher zu hören. (GW XI, 602)

Der spanische Dichter Miguel de Cervantes im Jahr 1600

Miguel de Cervantes (1547–1616) spielt denn auch in Thomas Manns Großessay *Meerfahrt mit Don Quijote* von 1934 eine zentrale Rolle, in der der ‚frischgebackene' Exilant einen Bezug zwischen dem eigenen Schicksal und dem irrenden Ritter von der traurigen Gestalt, „einer lustig lebensgesegneten Satire" in einem „Volks- und Menschheitsbuch" (GW IX, 437), aufbaut. Bezüglich der *Einführung in den Zauberberg* wiederum sei es allein der „Generosität Ihres verehrten Lehrers", mithin dem Seminarleiter Christian Gauss, zu verdanken, „dass auch ein modernes Werk im Zyklus dieser Stunden gelesen und analysiert" (GW XI, 602) werde. Dies bedeute jedoch keine endgültige kanonische „Klassifizierung" (ebd.) des *Zauberberg*-Romans:

> Immerhin, ein Dokument der europäischen Seelenverfassung und geistigen Problematik im ersten Drittel des zwanzigsten Jahrhunderts wird diese Nachwelt wohl einmal darin sehen. (ebd.)

Schon gleich zu Beginn seiner Erläuterungen betont Thomas Mann demnach den Charakter des *Zauberbergs* als Zeitroman, als zeitkritischer Diagnose der alteuropäischen bürgerlichen Gesellschaft am Vorabend des Ersten Weltkriegs, mithin der eigenen Zeitgeschichte und Zeitgenossenschaft des Autors. Dabei sei sein Gesamtwerk im Jahr 1939 schon über ein einziges repräsentatives Werk hinausgewachsen, im Gegensatz etwa zu dem Italiener „Dante – das ist die Divina Commedia" (GW XI, 603), oder eben zum Spanier „Cervantes – das ist der Don Quijote" (ebd.). Beide historischen Klassiker der Romanistik liefern Zeitbilder, Thomas Mann versucht mit seinem *Zauberberg* hingegen sogar das Gesetz der Zeit zu überwinden, indem er

Ein zeitphilosophischer und zeitgeschichtlicher Roman

Sandro Botticelli: Dante-Porträt (1495)

> sich an der Aufhebung der Zeit versucht, nämlich durch das Leitmotiv, die vor- und zurückdeutende magische Formel, die das Mittel ist, seiner inneren Gesamtheit in jedem Augenblick Präsenz zu verleihen. So hat auch das Lebenswerk als Ganzes seine Leitmotive, die dem Versuche dienen, Einheit zu schaffen, Einheit fühlbar zu machen und das Ganze im Einzelwerk gegenwärtig zu halten." (ebd.)

Die Leitmotive, als Erzähltechnik aus Wagners Kompositionstechnik inspiriert, sind das Statische im Fluss der Zeit, der erzählten Zeit der einzelnen Erzählungen Thomas Manns wie der Lebenszeit des Autors. Hans Castorp trägt wie

Hans im Glück seinen Märchennamen nicht ohne Grund. Die über „sieben Jahre" (GKFA 5.1, 10) der Romanhandlung machen ihn nach dem Hexen-Einmaleins zum zeitvergessenen „Siebenschläfer" (GKFA 5.1, 821). Am Ende der Romanhandlung wird auch der zeitlose Hans auf dem Berg dem „Besitz von Kalendern" (GKFA 5.1, 1074) und auch der Benutzung einer „Taschenuhr" (ebd.) entsagen.

Der Zauberberg im Kontext des Gesamtwerks

Mithilfe der Leitmotivtechnik wiederum schafft Thomas Mann ein Gesamtwerk, das als Gesamttext, als Makrotext im Sinne der italienischen Literaturtheoretikerin Maria Corti (1915–2002), geprägt ist von einzelnen Motiven. Bei Thomas Mann sind dies etwa gerade im Frühwerk Bilder aus Lübeck als geistiger Lebensform im Speziellen und dem hanseatischen Leben im Allgemeinen. Neben den *Buddenbrooks* betrifft dies etwa die Novelle *Der kleine Herr Friedemann* (1897), das hoffmanneske Nachtstück *Der Kleiderschrank* (1899) oder die im zu Lübeck gehörigen Travemünde angesiedelte Adoleszenzgeschichte *Wie Jappe und Do Escobar sich prügelten* (1911). Aber auch noch der Held des *Zauberbergs*, Hans Castorp, entstammt dem hanseatischen Kaufmannsmilieu wie sein Schöpfer Thomas Mann, diesmal aus der Freien und Hansestadt Hamburg, gleichsam der großen Schwester Lübecks. Zu anderen Werken ergeben sich ebenfalls (leit-)motivische und thematische Verbindungen im Gesamtwerk Thomas Manns, wie er selbst in der *Einführung in den Zauberberg* unterstreicht: „zur kritisch-polemischen Abhandlung *Betrachtungen eines Unpolitischen* und zum *Tod in Venedig* und – vorwärts – zu den *Joseph*-Romanen." (GW XI, 603 f.) Der in den ideologischen Gegenspielern, dem Jesuiten Naphta und dem Aufklärer Settembrini, personifizierte Gegensatz zwischen (tendenziell östlicher) Kultur und (tendenziell westlicher) Zivilisation verbindet den *Zauberberg*-Roman mit den *Betrachtungen eines Unpolitischen*. Der Gegensatz zwischen streng-apollinisch klassischer und dionysisch-rauschhafter Antike verquickt etwa das (alb-)traumhafte *Schnee-*

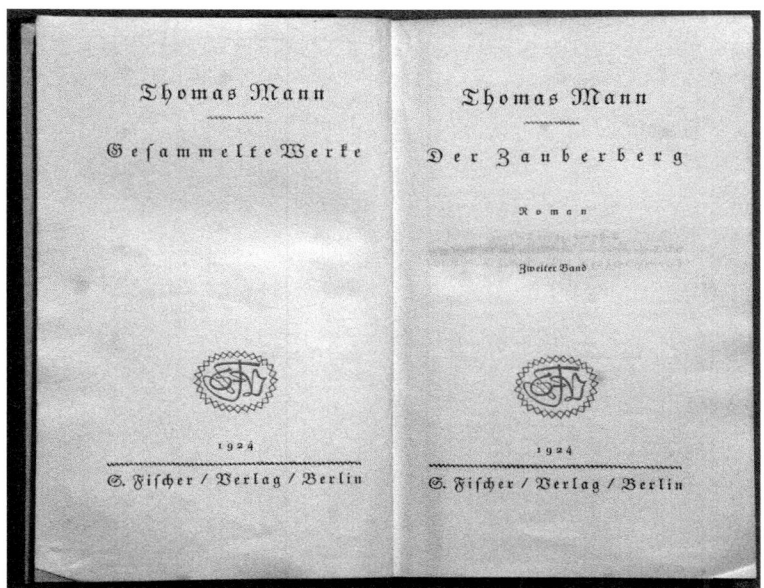

Titelblatt des *Zauberberg*-Romans von 1924

Kapitel des *Zauberbergs* mit seinem Kinder-Kannibalismus in einem hellen Hellas mit dem *Tod in Venedig* und seinen brutal-bacchantischen Traumsequenzen. Dieses Vordringen in urzeitliche Welten der Menschheitsgeschichte wird durch den Abstieg in den *Brunnen der Vergangenheit* des alten Ägyptens, den der Erzähler in den *Joseph*-Romanen vollzieht, noch einmal vertieft.

Zunächst jedoch versucht Thomas Mann vor den Princeton-Studenten das autobiografische Material zu offenbaren, das dem *Zauberberg* als Sanatoriumsroman zugrunde liegt. Das Sanatorium als modellhafter Lebens- und Rück-

In der Schweizer Heilanstalt – autobiografische Inspirationen

zugsraum des Bürgertums war Thomas Mann aus seiner Junggesellenzeit wohl schon bekannt, etwa das Sanatorium des Dr. Christoph Hartung von Hartungen in Riva (Gardasee), das als Vorbild der Heilanstalt ‚Einfried' in seiner *Tristan*-Novelle diente. Doch auch dem *Zauberberg* liegt eine „historisch-anekdotisch" (GW XI, 604) zu nennende eigene Erfahrung zugrunde:

> Im Jahre 1912 [...] war meine Frau an einer [...] Lungenaffektion erkrankt, die sie immerhin nötigte, ein halbes Jahr [...] in einem Sanatorium des Schweizer Kurorts Davos, zu verbringen. [...] im Mai und Juni des Jahres besuchte ich meine Frau dort oben für einige Wochen, und wenn Sie das Kapitel am Anfang des *Zauberbergs* lesen, das *Ankunft* überschrieben ist, wo [...] die ersten Kostproben [...] von der Atmosphäre des Ortes und dem Leben ‚bei uns hier oben' empfängt, – wenn Sie dieses Kapitel lesen, so haben Sie eine ziemlich genaue Beschreibung unseres Wiedersehens in dieser Sphäre und meiner eigenen wunderlichen Eindrücke von damals." (GW XI, 604)

Drei Wochen verbrachte der Autor auf jenem luxuriösen Schweizer Berghof im wortwörtlich morbiden „Davoser Krankenmilieu" (ebd.), die Zeit, die auch sein hanseatischer Held Hans Castorp ursprünglich für seinen Aufenthalt eingeplant hatte, „aus denen für ihn die sieben Märchenjahre seiner Verzauberung werden" (ebd.) sollten. Die Hexenzahl Sieben, die auch in den sieben Tischen im Speisesaal wieder auftaucht, bestimmt den Aufenthalt des jungen Bürgersohns auf dem verzauberten Berg. Den Begriff *Zauberberg* hat der Autor unter anderem aus der Gespensternovelle *Das Marmorbild* (1818) von Joseph von Eichendorff übernommen, wo eine teuflische Venusstatue einem unerfahrenen Jüngling zusetzt. Was die konkreten Erfahrungen des Autors Thomas Mann betrifft, so sind diese allerdings eher profan-medizinischer Natur:

> Ich befand mich etwa zehn Tage dort oben, als ich mir […] einen lästigen Katarrh der oberen Luftwege zuzog. […] Der Chef, der, wie Sie sich denken können, meinem Hofrat Behrens in Äußerlichkeiten ein wenig ähnlich sah, beklopfte mich und stellte […] einen kranken Punkt an meiner Lunge fest, die, wenn ich Hans Castorp gewesen wäre, vielleicht meinem ganzen Leben eine andere Wendung gegeben hätte. Der Arzt versicherte mir, ich würde sehr klug handeln, mich für ein halbes Jahr hier oben in die Kur zu begeben, und wenn ich seinem Rat gefolgt wäre, wer weiß, vielleicht läge ich noch immer dort oben. Ich habe es vorgezogen, den *Zauberberg* zu schreiben. (GW IX, 605)

Die Entscheidung des Schriftstellers zum Arbeitsleben am Schreibtisch im Flachland im Gegensatz zum trägen Lotterleben im mondänen Schweizer Kurort kommt nicht von ungefähr. Wie sich zumindest im Roman herausstellt, ist die medizinische Objektivität dieser Diagnostik nämlich nicht ganz ungetrübt. Die Schicksalswende des Protagonisten Hans wird nämlich durch ein ganz profanes wirtschaftliches Interesse des ärztlichen Personals mit verantwortet: Das Sanatorium ist ein Wirtschaftsunternehmen, das möglichst viele zahlungskräftige Kunden auf Dauer an sich binden will. Sozialgeschichtlich aufschlussreich für das Epochenbild des Fin de Siècle sind auch die dann folgenden Bemerkungen in der *Einführung in den Zauberberg*. Es handelt sich um eindringliche Warnungen Thomas Manns vor dem Sanatoriumsmilieu mit seinen Verführungen zu jahrelangem Bummelantentum auf Bergeshöhen, die er vor seinen jungen US-amerikanischen Zuhörern im Jahr 1939 ausspricht. Schließlich ist

Sittenbild der dekadenten Belle Époque

> Tuberkulose […] eine Jugendkrankheit […]. Diese Krankenwelt dort oben ist von einer Geschlossenheit und einer einspinnenden Kraft, die Sie ein wenig gespürt haben werden, indem Sie meinen Roman lasen. […] Luxu-

riös ist oder war alles dort oben, auch der Begriff der Zeit. […] Nach einem halben Jahr aber hat der junge Mensch nichts anderes mehr im Kopf als die Temperatur unter seiner Zunge und den Flirt. […] Er wird endgültig untauglich für das Leben im Flachland geworden sein. Es handelt oder handelte sich bei diesen Instituten um eine typische Erscheinung der Vorkriegszeit, nur denkbar bei einer noch intakten kapitalistischen Wirtschaftsform. (GW XI, 605 f.)

Nach der Industrialisierung des 19. Jahrhunderts vermehrten sich die bürgerlichen Vermögen nicht nur durch tätigen Erwerb, sondern arbeiteten auch durch Zinsen und die steigenden Aktien gleichsam für sich selbst. Nur in dieser Belle Époque war einer ausreichenden Zahl von Menschen die Finanzierung eines solchen kostspieligen Sanatoriumsaufenthaltes überhaupt möglich. Dieser wirtschafts- und sozialgeschichtliche Umstand ist dem Exilanten Thomas Mann 1939, nach dem Zusammenbruch der Vorkriegsordnung, durchaus klar. Er unterstreicht daher, dass es „nur unter jenen Verhältnissen möglich" war, „dass die Patienten auf Kosten ihrer Familien Jahre lang oder auch ad infinitum dies Leben führen konnten. Es ist heute zu Ende oder so gut wie zu Ende damit." (GW XI, 606) Thomas Mann ist sich dessen sehr bewusst:

Der *Zauberberg* ist zum Schwanengesang dieser Existenzform geworden […] und vielleicht ist es etwas wie ein Gesetz, daß epische Schilderungen eine Lebensform abschließen, und daß sie nach ihnen verschwindet. Heute [ist] die Mehrzahl der schweizerischen Hochgebirgssanatorien […] zu Sporthotels geworden. (ebd.)

Das neue Jahrhundert wurde zum Zeitalter des Sports, eines mit dieser Beschäftigung neu erfundenen Begriffs. Nicht edles Leiden und vornehme Blässe, sondern körperliche, auch militärische Bewährung prägen das zerstörerisch dynamische 20. Jahrhundert. Das wird sich zuletzt auch am wahrscheinlichen Kriegsschicksal des Hans Castorp in den Materialschlachten vor Ypern erweisen.

Vom sozialen und medizingeschichtlichen Hintergrund seines Erzählens kommt Thomas Mann im weiteren Verlauf seiner *Einführung in den Zauberberg* zur literarischen Produktion selbst. Als Novellist hatte der Autor in den neunziger Jahren des 19. Jahrhunderts seine literarische Laufbahn begonnen, und auch seine späteren Großromane entwickeln sich mit der Eigendynamik von Stoff und Werk zumeist aus Novellenprojekten. So war der *Zauberberg*-Roman zunächst als „ein humoristisches Gegenstück zum *Tod in Venedig*" geplant,

Eigendynamik eines Großwerks

> ein Gegenstück auch dem Umfang nach, also eine nur etwas ausgedehnte short story. Sie war gedacht als ein Satyrspiel zu der tragischen Novelle, die ich eben beendete. Ihre Atmosphäre sollte die Mischung von Tod und Amüsement sein, die ich an dem sonderbaren Ort hier oben erprobt hatte. (GW XI, 606 f.)

Romantische Todesnähe und verführerische Erotik sollten sich – ganz wie auf dem zeitvergessenen Venusberg in Wagners *Tannhäuser*-Oper – auch in der modernen Schweizer Bergwelt vereinen. Allein die Erotik ist neben der komplexen Sozialstruktur des alteuropäischen Bürgertums schon ein weites Feld und so kann es auch im Falle des *Zauberberg*-Stoffs nicht in Erstaunen versetzen, dass „die Unterschätzung eines Unternehmens [...] vielleicht nicht nur bei" Thomas Manns Schaffen „eine immer wiederkehrende Erfahrung [ist]. Bei der Konzeption erscheint eine Arbeit in harmlosem, einfachem und praktischem Licht. Sie scheint keine große Mühe und Ausführung zu erfordern."

(GW XI, 607). Dann jedoch tritt eine Eigendynamik des Werks hinzu. Unter tiefenpsychologischer Perspektive entdeckt Thomas Mann hier einen

> notwendigen produktiven Selbstbetrug. Machte man sich alle Möglichkeiten und Schwierigkeiten eines Werkes im voraus klar und kennte man seinen eigenen Willen, der sich von dem des Autors häufig gar sehr unterscheidet, so ließe man wohl die Arme sinken und hätte gar nicht den Mut zu beginnen. Ein Werk hat unter Umständen seinen eigenen Ehrgeiz, der den des Autors weit übertreffen mag, und das ist gut so. (GW XI, 607 f.)

Der französische Philosoph Michel Foucault (1926–1984)

Die Differenz zwischen Ich und Autor, die Thomas Mann hier konstruiert, verweist in Verbindung mit der These einer Eigendynamik des Werks – wie andere Aspekte in Thomas Manns Werk auch – voraus auf postmoderne Theorien französischer Philosophen, vor allem von Michel Foucault. Sie unterstreichen im weiteren Verlauf des 20. Jahrhunderts eine Selbstständigkeit des Textes, der, eingebunden in eine kursierende Wissensströmung, den Diskurs, einen machtvollen Eigenwert gegenüber der Person des Autors behauptet. Auch aus diesen Zusammenhängen wächst das Riesenwerk des *Zauberbergs*, einer in der Erstauflage in „zwölfhundert Seiten ausgebreiteten Gedankenkomposition" (ebd.), heran:

> „Seines Liedes Riesenteppich – zweimalhunderttausend Verse": diese Wendung aus Heines *Firdusi* war mein Lieblingszitat während der Arbeit gewesen und dann jenes Goethesche „Daß du nicht enden kannst, das macht dich groß" […]. (ebd.)

Mit diesen Zitaten aus den Werken zweier lebenslanger Leitautoren, Heines Gedicht *Der Dichter Firdusi* auf einen altpersischen Poeten (940–1020) und Goethes Lehrpoem *Unbegrenzt* aus dem orientalistischen *West-Östlichen Divan*, reiht Thomas Mann seinen Zeitroman über den engeren Werk- und Zeitkontext hinaus in die Traditionsstränge der Weltliteratur ein.

Der Goethe'sche Bezug zur Alchemie wird vor allem in der Symbolik seines *Märchens* und in den Menschenexperimenten von Fausts Assistent Wagner in *Faust II* thematisiert. Zu ihm gehört das Problem der erzählerischen Komposition des *Zauberberg*-Romans. Die doppelte Optik liegt als Prinzip fast allen Fiktionen Thomas Manns zugrunde. Gemäß ihr stellt der Autor nun den jugendlichen Zuhörern „eine sehr arrogante Forderung, nämlich die, dass man" das Buch vom *Zauberberg* „zweimal lesen soll." (ebd.) Die einfache Handlungsebene des Romans, fixiert in der Zeit und der Gesellschaft vor 1914, die „Kritik der Sanatoriumstherapie" und ihres ausbeuterischen Charakters, ist für ihn ein „Vordergrund, einer der Vordergründe des Buches" (GW XI, 613). Daneben ergeben sich in diesem Werk jedoch – wie etwa auch im späteren *Felix-Krull*-Roman – vielfache motivisch-symbolische Bezüge. Die mittelalterlichen Schriftgelehrten bezeichneten dies als eigene symboldeutend vertiefte Sinnebene, als ‚sensus allegoricus', den sie der realistisch gezeichneten Handlungsoberfläche eines Textes, dem ‚sensus litteralis', unterlegten. Die Erzählung vom *Zauberberg* mit ihrem mehrfachen Schriftsinn

Mehrfacher Schriftsinn im Zeitroman

> arbeitet wohl mit den Mitteln des realistischen Romanes, aber sie ist kein solcher, sie geht beständig über das Realistische hinaus, indem sie es symbolisch steigert und transparent macht für das Geistige und Ideelle. Schon in der Behandlung ihrer Figuren tut sie das, die für das Gefühl des Lesers alle mehr sind als sie scheinen: sie sind lauter Exponenten, Repräsentanten und Sendboten geistiger Bezirke, Prinzipien und Welten. Ich hoffe, sie sind deswegen keine Schatten und wandelnde Allegorien. (GW XI, 612)

In diesen allegorischen, also sinnbildlichen Reihungen liegt ein musikalisches Element verborgen, dass – wie so vieles in Thomas Manns Denken und Schreiben – auf Richard Wagner verweist:

> Nicht zufällig gebrauchte ich das Wort Komposition, das man gewöhnlich der Musik vorbehält. Die Musik hat von jeher stark stilbildend in meine Arbeit hineingewirkt. […] Der Roman war mir immer eine Symphonie, […] ein Themengewebe, worin die Ideen die Rolle musikalischer Motive spielen. […] besonders folgte ich Wagner auch in der Benützung des Leitmotivs, das ich in die Erzählung übertrug, und zwar nicht […] auf eine bloß naturalistisch-charakterisierende, sozusagen mechanische Weise, sondern in der symbolischen Art der Musik. (GW XI, 611)

Thomas Mann betont nicht allein die Parallelen zwischen Schriftstellerei und ihren Setzungen und der Tondichtung. Er betont darüber hinaus auch, dass durch das Statische der Motivtechnik der Fluss der Zeit überwunden werden kann, dass Erzählzeit wie erzählte Zeit eines erzählerischen Textes ihrer alltäglichen Gesetzmäßigkeit enthoben werden können. So wird das Zeitgeschichtliche des Romans auf komplizierte Weise mit den Theoremen der Zeitphilosophie verwoben. Überhaupt ist es

> das Mysterium der Zeit, mit dem der Roman auf mehrfache Weise sich abgibt. Er ist ein Zeitroman in doppeltem Sinn: einmal historisch, indem er das innere Bild einer Epoche, der europäischen Vorkriegszeit, zu entwerfen versucht, dann aber, weil die reine Zeit selbst sein Gegenstand ist, den er nicht nur als die Erfahrung seines Helden, sondern auch in und durch sich selbst behandelt. Das Buch ist selbst das, wovon es erzählt; denn indem es die hermetische Verzauberung seines jungen Helden ins Zeitlose schildert, strebt es selbst durch seine künstlerischen Mittel die Aufhebung

der Zeit an durch den Versuch, der musikalisch-ideellen Gesamtwelt, die es umfasst, in jedem Augenblick volle Präsenz zu verleihen und ein magisches „nunc stans" herzustellen. (GW XI, 611 f.)

‚Was aber ist die Zeit?' – diese Frage aus den *Bekenntnissen* des spätantiken Kirchenvaters Augustinus, die später auch dem *Felix-Krull*-Roman Pate standen, wird auf dem *Zauberberg* vielfach variiert.

Die Aufhebung des alltäglichen Zeitbewusstseins ist verbunden mit der Erhebung, der ‚Steigerung' eines eigentlich sehr durchschnittlichen Helden aus der Ebene hin zu philosophischen Höhen. Das erfolgt ganz nach den Maßgaben des traditionellen Bildungsromans, den der *Zauberberg* indes eher parodiert, weil sein Held letztlich zu zerstreut ist, um nachhaltig gebildet zu werden.

In seinem Vortrag erwähnt der Autor überdies *The Quester Hero. Myth and Universal Symbol in the Works of Thomas Mann*, „einen Essay des damals neunzehnjährigen Howard Nemerov, eines Studenten am Harvard College, der später ein distinguierter Poet und Literaturkritiker wurde." (Vaget 2011, S. 282) Es kann angesichts der lebenslangen Affinität Thomas Manns zu Wagner nicht verwundern, dass „der Autor freudig zustimmte", wenn Nemerov „Hans Castorp, den Helden des Romans, als einen Gralssucher" (ebd.) wie den Opernhelden Parsifal deutete. Auf diese Weise wird der *Zauberberg* zur ‚Quester Legend', zu einer Legende über einen die Welt und die Weisen, wie etwa die intellektuellen Kontrahenten Naphta und Settembrini, fragenden „guileless fool" (GW XI, 615). Dies meint zu Deutsch einen arglosen Toren, dem aber durchaus auch faustische Züge zukommen (ebd.). Aktualisiert wird diese Idee der Initiation in den Geheimlogen, und „nicht umsonst auch spielen die Freimaurerei und ihre Mysterien so stark in den *Zauberberg* hinein, denn die Maurerei ist der direkte Abkömmling der alten Initiationsriten" (ebd.). Die Freimaurerei wiederum wird unter den Romanfiguren durch Hans Castorps Lehrer Settembrini und dessen Fortschrittsglauben repräsentiert. Was aber ist im modernen Bildungsroman der Gral, die Essenz höchster Weisheit? Durchaus zum Fortschrittsmann Settembrini passend, sieht Thomas Mann darin „die Idee des Menschen, die Konzeption einer zukünftigen, durch tiefstes Wissen um Krankheit und Tod hindurchgegangenen Humanität. Der Gral ist ein Geheimnis, aber auch die Humanität ist das. Denn der Mensch selbst ist ein Geheimnis, und alle Humanität beruht auf Ehrfurcht vor dem Geheimnis des Menschen." (GW XI, 617) Diese erahnt Hans (im Glück) dunkel bei seinem Schneeabenteuer „in tödlichen Höhen" (ebd.), die in ihrer Erhabenheit das Menschengemäße und -mögliche fast übersteigen. Bald darauf wird die politische Inhumanität die jungen amerikanischen Zuhörer Thomas Manns nach dem ersten „Weltfest des Todes" als Soldaten in einen neuen Weltkrieg, eine noch gesteigerte „europäische Katastrophe" (ebd.) zwingen, wo doch der Gralssucher Hans sein Leben möglicherweise im vorherigen schon opfern musste. Die jungen Amerikaner indes werden, zusammen mit Klaus Mann, dem Sohn des Autors, als Befreier aus dem Westen kommen.

Klaus Mann beim
Militärdienst in Italien
1944

Thomas Mann am 14.4.1945

Literatur in Auswahl

Ausgaben

Mann, Thomas: *Große Kommentierte Frankfurter Ausgabe. Werke – Briefe – Tagebücher*. Hg. von Heinrich Detering, Eckhard Heftrich, Hermann Kurzke et al. Frankfurt am Main 2001ff. [GKFA]

Mann, Thomas: *Gesammelte Werke in dreizehn Bänden*. Frankfurt am Main 1990 [GW]

Mann, Thomas: *Briefe*. 3 Bde. Hg. von Erika Mann. Frankfurt am Main 1979 [Briefe]

Mann, Thomas: *Im Schatten Wagners. Thomas Mann über Richard Wagner. Texte und Zeugnisse*. Ausgewählt, kommentiert und mit einem Essay von Hans Rudolf Vaget. Frankfurt am Main 2010

Hansen, Volkmar/Heine, Gert (Hg.): *Frage und Antwort. Interviews mit Thomas Mann*. Hamburg 1983

Mann, Thomas: *Tagebücher 1918–1921*. Hg. von Peter de Mendelssohn. Frankfurt am Main 1979 [TB]

Mann, Thomas: *Tagebücher 1933–1934*. Hg. von Peter de Mendelssohn. Frankfurt am Main 1977

Mann, Thomas: *Tagebücher 1937–1939*. Hg. von Peter de Mendelssohn. Frankfurt am Main 1980

Mann, Thomas: *Tagebücher 1945–1946*. Hg. von Inge Jens. Frankfurt am Main 1986

Mann, Thomas: *Tagebücher 1946–1948*. Hg. von Inge Jens. Frankfurt am Main 1989

Mann, Thomas: *Tagebücher 1951–1952*. Hg. von Inge Jens. Frankfurt am Main 1993

Mann, Thomas: *Tagebücher 1953–1955*. Hg. von Inge Jens. Frankfurt am Main 1995

Biografien

Eloesser, Arthur: *Thomas Mann. Sein Leben und sein Werk*. Berlin 1925

Harpprecht, Klaus: *Thomas Mann. Eine Biographie*. Reinbek 1995

Hilscher, Eberhard: *Thomas Mann. Leben und Werk*. Berlin (Ost) 1986

Kurzke, Hermann: *Thomas Mann. Das Leben als Kunstwerk*. München 1999

Kurzke, Hermann: *Thomas Mann. Ein Porträt für seine Leser*. München 2009

Lahme, Tilmann: *Die Manns. Geschichte einer Familie*. Frankfurt am Main 2015

Mendelssohn, Peter de: *Der Zauberer. Das Leben des deutschen Schriftstellers Thomas Mann*. 3 Bände. Frankfurt am Main 1997

Prater, Donald A.: *Thomas Mann. Deutscher und Weltbürger. Biographie*. München/Wien 1995

Einführungen und allgemeine Darstellungen zu Leben und Werk

Anton, Herbert: *Die Romankunst Thomas Manns*. Paderborn 1992

Bastek, Alexander/Pfäfflin, Anna Marie (Hg.): *Thomas Mann und die bildende Kunst*. Petersberg 2014

Literatur

Breloer, Heinrich/Königstein, Horst: *Die Manns. Ein Jahrhundertroman.* Frankfurt am Main 2001

Detering, Heinrich: *Das offene Geheimnis. Zur literarischen Produktivität eines Tabus von Winckelmann bis zu Thomas Mann.* Göttingen 2002

Detering, Heinrich: *Thomas Manns amerikanische Religion. Theologie, Politik und Literatur im kalifornischen Exil.* Frankfurt am Main 2012

Elsaghe, Yahya: *Thomas Mann auf Leinwand und Bildschirm. Zur deutschen Aneignung seines Erzählwerks in der langen Nachkriegszeit.* Berlin 2019

Görner, Rüdiger: *Thomas Manns erzählte Welt. Studien zu einem Verfahren.* Stuttgart 2018

Härle, Gerhard: *Männerweiblichkeit. Zur Homosexualität bei Klaus und Thomas Mann.* Frankfurt am Main 1993

Kolbe, Jürgen (Hg.): *‚Heller Zauber'. Thomas Mann in München 1894–1933.* Berlin 1987

Koopmann, Helmut: *Thomas Mann – Heinrich Mann. Die ungleichen Brüder.* München 2005b

Kurwinkel, Tobias: *Apollinisches Außenseitertum. Konfigurationen von Thomas Manns ‚Grundmotiv' in Erzähltexten und Filmadaptionen des Frühwerks.* Würzburg 2011

Mádl, Jan/Győri, Judit (Hg.): *Thomas Mann und Ungarn.* Budapest 1977

Mayer, Hans: *Thomas Mann.* Frankfurt am Main 1984

Mendelssohn, Peter de: *Nachbemerkungen zu Thomas Mann 1. Buddenbrooks, Der Zauberberg, Doktor Faustus, Der Erwählte.* Frankfurt am Main 1982

Reich-Ranicki, Marcel: *Was halten Sie von Thomas Mann? Achtzehn Autoren antworten.* Frankfurt am Main *1986*

Reich-Ranicki, Marcel: *Thomas Mann und die Seinen.* Stuttgart 1987

Ridley, Hugh/Vogt, Jochen: *Thomas Mann.* Paderborn 2009 (= UTB-Profile)

Sprecher, Thomas/Gutbrodt, Fritz (Hg.): *Die Familie Mann in Kilchberg*. München 2000

Tworek, Elisabeth: *Literarisches München zur Zeit von Thomas Mann. Bilder, Dokumente, Kommentare*. Regensburg 2016

Vaget, Hans Rudolf: *Thomas Mann, der Amerikaner*. Frankfurt am Main 2011

Valentin, Sonja: ‚*Steine in Hitlers Fenster'. Thomas Manns Radiosendungen Deutsche Hörer 1940–1945*. Göttingen 2015

Wysling, Hans/Schmidlin, Yvonne: *Thomas Mann. Ein Leben in Bildern*. Zürich 1994

Neuere Aufsatzsammlungen

Börnchen, Stefan/Liebrand, Claudia (Hg.): *Apokrypher Avantgardismus. Thomas Mann und die Klassische Moderne*. München 2008

Börnchen, Stefan/Mein, Georg/Schmidt, Gary (Hg.): *Thomas Mann. Neue kulturwissenschaftliche Lektüren*. München 2012

Detering, Heinrich/Stephan Stachorski (Hg.): *Thomas Mann. Neue Wege der Forschung*. Darmstadt 2008

Wortmann, Thomas/Zilles, Sebastian (Hg.): *Homme Fragile. Männlichkeitsentwürfe in den Texten von Heinrich und Thomas Mann*. Würzburg 2016

Handbücher zum Gesamtwerk

Blödorn, Andreas/Marx, Friedhelm (Hg.): *Thomas-Mann-Handbuch. Leben – Werk – Wirkung*. Stuttgart 2015

Bürgin, Hans/Mayer, Hans-Otto: *Thomas Mann. Eine Chronik seines Lebens*. Frankfurt am Main 1980

Karthaus, Ulrich: *Thomas Mann. Literaturwissen für Schule und Studium*. Stuttgart 1994

Koopmann, Helmut (Hg.): *Thomas-Mann-Handbuch*. Frankfurt am Main 2005

Kurzke, Hermann: *Thomas Mann. Epoche – Werk – Wirkung.* München 2010 (= Arbeitsbücher zur Literaturgeschichte)

Schöll, Julia: *Einführung in das Werk Thomas Manns.* Darmstadt 2013

Literatur zu einzelnen Themenkomplexen

Literatur zu Thomas Mann und Heinrich Heine

Hansen, Volkmar: *Thomas Manns Verhältnis zu Heinrich Heine.* In: *Düsseldorfer Beiträge zur Thomas-Mann-Forschung.* Bd. 1. Hg. von Miriam Albracht, Sebastian Hansen et al. Düsseldorf 2011, S. 15–36

Hansen, Volkmar: *Thomas Manns Heine-Rezeption* (Dissertation). Hamburg 1975

Literatur zu Thomas Mann und zur Musik (Richard Wagners)

Krämer, Jörg: *„Ich weiß Bescheid". Thomas Mann über Richard Wagner, vonseiten der Musik betrachtet.* In: *Wagnerspectrum*, 2/2011, S. 37–64 (Themenheft: *Thomas Mann und Wagner*)

Mertens, Volker: *Groß ist das Geheimnis. Thomas Mann und die Musik.* Leipzig 2006

Scherliess, Volker: *Thomas Manns Tristan-Parodie. „Wagner in verjüngten Proportionen".* In: *Liebe ohne Glauben. Thomas Mann und Richard Wagner.* Hg. von Holger Pils und Christina Ulrich. Göttingen 2011, S. 50–64

Vaget, Hans Rudolf: *Seelenzauber. Thomas Mann und die Musik.* Frankfurt am Main 2006

Vaget, Hans Rudolf: *Wagner im Spiegel Heinrich und Thomas Manns.* In: *Wagnerspectrum*, 2/2011, S. 115–136 (Themenheft: *Thomas Mann und Wagner*)

Vaget, Hans Rudolf: *‚Wehvolles Erbe': Richard Wagner in Deutschland. Hitler, Knappertsbusch, Mann.* Frankfurt am Main 2017

Literatur zu einzelnen Erzähltexten

Luischen, Der kleine Herr Friedemann

Lange-Kirchheim, Astrid: *Maskerade und Performanz. Vom Stigma zur Provokation der Geschlechterordnung. Thomas Manns* Der kleine Herr Friedemann und Luischen. In: *Apokrypher Avantgardismus. Thomas Mann und die Klassische Moderne.* Hg. von Claudia Liebrand und Stefan Börnchen. München 2008, S. 184–224

Buddenbrooks

Blödorn, Andreas: *Thomas Mann: Buddenbrooks.* In: *Thomas-Mann-Handbuch. Leben – Werk – Wirkung.* Hg. von Andreas Blödorn und Friedhelm Marx. Stuttgart 2015, S. 13–25

Dräger, Hartwig (Hg.): *Buddenbrooks. Dichtung und Wirklichkeit. Bilddokumente.* Lübeck 1993

Eickhölter, Manfred/Wiskirchen, Hans (Hg.): *Buddenbrooks. Neue Blicke in ein altes Buch.* Lübeck 2000

Heller, Erich: *Pessimismus und Genialität.* In: *Thomas Mann. Der ironische Deutsche.* Hg. von Erich Heller. Frankfurt 1975 (1959), S. 9–60

Mattern, Nicole/Neuhaus, Stefan: *Buddenbrooks-Handbuch.* Stuttgart 2018

Moulden, Ken/Wilpert, Gero von (Hg.): *Buddenbrooks-Handbuch.* Stuttgart 1988

Vogt, Jochen: *Thomas Manns Buddenbrooks.* München 1983

Gladius Dei

Frühwald, Wolfgang: „Der christliche Jüngling im Kunstladen". Milieu- und Stilparodie in Thomas Manns Erzählung Gladius Dei. In: *Bild und Gedanke. Festschrift für Gerhart Baumann zum 60. Geburtstag.* Hg. von Günter Schnitzler. München 1980, S. 324–342

Füllmann, Rolf: *Thomas Manns Gladius Dei. Die Absage an die anachronistische Neorenaissance als negative Technologie des Selbst*. In: ders.: *Die Novelle der Neorenaissance zwischen „Gründerzeit" und „Untergang" (1870–1945). Reflexionen im Rückspiegel*. Marburg 2016b (= Reihe Literaturwissenschaft Band 38), S. 275–310

Tonio Kröger

Bellmann, Werner: *Thomas Mann: Tonio Kröger. Erläuterungen und Dokumente*. Durchges. und ergänzte Ausgabe. Stuttgart 2001

Blödorn, Andreas: *Von der Queer Theory zur Methode eines Queer Reading: Tonio Krögers verquere ‚Normalität' (Queer Studies)*. In: *Vom Nutzen und Nachteil der Theorie für die Lektüre. Das Werk Thomas Manns im Lichte neuer Literaturtheorien*. Hg. von Tim Lörke und Christian Müller. Würzburg 2006, S. 129–146

Kurzke, Hermann: *Thomas Mann Tonio Kröger.* Ditzingen 1995 (= Interpretationen: Erzählungen des 20. Jahrhunderts, Bd. 1), S. 38–54

Das Eisenbahnunglück

Füllmann, Rolf: *Eisenbahnunglücke: Technik als Schicksal auf Schienen in Novellen von Wilhelm Schäfer, Paul Ernst und Thomas Mann*. In: *Inklings – Jahrbuch für Literatur und Ästhetik* 25 (2007), S. 185–211

Tristan

Galor, Jehuda: *Wie man wird, was man ist. Zur Tristan-Novelle Thomas Manns*. In: *Thomas Mann. Romane und Erzählungen*. Hg. von Volkmar Hansen. Stuttgart 1993, S. 47–67

Hamacher, Bernd: *Tristan*. In: *Thomas-Mann-Handbuch. Leben – Werk – Wirkung*. Hg. von Andreas Blödorn und Friedhelm Marx. Stuttgart 2015, S. 114–116

Königliche Hoheit

Detering, Heinrich: *Königliche Hoheit. Thomas Manns Märchen-Roman.* Bonn 2010

Der Tod in Venedig

Bergdolt, Klaus: *Stadt der Gesundheit, Stadt des Todes. Aschenbachs Vorläufer und die ‚Zweideutigkeit' Venedigs.* In: *Auf schwankendem Grund. Dekadenz und Tod im Venedig der Moderne.* Hg. von Sabine Meine et al. Paderborn 2014, S. 17–36

Blamberger, Günter: *Kippfiguren: Thomas Manns Todesbilder.* In: *Auf schwankendem Grund. Dekadenz und Tod im Venedig der Moderne.* Hg. von Sabine Meine et al. Paderborn 2014, S. 37–48

Boschung, Dietrich: *Der Tod und der Jüngling: Tadzios antike Präfigurationen.* In: *Auf schwankendem Grund. Dekadenz und Tod im Venedig der Moderne.* Hg. von Sabine Meine et al. Paderborn 2014, S. 131–144

Füllmann, Rolf: *Death penalty or 'Death and transfiguration'? Thomas Mann's 'Death in Venice' and its reception in English-language literature ('Ganymede' by Daphne du Maurier).* In: *Queer Stories of Europe.* Hg. von Karlis Verdins und Janis Ozolins. Newcastle upon Tyne 2016a, S. 81–99

Koné, Christoph: *Aschenbach's Homovisual Desire Scopophilia in Der Tod in Venedig by Thomas Mann.* In: *Thomas Mann: Neue kulturwissenschaftliche Lektüren.* Hg. von Stefan Börnchen *et al.* Paderborn 2012, S. 95–106

Koopmann, Helmut: *Faust reist an den Lido.* In: *Thomas Mann: Der Tod in Venedig.* Hg. von Frank Baron und Gert Sautermeister. Lübeck 2003, S. 101–117

Nies, Martin: *‚Die unwahrscheinlichste der Städte': Raum als Zeichen in Thomas Manns Tod in Venedig.* In: *„Wollust des Untergangs". 100 Jahre Thomas Manns Der Tod in Venedig.* Katalog zur Ausstellung im Buddenbrookhaus zu Lübeck 03.02.–28.05.2012. Hg. von Holger Pils und Kerstin Klein. Göttingen 2012, S. 10–21

Tobin, Robert Deam: *Queering Thomas Mann's Tod in Venedig*. In: *Thomas Mann: Neue kulturwissenschaftliche Lektüren*. Hg. von Stefan Börnchen et al. Paderborn 2012, S. 67–80

Der Zauberberg

Gutmann, Helmut: *Das Musikkapitel in Thomas Manns Zauberberg*. In: *The German Quarterly* 47 (1974), S. 415–431

Heftrich, Eckard: *Zauberbergmusik*. Frankfurt am Main 1975

Kablitz, Andreas: *Der Zauberberg. Die Zergliederung der Welt*. Heidelberg 2017

Kesting, Hanjo: *Krankheit zum Tode. Musik und Ideologie*. In: *Text + Kritik*. Sonderband: *Thomas Mann*. München 1976, S. 27–44

Könneker, Carsten: *Raum der Zeitlosigkeit. Thomas Manns Zauberberg und die Relativitätstheorie*. In: *Thomas-Mann-Jahrbuch* 14 (2001), S. 213–224

Kristiansen, Borge: *Zu Bedeutung und Funktion der Settembrini-Gestalt in Thomas Manns Zauberberg*. In: *Gedenkschrift für Thomas Mann*. Hg. von Rolf Wiecker. Kopenhagen 1975, S. 95–135

Kurzke, Hermann: *Wie konservativ ist der Zauberberg?* In: *Gedenkschrift für Thomas Mann*. Hg. von Rolf Wiecker. Kopenhagen 1975, S. 137–159

Langer, Daniela: *Erläuterungen und Dokumente zu Thomas Mann: Der Zauberberg*. Stuttgart 2009

Mario und der Zauberer

Füllmann, Rolf: *Mario und der Zauberer*. In: Ders.: *Einführung in die Novelle*. Darmstadt 2010, S. 125–133

Koopmann, Helmut: *Führerwille und Massenstimmung: Mario und der Zauberer*. In: *Thomas Mann. Romane und Erzählungen*. Hg. von Volkmar Hansen. Stuttgart 1993, S. 151–185

Liebrand, Claudia: *Queering the Tradition. Thomas Manns Novelle Mario und der Zauberer und Boccaccios Decamerone*. In: *Thomas Mann. Neue Kulturwissenschaftliche Lektüren*. Hg. von Stefan Börnchen, Georg Mein und Gary Schmidt. München 2012, S. 353–369

Pils, Holger/Ulrich, Christina (Hg.): *Thomas Manns Mario und der Zauberer*. Lübeck 2010

Unordnung und frühes Leid

Fertig, Ludwig: *Vor-Leben. Bekenntnis und Erziehung bei Thomas Mann*. Darmstadt 1994

Füllmann, Rolf: *Unordnung und frühes Leid. Die tiefe Kluft zwischen den Generationen nach 1914 bei Thomas Mann und seinem Umfeld*. In: Ders.: *Alte Zöpfe und Vatermörder. Mode- und Stilmotive in der literarischen Inszenierung der historisch-politischen Umbrüche von 1789 und 1914*. Bielefeld 2008, S. 386–465

Hoffmeister, Werner: *Thomas Manns Unordnung und frühes Leid: Neue Gesellschaft, neue Geselligkeit*. In: *Monatshefte für deutschen Unterricht, deutsche Sprache und Literatur* 82 (2/1990), S. 157–176

Das biblische Werk

Assmann, Jan: *Thomas Mann und Ägypten. Mythos und Monotheismus in den Josephsromanen*. München 2006

Bauer, Matthias/Kasper, Nils (Hg.): *Zwischen Mythos und Moderne. Thomas Manns Josephs-Tetralogie*. Bielefeld 2019

Hamburger, Käte: *Thomas Manns biblisches Werk. Der Joseph-Roman, die Moses-Erzählung Das Gesetz*. München 1981

Doktor Faustus

Börnchen, Stefan: *Kryptenhall. Allegorien von Schrift, Stimme und Musik in Thomas Manns Doktor Faustus*. München 2006

Detering, Heinrich/Marx, Friedhelm/Sprecher, Thomas (Hg.): *Thomas Manns Doktor Faustus – neue Ansichten, neue Einsichten*. Frankfurt am Main 2013

Schmidt, Jochen: *Thomas Mann: Dekadenz und Genie*. In: Ders.: *Die Geschichte des Genie-Gedankens in der deutschen Literatur, Philosophie und Politik 1750–1945*. Bd. 2. Darmstadt 1985, S. 238–277

Wißkirchen, Hans/Sprecher, Thomas (Hg.): *„und was werden die Deutschen sagen?" Thomas Manns Roman Doktor Faustus*. Lübeck 1997

Bekenntnisse des Hochstaplers Felix Krull

Jacobs, Jürgen: *Thomas Manns Felix Krull und der europäische Schelmenroman*. In: *Laborintus litteratus*. Hg. von Ulrich Ernst. Wuppertal 1995, S. 49–69

Koopmann, Helmut: *Bekenntnisse des Hochstaplers Felix Krull*. In: *Thomas-Mann-Handbuch*. Hg. von Helmut Koopmann. Stuttgart 2005, S. 516–533

Pils, Holger: *Thomas Manns ‚geneigte Leser'. Thomas Mann. Die Publikationsgeschichte und populäre Rezeption der Bekenntnisse des Hochstaplers Felix Krull 1911–1955*. Heidelberg 2012

Wysling, Hans: *Narzissmus und illusionäre Existenzform. Zu den Bekenntnissen des Hochstaplers Felix Krull*. Bern 1995

Übrige zitierte Werke

Blumenberg, Hans: *Arbeit am Mythos*. Frankfurt am Main 1996

Brecht, Bertolt: *Gedichte*. Hg. von Werner Mittenzwei. Berlin/Weimar 1975

Butler, Judith: *Das Unbehagen der Geschlechter. Gender Studies*. Frankfurt am Main 1991

Diebold, Bernhard: *Der Fall Wagner. Eine Revision.* Frankfurt am Main 1928

Goethe, Johann Wolfgang von: *Hamburger Ausgabe in 14 Bänden.* München 1981

Gumbrecht, Hans Ulrich: *1926. Ein Jahr am Rand der Zeit.* Frankfurt am Main 2001

Heine, Heinrich: *Werke in fünf Bänden.* Ausgewählt und eingeleitet von Helmut Holtzhauer. Weimar 1959

Heyse, Paul: *Jugenderinnerungen und Bekenntnisse.* Berlin 1901

Klein, Johannes: *Geschichte der deutschen Novelle. Von Goethe bis zur Gegenwart.* Wiesbaden 1960

Mann, Golo: *Erinnerungen und Gedanken. Eine Jugend in Deutschland.* Frankfurt am Main 1986

Mann, Katia: *Meine ungeschriebenen Memoiren.* Frankfurt am Main 1981

Mann, Klaus: *Briefe und Antworten. 1922–1949.* Hg. von Martin Gregor-Dellin. Reinbek bei Hamburg 1991

Mahrholz, Werner: *Deutsche Literatur der Gegenwart. Probleme. Ergebnisse. Gestalten.* Berlin 1931

Meier, Albert: *Novelle. Eine Einführung.* Berlin 2014 (= Grundlagen der Germanistik 55)

Nietzsche, Friedrich: *Sämtliche Werke. Kritische Studienausgabe in 15 Bänden.* Hg. von Giorgio Colli und Mazzino Montinari. München/New York 1980

Rieger, Eva: *Friedelind Wagner – Die rebellische Enkelin Richard Wagners.* München 2012

Schiller, Friedrich: *Sämtliche Gedichte.* Hg. von Georg Kurscheidt. Frankfurt am Main 2008

Abbildungsverzeichnis

3   Portrait des Bandautors | © Rolf Füllmann

5   Tagcloud „Thomas Mann" erstellt mit Wordalizer

9   Bildnis Friedrich Nietzsches um 1885 mit seiner Unterschrift. 1893. Aus: Also sprach Zarathustra. Leipzig: Naumann, Zweite Auflage 1893. Quelle: https://commons.wikimedia.org/wiki/File:Friedrich_Nietzsche.jpg

9   Portrait Arthur Schopenhauers. März 1859. Johann Schöfer. Universitätsbibliothek Frankfurt am Main. Quelle: https://commons.wikimedia.org/wiki/File:Arthur_Schopenhauer_by_J_Sch%C3%A4fer,_1859b.jpg

12   Das Haus Thomas Manns vom Garten aus gesehen. Foto von Mirkomlux. 29.07.2020. Quelle: https://commons.wikimedia.org/wiki/File:200729_Thomas_Mann_House_ml.jpg

13   Thomas Mann mit seiner Ehefrau Katia und seiner Tochter Erika (Princeton, USA 1939), Privatbesitz Rolf Füllmann

14   Thomas Manns Mutter Julia Mann (1851–1923). Aus: Hans und Ivonne Schmidlin: Thomas Mann. Ein Leben in Bildern. Zürich: Artemis 1994. Die Vorlage der obigen Abb. in diesen Bildband ist älter als 100 Jahre und somit gemeinfrei. Quelle: https://commons.wikimedia.org/wiki/File:Julia_Mann.jpg

14   Thomas Mann im Alter von sechs Jahren. 1881. http://www1.ndr.de/kultur/geschichte/portraets/thomasmann118-magnifier_i-0_p-1.html. Quelle: https://commons.wikimedia.org/wiki/File:Thomas_Mann_1881_im_Alter_von_sechs_Jahren.jpg

14   Julia Mann mit ihrer Tochter Julia und den Söhnen Heinrich und Thomas Mann um 1880. http://stadtzeitung.luebeck.de/artikel/images/0510501.gif. Quelle: https://commons.wikimedia.org/wiki/File:Familie_Mann.gif?uselang=de

14   Der neunjährige Thomas Mann. Aus: Wysling, Hans und Ivonne Schmidlin: Thomas Mann. Ein Leben in Bildern. Zürich: Artemis 1994. Die Vorlage für diesen Bildband ist älter als 100 Jahre und somit gemeinfrei.

15   Portraitaufnahme von Thomas Mann. 1905. Quelle: https://upload.wikimedia.org/wikipedia/commons/4/4d/Portraetaufnahme_von_Thomas_Mann_1905.jpg

17   Thomas und Katia Mann in Frankfurt/Main 1949, Privatbesitz Rolf Füllmann

22   Linke Ansicht des Trevi-Brunnens. Fotografie von Tatiana Kitty. 04.04.2009. Quelle: https://commons.wikimedia.org/wiki/File:Trevi_fountain_left_view.jpg

22   Thomas Mann: Der kleine Herr Friedemann. Novellen. S. Fischer, Berlin 1898. erste Buch-Ausgabe, Illustration von Johann Baptist Scherer († 1910). 1898. http://www.kettererkunst.de/. Quelle: https://commons.wikimedia.org/wiki/File:Der_kleine_Herr_Friedemann_EA_1898.jpg

23   Alfred Adler. http://www.sonoma.edu/psychology/psychart.htm. Quelle: https://commons.wikimedia.org/wiki/File:Alfred_Adler.jpg

23   Franz Grillparzer. 1841. Portraitlithografie von Josef Kriehuber. Sammlung Peter Geymayer. Quelle: https://commons.wikimedia.org/wiki/File:Grillparzer.jpg

23   Ernst Heinrich Philipp August Haeckel. 1896. Gabiel Max. http://ihm.nlm.nih.gov/images/B13668. Quelle: https://commons.wikimedia.org/wiki/File:Ernst_Haeckel_1896.jpg

24   Portrait Thomas Manns. 1900. Quelle: https://commons.wikimedia.org/wiki/File:Thomas_Mann_1900_cropped.jpg

26   Portrait Girolamo Savonarolas. Etwa 1498. Öl auf Leinwand, 47 x 31 cm. Museum of San Marco. Quelle: https://commons.wikimedia.org/wiki/File:Girolamo-Savonarola----w.jpg

27   Porträt von Katia Pringsheim, spätere Mann. 1982. Franz von Lenbach. Thomas-Mann-Archiv der ETH, Zürich. http://www.tma.ethz.ch/empfangszimmer/. Quelle: https://commons.wikimedia.org/wiki/File:Franz_von_Lenbach,_Portr%C3%A4t_von_Katia_Pringsheim.jpg

28   Tristan. Sechs Novellen. [1] Berlin: S. Fischer 1903, 264 Seiten. Erstausgabe (Potempa B 2 [2], Bürgin I 3, Wilpert/Gühring[2] 4). Grünes Orig.- Leinen 18,5 x 13 cm. Titel und Autor in Goldprägedruck auf Vorderdeckel und Rücken, Kopfgoldschnitt. Jugendstildekor in schwarzem Prägedruck auf Vorderdeckel und Rücken, Verlagssignet in schwarzem Prägedruck auf dem Hinterdeckel. Fotografie von Hans-Peter Haack. Quelle: https://commons.wikimedia.org/wiki/File:Thomas_Mann_Tristan_1903.jpg

28   Wagner, Tristan und Isolde, Szenen aus Tristan. 1917. Franz Strassen. Aus: The Victrola book of the opera: Stories of one hundred and twenty operas with seven-hundred illustrations and descriptions of twelve-hundred Victor opera records. Quelle: https://commons.wikimedia.org/wiki/File:Wagner_-_Tristan_und_Isolde_-_Scenes_from_Tristan_-_From_a_panel_by_Strassen_-_The_Victrola_book_of_the_opera.jpg

28   Sigmund und Siglinde. 1893. The Yorck Project: Liebig's Sammelbilder. Quelle: https://commons.wikimedia.org/wiki/File:Liebigbilder_1893,_Serie_254._Richard_Wagner%27s_Walk%C3%BCre_-_2_Siegmund_und_Sieglinde.jpg

31   Oberer Teil von Die Göttinger Sieben. Wilhelm und Jacob Grimm. 1837/38. Lithografie von Eduard Ritmüller. Quelle: https://commons.wikimedia.org/wiki/File:G%C3%B6ttinger_Sieben_Br%C3%BCder_Grimm_2.jpg

35	Henri Lichtenberger. Postkarte. Bibliothèque interuniversitaire de La Sorbonne, NuBIS. Quelle: https://commons.wikimedia.org/wiki/File:La_Sorbonne._M._le_professeur_Lichtenberger_(Allemand).jpg
35	Thomas Mann: Widmungsexemplar „Pariser Rechenschaft" an den französischen Germanisten Henri Lichtenberger. Vormals Sammlung Viktor Achter. Fotografie von H.-P.Haack. Quelle: https://commons.wikimedia.org/wiki/File:Thomas_Mann_Widmungsexemplar_an_Henri_Lichtenberger.jpg
37	Franz Schubert (1797–1828), österreichischer Komponist. 1846. Lithografie von Josef Kriehuber. Originallithographie der ÖNB (Wien). Quelle: https://commons.wikimedia.org/wiki/File:Franz_Schubert_1846_Litho.jpg
39	Erika Mann und Klaus Mann, 1927. Foto von Eduard Wasow. https://www.tagesspiegel.de/kultur/erika-und-klaus-mann-die-mann-sisters-waren-der-zeit-voraus/24928364.html. Quelle: https://commons.wikimedia.org/wiki/File:Erika_Mann_und_Klaus_Mann,_1927._Foto_von_Eduard_Wasow.jpg
39	Thomas Mann, Erika Mann, Katia Mann und Klaus Mann, 1929. Foto von Eduard Wasow. https://www.fr.de/kultur/literatur/schrecklich-eindrucksvolle-familie-11648756.html. Quelle: https://commons.wikimedia.org/wiki/File:Thomas_Mann_mit_Erika,_Ehefrau_Katia_und_Klaus_(v.l.n.r.),_1929.jpg
40	Thomas und Katia Mann im Grand Hotel in Stockholm. 1929. http://www.sr.se/sida/artikel.aspx?ProgramId=965&artikel=386992. Quelle: https://commons.wikimedia.org/wiki/File:Thomas_and_Katia_Mann.jpg?uselang=de
41	Thomas Mann in Sanary-sur-Mer 1933. http://www.literaturtage-davos.ch/files/thomas-mann-in-sanary-sur-mer.jpg. Quelle: https://commons.wikimedia.org/wiki/File:Thomas_Mann_in_Sanary-sur-Mer_1933.jpg
42	Thomas-Mann-Allee/Poschingerstraße, München; Nachempfindung der im Krieg zerstörten Villa Thomas Manns im Herzogpark. Fotografie von AHert. 15.03.2011. Quelle: https://commons.wikimedia.org/wiki/File:Thomas-Mann-Allee_Muenchen-01.jpg
45	Thomas Mann: Der Erwählte. Roman. Frankfurt am Main: S. Fischer 1951, 323 Seiten. Erstausgabe in Europa. Thomas Mann Sammlung H.-P.Haack. Antiquariat Dr. Haack Leipzig. Privatbesitz. Quelle: https://commons.wikimedia.org/wiki/File:Thomas_Mann_Der_Erw%C3%A4hlte_1951.jpg
45	Georg Ebers (1837–1898) Ägyptologe, Schriftsteller. 01.01.1890. https://www.e-periodica.ch/digbib/view?pid=dis-001:1898:2::118#716. Quelle: https://commons.wikimedia.org/wiki/File:Georg_Ebers_(1837%E2%80%931898)_%C3%84gyptologe,_Schriftsteller.jpg
45	Rainis (Jānis Pliekšāns), lettischer Dichter und Politiker. http://latvia-spb.com/10_1_2_1.html. Quelle: https://commons.wikimedia.org/wiki/File:Rainis.jpg

47 Franklin Delano Roosevelt. 1933. Library of Congress. Quelle: https://commons.wikimedia.org/wiki/File:Franklin_Delano_Roosevelt_in_1933.jpg

48 Bastet-E 2533. Figur, zwischen 664 und 610 v. Chr. Bronze und Glas. Louvre, Abteilung für Ägyptische Antiquitäten, Raum 643, Vitrine 3, https://commons.wikimedia.org/wiki/File:Bastet-E_2533-IMG_0630-gradient.jpg

49 Sigmund Freud (1856–1939). 16. Mai 1905, https://commons.wikimedia.org/wiki/File:Sigmund_Freud_(1856-1939).png

49 Büste des Königs Echnaton (Amenophis IV.) mit Doppelkrone, Flagellum und Krummstab (Sandstein, 18. Dynastie), gefunden in Karnak, ausgestellt im Luxor-Museum, Ägypten, Foto von Olaf Tausch, 17.10.2019, https://commons.wikimedia.org/wiki/File:Luxor_Museum_Statuenkopf_Echnaton_01.jpg

50 Michaelangelo (1475–1564): Moses. Basilica of St. Peter in Chains. Foto von Ulrich Mayring, 30.03.2007, https://commons.wikimedia.org/wiki/File:Michelangelo_Mose_2007.jpg

52 Thomas Mann: Lotte in Weimar. Roman. Schutzumschlag: Ingve Berg. Stockholm: Bermann-Fischer 1939, 450 Seiten. 1939/9. Mai 2009. Sammlung H.-P.Haack, Antiquariat Dr. Haack Leipzig, Privatbesitz, https://commons.wikimedia.org/wiki/File:Thomas_Mann_Lotte_in_Weimar_1939.JPG?uselang=de

52 Bildnis Johann Wolfgang von Goethe, Angelika Kauffmann (1741–1807), 1787, Goethe-Nationalmuseum (Weimar), https://de.wikipedia.org/wiki/Datei:Der_junge_Goethe,_gemalt_von_Angelica_Kauffmann_1787.JPG

52 Charlotte Kestner geb. Buff (1753–1828). Pastellgemälde von J. H. Schröder. Tochter des Deutschordens-Amtmanns Buff in Wetzlar. Seit 1768 verlobt mit Johann Georg Christian Kestner (1741-1800), hannoverschem Legationssekretär am Reichskammergericht Wetzlar. Pastellgemälde von Joh. Heinrich Schröder, https://commons.wikimedia.org/wiki/File:CharlotteKestnerGebBuff1753-1828VonJohHchSchroeder.jpg

53 Adele Schopenhauer (1797–1849). Selbstportrait, zwischen 1812 und 1949. Svg. von Liftarn, https://commons.wikimedia.org/wiki/File:Adele_Schopenhauer_Scherenschnitt.svg

54 Thomas Mann Doktor Faustus, Erstausgabe 1947, Foto von Zassen, 19.05.2011, https://commons.wikimedia.org/wiki/File:Thomas_Mann_Doktor_Faustus.jpg

55 Portraitfoto von Arnold Schönberg, 1927, Foto von Man Ray (1890–1976), Arnold Schönberg Center, https://commons.wikimedia.org/wiki/File:Arnold_sch%C3%B6nberg_man_ray.jpg

55 Faust's pact with Mephisto after Goethe's "Faust", engraving, ca. 1840, Kupferstich Adolf Gnauth (1812–1876), nach einer Zeichnung von Julius Nisle (1812–1850), https://commons.wikimedia.org/wiki/File:Teufelspakt_Faust-Mephisto,_Julius_Nisle.jpg

58 Thomas Manns früheres Haus in Kilchberg, Alte Landstrasse 39, heutiger Zustand, Foto von Alinea, 13.06.2010, https://commons.wikimedia.org/wiki/File:Thomas_Manns_Haus_in_Kilchberg.jpg

60	Schloss Benrath, Federzeichnung des Erbauers Nicolas de Pigage, ca. 1750, https://commons.wikimedia.org/wiki/File:Schloss_Benrath_Zeichnung.jpg
60	Thomas Mann: Die Betrogene. Erzählung. Frankfurt am Main: S. Fischer 1953, 127 Seiten. Erster Druck für den Handel (Potempa E 33.4, Bürgin I 95 A, Wilperrt/Gühring² 126). Orig.-Leinen 19 x 11,5, Orig.-Verlagsumschlag. Thomas Mann Sammlung Dr. Haack Leipzig, https://commons.wikimedia.org/wiki/File:Thomas_Mann_Die_Betrogene_1953.jpg
61	Wladimir Iljitsch Lenin (1870–1924), Foto von Pavel Semyonovich Zhukv (1870–1942), Juli 1920, Deutsches Bundesarchiv, Allgemeiner Deutscher Nachrichtendienst – Zentralbild (Bild 183-71043-0003), https://commons.wikimedia.org/wiki/File:Bundesarchiv_Bild_183-71043-0003,_Wladimir_Iljitsch_Lenin.jpg
63	Das Goethe-und-Schiller-Denkmal in Weimar vor dem Nationaltheater, Foto von MjFe, 7.10.2007, https://commons.wikimedia.org/wiki/File:Goethe_Schiller_Weimar_3.jpg
63	Schweizer Karikatur mit dem Goethe-Schiller-Denkmal in Weimar (Weltwoche, Zürich, 10. Juni 1949, H. U. Steger) aus dem Archiv der ETH Zürich
65	Thomas Mann: Goethe und die Demokratie. Vortrag, erstmals in englischer Sprache gehalten am 2. Mai 1949 im Coolidge Auditorium der Library of Congress in Washington. Zürich: Oprecht [1949], 47 Seiten. Erstdruck des vollständigen Textes (Potempa G 1038.2, Bürgin I 82 A). Orig.-Broschur 21 x 14,5 cm., Foto: Katalog Antiquariat Dr. Haack Leipzig, https://commons.wikimedia.org/wiki/File:1949_Thomas_Mann_Goethe_und_die_Demokratie.jpg
66	"Portrait of the Writer Fyodor Dostoyevsky", Oil on canvas. The Tretyakov Gallery, Moscow. Vasily Perov (1833–1882), https://commons.wikimedia.org/wiki/File:Dostoevsky_140-190_for_collage.jpg
66	Anton Pawlowitsch Tschechow. Aus: „Bibliothek des allgemeinen und praktischen Wissens. Bd. 5" (1905), Abriß der Weltliteratur, Seite 85, https://commons.wikimedia.org/wiki/File:Anton_Tschechow.jpg?uselang=de
66	Lew Tolstoi, russischer Schriftsteller. Juli 1908, https://commons.wikimedia.org/wiki/File:Tolstoy_portrait_tolstoy.ru.jpg?uselang=de
66	Portrait von Jean-Jacques Rousseau (1712–1788), Gemälde von Maurice Quentin de La Tour (1704–1778), 18. Jahrhundert, Musée Antoine-Lécuyer, https://commons.wikimedia.org/wiki/File:Jean-Jacques_Rousseau_(painted_portrait).jpg
67	Thomas Mann in Weimar. Zentralbild/TBD 15.5.1955 Schiller-Ehrung vom 8.-15. Mai 1955 in Weimar 14. Mai 1955 Beim Festakt im Deutschen Nationaltheater in Weimar hielt Thomas Mann die Festansprache. Der Dichter wurde Ehrenmitglied der Akademie der Künste. Minister Dr. h.c. Johannes R. Becher überreichte Thomas Mann die Ehrenurkunde. UBz.: Thomas Mann nach dem Festakt beim Verlassen des Deutschen Nationaltheaters in Weimar. (rechts) Minister Dr. h.c. Johannes R. Becher. 14.5.1955, Deutsches Bundesarchiv, Allgemeiner Deutscher Nachrichtendienst (Bild 183-30557-0004), https://commons.wikimedia.org/wiki/File:Bundesarchiv_Bild_183-30557-0004,_Thomas_Mann_in_Weimar.jpg

72 Jan Masaryk, aus: https://www.britannica.com/biography/Jan-Masaryk, hier: https://commons.wikimedia.org/wiki/File:Jan_Masaryk_.jpg?uselang=de

76 Max Weber, 1918, aus: https://cdn.britannica.com/49/39749-050-E773E614/Max-Weber-1918.jpg, hier: https://commons.wikimedia.org/wiki/File:Max_Weber,_1918.jpg?uselang=de

77 Wilhelm Dilthey (* 19. November 1833 in Wiesbaden-Biebrich; † 1. Oktober 1911 in Seis am Schlern, Nähe Kastelruth bei Bozen) war ein deutscher Philosoph, Psychologe und Pädagoge. Fotografie des Ateliers Dührkopp (Berlin), ca. 1910, aus: http://www.dhm.de/lemo/objekte/pict/dilthey/, hier: https://commons.wikimedia.org/wiki/File:Dilthey1-4.jpg

79 Heinrich Heine 1929, aus: „Bibliothek des allgemeinen und praktischen Wissens. Bd. 5" (1905), Deutsche Literaturgeschichte, Seite 115, hier: https://commons.wikimedia.org/wiki/File:Heinrich_Heine.jpg

81 Signed 4 x 6 postcard with photograph of German author Hermann Hesse in a head and shoulders pose. Photograph by Gret Widmann. Signed by Hesse in bold pencil to a light area of the background, 'Gruss von H H'., Foto von Gret Widmann, aus: http://www.autographauctions.co.uk/bidcat/detail.asp?SaleRef=0025&LotRef=846, hier: https://commons.wikimedia.org/wiki/File:Hermann_Hesse_Autograph_Photo_Gret_Widmann.jpeg

81 Pierre Bourdieu 1969, extrait d'un film de télévision scolaire produit par L'Institut pédagogique national, https://commons.wikimedia.org/wiki/File:Pierre_Bourdieu_1969_(cropped).tif

83 Paul Heyse Abstract/medium: 1 photographic print on carte de visite mount, 1870, Library of Congress, aus: https://www.loc.gov/pictures/item/2004680083/, hier: https://commons.wikimedia.org/wiki/File:Paul_Heyse_LCCN2004680083.jpg

83 Giovanni Boccaccio, aus: „Bibliothek des allgemeinen und praktischen Wissens. Bd. 5" (1905), Abriß der Weltliteratur, Seite 65, hier: https://commons.wikimedia.org/wiki/File:Giovanni_Boccaccio.jpg

83 Theodor Storm 1886, https://commons.wikimedia.org/wiki/File:Theodor_Storm_1886.JPG

86 Ansicht Lübecks von Nordosten, 1493, Aus: Schedel'sche Weltchronik, hier: https://commons.wikimedia.org/w/index.php?title=Special:Search&limit=20&offset=200&profile=default&search=Thomas+Mann&advancedSearch-current={}&ns0=1&ns6=1&ns12=1&ns14=1&ns100=1&ns106=1#/media/File:Jean_Buddenbrook.jpg

86 Johann Siegmund Mann (1797–1863), Thomas Manns Großvater; im Roman Jean Buddenbrook. Aus: Wysling, Hans und Ivonne Schmidlin: Thomas Mann. Ein Leben in Bildern. Zürich: Artemis 1994, hier: https://commons.wikimedia.org/wiki/File:Jean_Buddenbrook.jpg

87 Buddenbrooks, Titelblatt des Erstdruckes. H.-P. Haack, Leipzig, https://commons.wikimedia.org/wiki/File:-2.2-_thomas_mann_buddenbrooks_erstdruck_1901.jpg

87 Porträt des Kunsthistorikers Otto Grautoff von Emil Stumpp, Berlin 1926, aus: http://www.emil-stumpp.de/, hier: https://commons.wikimedia.org/wiki/File:Otto_Grautoff_by_Emil_Stumpp_1926.jpg

Abbildungsverzeichnis

88 Holstentor, ca. 1900, J. Rogall, Lübeck, Zeno.org, ID number 20000635014, https://commons.wikimedia.org/wiki/File:L%C3%BCbeck,_Schleswig-Holstein_-_Holstentor_(Zeno_Ansichtskarten).jpg

89 Buddenbrooks by Thomas Mann, book cover from 1917, aus: www.allposters.com, hier: https://commons.wikimedia.org/wiki/File:Thomas_Mann_Buddenbrooks.jpg

90 Johann Siegmund Mann (1761–1848) sen., der Urgroßvater Thomas Manns; im Roman Johann Buddenbrook, aus: Wysling, Hans und Ivonne Schmidlin: Thomas Mann. Ein Leben in Bildern. Zürich: Artemis 1994, hier: https://commons.wikimedia.org/wiki/File:Johann_Buddenbrook_(d._%C3%84.).jpg

90 Fotografías tomadas por el estadounidense Harry Grant Olds, en Valparaíso durante su estadía en Chile, entre los años 1899 y 1900, 1899, Harry Grant Olds, https://commons.wikimedia.org/wiki/File:Edificio_cousi%C3%B1o_-_harry_grant_olds.jpg

91 Napoléon Bonaparte (1769–1821), half-length portrait, facing left, ca. 1840, Paul Delaroche (1797–1856), Library of Congress, https://commons.wikimedia.org/wiki/File:Napol%C3%A9on_Bonaparte_par_Paul_Delaroche_(d%C3%A9tail).jpg

92 Paul Gerhardt, https://commons.wikimedia.org/wiki/File:Gerhardt_p2.jpg

93 Buddenbrookhaus Landschaftszimmer, 1890, aus: Museum Buddenbrookhaus, hier: https://commons.wikimedia.org/wiki/File:Buddenbrookhaus_Landschaftszimmer_1890.jpg

95 Peterkirche Riga, 1900, https://commons.wikimedia.org/wiki/File:Riga1900Peterkirche.jpg

96 Ältestes bekanntes Foto des Buddenbrookhauses in Lübeck, ca. 1870, https://commons.wikimedia.org/wiki/File:Buddenbrookhaus_1870.jpg

98 Elisabeth Mann um 1870, im Roman Tony Buddenbrook, aus: Wysling, Hans und Ivonne Schmidlin: Thomas Mann. Ein Leben in Bildern. Zürich: Artemis 1994, hier: https://commons.wikimedia.org/wiki/File:Elisabeth_Mann.jpg

99 Ernst Elfeld (* 6. Dezember 1829 in Ratzeburg; † 19. Mai 1912 in Lübeck), Ehemann von Elisabeth Mann und Vorbild für die Figur des Bendix Grünlich in Thomas Manns Buddenbrook, ca. 1855, aus: Alken Bruns (Hg.): Der Wagen 2002, Hanseatisches Verlagskontor Lübeck, 2002, hier: https://commons.wikimedia.org/wiki/File:Ernst_Elfeld.jpg

103 Bildvorlage für Herrn Permaneder, aus: Zeitschrift „Simplicissimus", München, Nr. 33 (November 1897), Federzeichnung von E. Weiner; vergl. Hans Wyslung und Ivonne Schmmidlin: Bild und Text bei Thomas Mann (1975), hier: https://commons.wikimedia.org/wiki/File:Herr_Permaneder.jpg

107 Detail of portrait of Mozart by his brother-in-law Joseph Lange (1751–1831), 1782, aus: http://www.mozartforum.com/images/Mozart_(unfinished)_by_Lange_1782.jpg, hier: https://commons.wikimedia.org/wiki/File:Mozart_(unfinished)_by_Lange_1782.jpg

107 Giacomo Meyerbeer, Lithographie von Josef Kriehuber (–1876), 1847, Foto von Peter Geymayer, https://commons.wikimedia.org/wiki/File:Giacomo_Meyerbeer_Kriehuber_(cropped).jpg

108 Edgar Allan Poe, June 1849. Daguerreotype "Annie", given to Poe's friend Mrs. Annie L. Richmond; probably taken in June 1849 in Lowell, Massachusetts, photographer unknown, June 1849, https://commons.wikimedia.org/wiki/File:Edgar_Allan_Poe,_circa_1849,_restored,_squared_off.jpg

109 Scene from Wagner's Lohengrin, as performed at the London première., 15. Mai 1875, aus: Illustrated Sporting and Dramatic News, hier: https://commons.wikimedia.org/wiki/File:Lohengrin_-_Illustrated_Sporting_and_Dramatic_News.png

110 Thomas Johann Heinrich Mann, aus: www.tma.ethz.ch, hier: https://de.wikipedia.org/wiki/Datei:Thomas_Johann_Heinrich_Mann.jpg

111 Thomas und Katia Mann bei der Verleihung der Ehrenbürgerschaft 1955 im Lübecker Rathaus. Privatbesitzt Rolf Füllmann

112 Davos in der Schweiz – aufgenommen während eines Gleitschirmflugs, Foto von Flyout, 19. März 2005, https://commons.wikimedia.org/wiki/File:Luftbild_Davos.jpg

112 Hotel Schatzalp Davos, Foto von Wolfswissen, 13. März 2009, https://commons.wikimedia.org/wiki/File:Schatzalp_Davos.png

113 Gemälde Gerhart Hauptmanns von Max Liebermann († 1935) im Jahr 1912 – Das Jahr in dem Gerhart Hauptmann den Nobelpreis erhielt, Gemälde von Max Liebermann (1847–1935), Kunsthalle Hamburg, https://commons.wikimedia.org/wiki/File:Gerhart_Hauptmann_1912_von_Max_Liebermann.JPG

114 ADN-ZB/Kolbe 9.4.1980 [Datum Archiveingang] Bertolt Brecht geb. 10.2.1898 Augsburg gest. 14.8.1956 Berlin, Dichter, Theatertheoretiker und Regisseur, Foto von Jörg Kolbe, 1954, Deutsches Bundesarchiv, Allgemeiner Deutscher Nachrichtendienst, Bild 183-W0409-300, hier: https://commons.wikimedia.org/wiki/File:Bertolt-Brecht.jpg

117 Wagner – Parsifal – Heinrich Hensel as Parsifal, 1917, Camden, N.J.: Victor Talking Machine Co., hier: https://commons.wikimedia.org/wiki/File:Wagner_-_Parsifal_-_Heinrich_Hensel_as_Parsifal_-_The_Victrola_book_of_the_opera.jpg

121 Ludwig Mack / Lithograph: Rudolph Lohbauer: Die Unterwelt (zwischen 1824 und 1829), Ausschnitt mitte: Das Totengericht. Flachrelief, Verbleib unbekannt, Stuttgart 1829, https://de.wikipedia.org/wiki/Datei:Mack,_Ludwig,_Die_Unterwelt,_mitte.jpg

122 In Verdi, Giuseppe, 1813–1901. [Aïda. Vocal score]. Aïda : opera in quattro atti / versi di Antonio Ghislanzoni ; musica di G. Verdi ; [riduzione di Franco Faccio]. Milano : Ricordi, [1872?]. Merritt Mus 857.1.648.7 PHI, ca. 1872, Harvard University Library, https://commons.wikimedia.org/wiki/File:Giuseppe_Verdi,_Aida_vocal_score_cover.jpg

Abbildungsverzeichnis

123 Mustafa Kemal Atatürk und seine Frau Latife Uşşaki (1923), Published by Ministry of Culture and Tourism Republic of Turkey in 25.07.2005, Photograph taken in 1923, aus: http://www.kultur.gov.tr/TR/belge/1-24080/ataturk-resimleri-galerisi-sayfa-2.html, hier: https://commons.wikimedia.org/wiki/File:Mustafa_Kemal_Atat%C3%BCrk_and_Latife_U%C5%9F%C5%9Faki_(1923).jpg

123 Lukács, Hungarian People's Commissar for Food in the Hungarian revolutionary government, 1919, 1923, aus: https://archive.org/details/outlawsdiary00tormuoft, hier: https://commons.wikimedia.org/wiki/File:Luk%C3%A1cs-comisario-alimentos-hungr%C3%ADa--outlawsdiary-02tormuoft.png

125 Grafik erstellt von Rolf Füllmann

127 Kupferstich von W. Jury nach Johann Heinrich Ramberg – Walpurgisnachtszene aus Faust 1, 1829, https://commons.wikimedia.org/wiki/File:Walpurgisnacht.jpg

127 Theodor Fontane, Gemälde von Carl Breitbach (1833–1904), https://commons.wikimedia.org/wiki/File:Theodor_Fontane_w.jpg

128 Stefan George (1868–1933), ca. 1930, aus: http://www.literaturhaus-frankfurt.de/01_programm/pr_apr_detail.html, hier: https://commons.wikimedia.org/wiki/File:Stefan-George_1.jpg

129 Tanzende in weiter Landschaft. Gemälde von Ludwig von Hofmann (1861–1945), aus: Ketterer Kunst, hier: https://commons.wikimedia.org/wiki/File:Ludwig_von_Hofmann_Tanzende_in_weiter_Landschaft_c1910.jpg?uselang=de

129 Reiter am Strand. Gemälde von Ludwig von Hofmann (1861–1945), ca. 1890, aus: http://www.kunkelfineart.de/gal/index.php/de/gallery/2/19/170, hier: https://commons.wikimedia.org/wiki/File:Ludwig_von_Hofmann_-_Reiter_am_Strand_-_c1890.jpg?uselang=de

129 Die Quelle. Gemälde von Ludwig von Hofmann (1861–1945), 1913, https://commons.wikimedia.org/wiki/File:Ludwig_von_Hofmann,_Die_Quelle_(1913).jpg?uselang=de

129 Frühlingssturm. Gemälde von Ludwig von Hofmann (1861–1945), vor 1930, https://commons.wikimedia.org/wiki/File:Ludwig_von_Hofmann_La_Temp%C3%AAte.jpg?uselang=de

131 Apollon du Belvédère. Tiré du Cours historique et élémentaire de peinture ou Galerie complette du Museum central de France édité par Antoine Michel Filhol, tome 9, 97e livraison, gravure n° 58, 1813, https://commons.wikimedia.org/wiki/File:Engraving_Apollo_Belvedere_Bourdon_Bourgois.jpg

133 Jünglinge und Pferde vor der Quelle. Gemälde von Ludwig von Hofmann (1861–1945), 1917, aus: http://www.invaluable.com/auction-lot/f-ludwig-von-hofmann-german,-1861-1945-82-c-2t5xiynbz7, hier: https://commons.wikimedia.org/wiki/File:Ludwig_von_Hofmann_-_J%C3%BCnglinge_und_Pferde_vor_der_Quelle_1917.jpg?uselang=de

133 French soldiers moving into attack from their trench during the Verdun battle, 1916, aus: www.docpix.fr, hier: https://commons.wikimedia.org/wiki/File:Bataille_de_Verdun_1916.jpg

134 Mann, Thomas: Bekenntnisse des Hochstaplers Felix Krull. Frankfurt a. M.: S. Fischer 1954, 442 Seiten. Erstausgabe (Potempa D12.3.1).Orig.-Leinen 8° mit Orig.-Umschlag (in Klarsichtfolie eingelegt), Thomas Mann Sammlung Dr. Haack Leipzig, https://commons.wikimedia.org/wiki/File:1954_(3)_Felix_Krull_Commons.jpg

136 Earliest portrait of Augustine of Hippo (6th century), https://commons.wikimedia.org/wiki/File:AugustineLateran.jpg

137 Carl Zuckmayer (1896–1977), 1920, Deutsches Bundesarchiv, Bild 146-2005-0008, https://commons.wikimedia.org/wiki/File:Zuckmayer_carl_1920.png

137 Maurice Barrès, photographié par paul nadar en 1916, https://commons.wikimedia.org/wiki/File:Maurice_Barr%C3%A8s_1916.jpg

139 Jacques Offenbach, Foto von Nadar, aus: Die berühmten Musiker Kunstverlag Lucien Mazenod, Genf 1946, hier: https://commons.wikimedia.org/wiki/File:JOffenbach.JPG

140 Coat of arms of Lübeck merchant Joh. Siegmund Mann from 1840, when he was elected as supervisor of the St. Annen almshouse in Lübeck, now a museum. The CoA is part of the St.-Annen museums collections. Oil painting on metall, ca. 1840, hier https://commons.wikimedia.org/wiki/File:MannCoA1840.jpg

143 Drawing of Hans Jakob Christoffel von Grimmelshausen, aus: http://www.oslo.diplo.de/Vertretung/oslo/no/06/Kultur__Smakebiter/Lyrikk__Grimmelshausen__Seite.html, hier: https://commons.wikimedia.org/wiki/File:Hans_Jakob_Christoffel_von_Grimmelshausen_bw.jpeg

144 Mann, Thomas: Bekenntnisse des Hochstaplers Felix Krull. Buch der Kindheit. Berlin und Leipzig: Deutsche Verlagsanstalt Stuttgart 1923, 97 Seiten, Orig.-Pappband. Potempa D 12.1.2., Foto von H.-P. Haack

144 Max Scheler, https://commons.wikimedia.org/wiki/File:Scheler_max.jpg

145 Charles Darwin, https://commons.wikimedia.org/wiki/File:Charles_darwin.gif

149 Inscribed postcard photo of Gustav Mahler, aus: RR Auction, hier: https://commons.wikimedia.org/wiki/File:Gustav_Mahler_c1900.jpg

150 München, Nordfriedhof, Gesamtansicht des Friedhofsgebäudes (Leichenhauses) gegen das Gräberfeld, 1901, https://commons.wikimedia.org/wiki/File:M%C3%BCnchen,-Nordfriedhof-(1901).jpg

152 Der Traum. Gemälde von Henri Rousseau (1844–1910), 1910, Museum of Modern Art, New York, Inventarnr. 252.1954, https://commons.wikimedia.org/wiki/File:Henri_Rousseau_005.jpg?uselang=de

152 So-called "Hermes Ingenui" after the inscription on the pedestal indicating the name of the sculptor or of the donator. Hermes wears his usual attributes: kerykeion (or herald's staff), kithara, petasus (round hat), traveller's cloak and winged temples. Marble, Roman copy of the 2nd century BC after a Greek original of the 5th century BC., Vatican Museums, Pio-Clementino, Statues Gallery, Inv 244, Foto von Marie-Lan Nguyen, 2009, https://commons.wikimedia.org/wiki/File:Hermes_Ingenui_Pio-Clementino_Inv544.jpg

153 Totentanz Bild 7/9, aus: http://www.dodedans.com, hier: https://commons.wikimedia.org/wiki/File:Totentanz_L%C3%BCbeck_7.jpg

153 Gotthold Ephraim Lessing, aus: „Bibliothek des allgemeinen und praktischen Wissens. Bd. 5" (1905), Deutsche Literaturgeschichte, Seite 77, hier: https://commons.wikimedia.org/wiki/File:Gotthold_Ephraim_Lessing.jpg

155 Wolfgang Born Der Tod in Venedig Vignette, 1921, https://commons.wikimedia.org/wiki/File:Wolfgang_Born_Der_Tod_in_Venedig_Vignette.png?uselang=de

156 Lido di Venezia – Hotel Les Bains, zwischen 1908 und 1940, aus: Cartolina d'epoca, hier: https://commons.wikimedia.org/wiki/File:Lido_di_Venezia_-_Hotel_Les_Bains.jpg

157 Wolfgang Born Der Tod in Venedig 1921, https://commons.wikimedia.org/wiki/File:Wolfgang_Born_Der_Tod_in_Venedig_1921.jpg?uselang=de

157 Altes Museum Berlin. Dornauszieher; Römische Marmor-Skulptur nach helenistischem Vorbild, vermutlich gefertigt um das Ende des 3. Jahrhunderts v. Chr. in Italien, Foto von Klaus Bärwinkel, 20. September 2014, https://commons.wikimedia.org/wiki/File:Altes_Museum_5.JPG

158 „Venedig mit Blick auf den Markusplatz", Ferdinand Lepie (1824–1883), 1869, aus: http://www.dorotheum.com, hier: https://commons.wikimedia.org/wiki/File:Ferdinand_Lepie_Venedig_1869.jpg

159 Grafik erstellt von Rolf Füllmann

162 Narcissus, Ludwig von Hofmann (1861–1945), 1890er-Jahre, Nationalmuseum Warschau, M.Ob.1910, Foto von Abalkok, 14.07.2016, https://commons.wikimedia.org/wiki/File:Ludwig_von_Hofmann_-_Narcyz.jpg?uselang=de

162 Apollo and Hyacinthus, engraving from Carlo Cesio, after Annibale Carracci, um 1657, Galleria Farnese, Palazzo Farnese, Rome, https://commons.wikimedia.org/wiki/File:Cesio_Blatt_21_Apoll_und_Hyacinthus.jpg

163 Jacques Lacan – Dessin en noir et blanc, Blatterhin, 27.08.2012, https://commons.wikimedia.org/wiki/File:Jacques_Lacan.jpg

164 Ludwig von Hofmann: Bacchantenzug, um 1905, aus: https://www.kunkelfineart.de/gal/index.php/de/gallery/2/19/421/Ludwig%20von%20Hofmann, hier: https://commons.wikimedia.org/wiki/File:Ludwig_von_Hofmann_-_Bacchantenzug.jpg?uselang=de

166 Grafik erstellt von Rolf Füllmann

168 Lichtgebet, Fidus (1868–1948), 1913, aus: https://www.karlundfaber.de/produkt/lichtgebet/, hier: https://commons.wikimedia.org/wiki/File:Fidus_-_Lichtgebet,_Farblithographie_1913.jpg

169 Katia Mann mit ihren sechs Kindern um 1919. Von links nach rechts: Monika, Golo, Michael, Katia, Klaus, Elisabeth, Erika, ca. 1919, aus: http://www.ndr.de/geschichte/koepfe/thomasmann118_page-2.html, hier: https://commons.wikimedia.org/wiki/File:Katja_Mann_mit_ihren_sechs_Kindern_um_1919.jpg

170 Thomas Mann am 13.11.1924, Lithographie von Emil Stumpp (1886–1941), 1924, aus: https://www.dhm.de/lemo/bestand/objekt/exponat-zeichnung-thomas-mann-1924.html, hier: https://commons.wikimedia.org/wiki/File:Thomas_Mann_by_Emil_Stumpp,_1924.jpg?uselang=de

171 Portrait of Klaus Mann by Olga Markowa Meerson (1880–1929/30), 1926, aus: http://deviatesinc.tumblr.com/post/66524410436/klaus-mann-1926-portrait-by-olga, hier: https://commons.wikimedia.org/wiki/File:Olga_Markowa_Meerson,_Portrat_Klaus_Mann,_1926.jpg

172 Thomas Mann mit Gattin, 1927, Deutsches Bundesarchiv, Allgemeiner Deutscher Nachrichtendienst, Bild 183-H28796, https://commons.wikimedia.org/wiki/File:Bundesarchiv_Bild_183-H28796,_Thomas_Mann_mit_Gattin.jpg?uselang=de

173 German writer Thomas Mann in 1926, aus: http://www.memo.fr/Dossier.asp?ID=1160, hier: https://commons.wikimedia.org/wiki/File:Thomas_Mann_in_1926.jpg?uselang=de

175 Portrait des Philipp II., Sofonisba Anguissola (–1625), 1573, Museo del Prado, Referenznummer P01036, https://commons.wikimedia.org/wiki/File:Portrait_of_Philip_II_of_Spain_by_Sofonisba_Anguissola_-_002b.jpg?uselang=de

175 Gemälde von Ludwig Müller aus der Grundhofer Kirche von 1762: Kain und Abel, https://commons.wikimedia.org/wiki/File:Ludwig_Mueller_Kain_und_Abel.jpg?uselang=de

176 Grafik erstellt von Rolf Füllmann

183 Gruppe des Wandervogels aus Berlin, 1930, Deutsches Bundesarchiv, Allgemeiner Deutscher Nachrichtendienst, Bild 183-R24553, https://commons.wikimedia.org/wiki/File:Bundesarchiv_Bild_183-R24553,_Gruppe_des_Wandervogels_aus_Berlin.jpg?uselang=de

184 "Walking Habits", April 1923, Tacoma Public Library, 7\36736, aus: http://cdm17061.contentdm.oclc.org/cdm/ref/collection/p17061coll21/id/3337, hier: https://commons.wikimedia.org/wiki/File:1923_Three_Women_in_Walking_Habits_Marvin_D_Boland_Collection_BOLANDB7719.jpg?uselang=de

187 Günter Grass am 4. September 2006 auf dem Blauen Sofa im Berliner Ensemble, https://commons.wikimedia.org/wiki/File:G%C3%BCnter_Grass_auf_dem_Blauen_Sofa.jpg

188 Gerhart Hauptmann, 1922, aus: https://archive.org/stream/mitgerharthauptm00heynuoft#page/n103/mode/2up, hier: https://commons.wikimedia.org/wiki/File:Caricature_of_Gerhart_Hauptmann.jpg?uselang=de

190 Portrait des Novalis (1772–1801), Friedrich Eduard Eichens (1804–1877), 19. Jahrhundert, aus: Meyers Enzyklopädie, 1906, hier: https://commons.wikimedia.org/wiki/File:Novalis.jpg?uselang=de

191 Eduard Spranger (1882–1963), Foto von Kari tokya, 8.5.2015, https://commons.wikimedia.org/wiki/File:Spranger.jpg

192 Wagner – Die Meistersinger von Nürnberg, act III – Walter: "The maid Elysian I saw in vision, she whom my heart doth choose!", 1917, aus: The Victrola book of the opera : stories of one hundred and twenty operas with seven-hundred illustrations and descriptions of twelve-hundred

Victor opera records, hier: https://commons.wikimedia.org/wiki/File:Wagner_-_Die_Meistersinger_von_N%C3%BCrnberg,_act_III_-_The_maid_Elysian_I_saw_in_vision_-_The_Victrola_book_of_the_opera.jpg

193 Walt Whitman, Mathew Brady (1822–1896), https://commons.wikimedia.org/wiki/File:Walt_Whitman_-_Brady-Handy_restored.png

194 Portrait Hans Blüher (1888–1955), ca. 1920, https://commons.wikimedia.org/wiki/File:Hans_Bl%C3%BCher_1888-1955.jpg

195 Friedrich Ebert, letzte Aufnahme vom 26.02.1925, Deutsches Bundesarchiv, Aktuelle-Bilder-Zentrale, Georg Pahl, Bild 102-00015, https://commons.wikimedia.org/wiki/File:Bundesarchiv_Bild_102-00015,_Friedrich_Ebert.jpg

195 Richard Wagner in Paris, Foto von Pierre Petit (1831–1909), https://commons.wikimedia.org/wiki/File:Richard_Wagner,_Paris,_1861.jpg

197 Hans Pfitzner, Foto von Wanda von Debschitz-Kunowski (1870–1935), ca. 1910, https://commons.wikimedia.org/wiki/File:Hans_Pfitzner_by_Wanda_von_Debschitz-Kunowski,_ca_1910.jpg

197 Richard Strauss, Emil Orlik (1870–1932), https://commons.wikimedia.org/wiki/File:EmilOrlikRichardStrauss1917.JPG

197 Hans Knappertsbusch (1888–1965), George Grantham Bain Collection (Library of Congress), https://commons.wikimedia.org/wiki/File:Hans_Knappertsbusch.jpg

198 Charles Baudelaire, Foto von Étienne Carjat (1828–1906), ca. 1862, British Library, P.P.1931.peg, https://commons.wikimedia.org/wiki/File:%C3%89tienne_Carjat,_Portrait_of_Charles_Baudelaire,_circa_1862.jpg

199 Henrik Ibsen, Foto von Gustav Borgen (1865–1926), https://commons.wikimedia.org/wiki/File:Ibsen-by-Borgen.jpg

200 Die Beckergrube vor 1900. Das Theater zur rechten wurde 1905 niedergelegt, vor 1900, Postkarte, Knackstedt & Näther, https://commons.wikimedia.org/wiki/File:HL_Damals_%E2%80%93_B%C3%A4ckergrube.jpg

203 Franz Liszt, Kabinettkarte von Friedrich Hertel, Weimar Juli 1876, aus: http://www.sothebys.com/en/auctions/ecatalogue/lot.60.html/2017/music-manuscripts-private-collection-l17413, hier: https://commons.wikimedia.org/wiki/File:Franz_Liszt_von_Friedrich_Hertel,_Weimar_1876.jpg

204 Amfortas, Druck von Rogelio de Egusquiza, 1894, Rijksmuseum, RP-P-1902-A-22889, http://hdl.handle.net/10934/RM0001.COLLECT.107697, hier: https://commons.wikimedia.org/wiki/File:Amfortas,_RP-P-1902-A-22889.jpg

206 Ludwig Börne (1786–1837), Lithographie von Eduard Kaiser, um 1830, https://commons.wikimedia.org/wiki/File:Ludwig_B%C3%B6rne_Litho.jpg

208 Siegfried Wagner and his family, on page 60 of the December 1922 Shadowland, December 1922, https://commons.wikimedia.org/wiki/File:Siegfried_Wagner_%26_Family_-_Dec_1922_Shadowland.jpg

209 The former Metropolitan Opera House (39th St) in New York City., 28. November 1937, U.S. Information Agency. https://commons.wikimedia.org/wiki/File:Metropolitan_opera_1937.jpg

210 Thomas Mann, Princeton, 1939, Conferencia dictada a los estudiantes de la Universidad de Princeton (USA) el 10 de mayo de 1939, aus: http://www.adamar.org/ivepoca/node/36, hier: https://commons.wikimedia.org/wiki/File:Thomas_Mann_Princeton_1939.jpg

210 Miguel de Cervantes y Saavedra (1547–1641), Juan Martinez de Jáuregui y Aguilar (1583–1641), Real Academia de la Historia, https://commons.wikimedia.org/wiki/File:Cervantes_J%C3%A1uregui.jpg

211 Dante Aligheri, Sandro Botticelli (1445–1510), Bibliothèque et foundation Martin Bodmer (cologny, Suisse), aus: http://www.pileface.com/sollers/article.php3?id_article=312, hier: https://commons.wikimedia.org/wiki/File:Portrait_de_Dante.jpg

213 Thomas Mann, Der Zauberberg. Titelblatt des Erstdrucks, Thomas Mann Sammlung Dr. Haack Leipzig, Foto vom 3. Juni 2008, https://commons.wikimedia.org/wiki/File:1924_Thomas_Mann_Zauberberg_Titelblatt.jpg

218 Michel Foucault for PIFAL Pen on Fabriano, Arturo Espinosa, 1.9.2012, https://commons.wikimedia.org/w/index.php?search=Klaus+Mann&title=Special%3ASearch&go=Go&ns0=1&ns6=1&ns12=1&ns14=1&ns100=1&ns106=1#/media/File:Klaus_Mann.jpg

222 Klaus Mann, Staff sergeant 5th United States Army, Italy 1944, Handschriftenabteilung der Stadtbibliothek München, https://commons.wikimedia.org/wiki/File:Klaus_Mann.jpg

223 Thomas Mann am 14.4.1945, Privatbesitz Rolf Füllmann

223 Thomas Manns Unterschrift, 1929, aus: http://www.havelshouseofhistory.com/Autographs%20of%20Nobel%20Laureates%20in%20Literature%20M-MN.htm, hier: https://commons.wikimedia.org/wiki/File:Thomas_Mann%27s_Signature.jpg

Register

Werkregister

1926. Ein Jahr am Rand der Zeit 185

A
Aida 122
American Central March 208
Annie Hall/Der Stadtneurotiker 11
Antwort an Hans Pfitzner 196
Arbeit am Mythos 150
Aus meinem Leben 64

B
Bahnwärter Thiel 20
Ballade von der Billigung der Welt 114
Before Nightfall 12
Bekenntnisse des Hochstaplers Felix Krull 10, 20, 32, 46, 70, 73, 74, 78, 80, 134ff., 201, 219, 221
Betrachtungen eines Unpolitischen 32, 34, 37, 62, 72, 79, 135, 190, 196, 212
Bilse und ich 87
Bruder Hitler 43, 44, 51
Buch der Kindheit 143
Bulemanns Haus 108

C
Campagne in Frankreich 172

D
Das Eleusische Fest 131
Das Gesetz 49, 50
Das Marmorbild 214
Das Rheingold 92
Death in Venice 11
Der arme Spielmann 22
Der Bajazzo 108, 110
Der Dichter Firdusi 218
Der Erwählte 45
Der Kleiderschrank 212
Der kleine Herr Friedemann 22, 31, 98, 185, 212
Der Mensch im Kosmos 144
Der Mohr von Venedig 148
Der Ring des Nibelungen 48
Der Tod 75
Der Tod in Rom 12
Der Tod in Venedig 11, 22, 48, 56, 73, 74, 80, 82, 83, 139, 140, 141, 147ff., 152, 153, 169, 200, 212, 213, 217
Der Tod in Weimar 12
Der Wille zum Glück 20, 21, 128, 154
Der Zauberberg 12, 75, 112ff., 212, 213, 214, 219, 221
Der Zauberlehrling 199
Des Teufels General 137
Deutsche Ansprache 186
Deutsche Hörer 50
Deutschland. Ein Wintermärchen 51, 137
Dichtung und Wahrheit 64
Die Bakchen 164
Die Betrogene 12, 59, 75
Die Buddenbrooks 21, 22, 40, 85ff., 113, 115, 118, 120, 139, 173, 185, 212
Die Ehe im Übergang 38
Die Geburt der Tragödie aus dem Geiste der Musik 164
Die Götter Griechenlands 131, 122, 153

Die Manns – Ein Jahrhundertroman 12
Die Meistersinger 44, 192, 198, 205
Die Not 206
Die Sendung Moses 51
Die vertauschten Köpfe 44
Doge und Dogaresse 148
Doktor Faustus 52, 54, 57, 70, 75, 78, 79, 210
Don Karlos 175

E
Einführung in den Zauberberg 209ff.
Eleusisches Fest 68
Entstehung des Doktor Faustus 210
Erlebnis und Dichtung 77

F
Fabrikation der Fiktionen 77
Faust 34, 51, 54, 55, 126, 127, 134, 141, 142, 143, 155, 156, 200, 205, 219
Fiorenza 26, 79
Florentinische Nächte 79
Frühlingssturm 168
Fülle des Wohllauts 122
Für das neue Deutschland 61

G
Ganymed 167
Ganymede 12
Gefallen 19
Geisterseher 144, 148
Gesang vom Kindchen 79, 170
Geschichte des Abfalls der vereinigten Niederlande von der spanischen Regierung 175

Geständnisse 51
Gladius Dei 26
Goethe und die Demokratie 65
Götterdämmerung 92, 94
Gregorius 45
Gute Feldpost 62

H
Heinrich Heine, der Gute 79
Herr und Hund 25

J
Joseph und seine Brüder 44, 48, 49, 73, 119, 200, 213
Jugenderinnerungen und Bekenntnisse 82

K
Kaisermarsch 206
Komm in den totgesagten park und schau 128
Königsallee 12
Kosmopolitismus 207
Krieg und Frieden 34
Król Roger 11
Kunstformen der Natur 145

L
Lebensabriss 174
Lehrbücher der Psychoanalyse 198
Leiden und Größe Richard Wagners 195ff.
Leutnant Gustl 53
Lichtgebet 168
Lindenbaum 122
Lob der Vergänglichkeit 11, 145
Lohengrin 23, 109, 199, 204, 209

Lübeck als geistige Lebensform 191
Luischen 25, 80
Luthers Hochzeit 79, 203

M
Mario und der Zauberer 40, 41, 73, 82
Meerfahrt mit Don Quijote 210
Memoiren 89

N
Neunte Symphonie 190
Nietzsches Philosophie im Lichte unserer Erfahrung 164
Novelle 155

O
Ode an die Freude 68

P
Pariser Rechenschaft 34
Parsifal 199, 204, 205, 221
Phantasie über Goethe 54, 64, 72
Polonia 208

R
Rheingold 128, 200, 203
Ring des Nibelungen 200
Romeo und Julia 105

S
Schwere Stunde 64
Sie aßen und tranken am Teetisch 89
Stechlin 127
Stellung des Menschen im Kosmos 144
Suddenly, Last Summer / Plötzlich im letzten Sommer 12
Symposion 168

T
Tannhäuser 208, 217
The Comfort of Strangers / Der Trost von Fremden 12
Tobias Mindernickel 25
Tonio Kröger 11, 20, 24, 70, 73, 75, 82, 107, 110, 136, 154, 185
Tristan 28, 75, 167, 203, 204, 214

U
Unbegrenzt 216
Unordnung und frühes Leid 38, 169ff.

V
Venetianische Epigramme 156
Vier Lehrbücher der Psychoanalyse 198
Vom Geist der Medizin 113
Von deutscher Republik 187ff., 196

W
Wälsungenblut 29, 75, 80, 140
Waltenberg 12
Welt-Zivilisation 68
Weshalb ich nicht nach Deutschland zurückkehre 59
West-Östlicher Divan 218
Wie die Alten den Tod gebildet 153
Wie Jappe und Do Escobar sich prügelten 73, 212
Wilhelm Meister 203

Z
Zur Geschichte der Religion und Philosophie in Deutschland 144
Zur jüdischen Frage 71

Personenregister

A
Adenauer, Konrad 9
Adler, Alfred 22
Adorno, Theodor W. 55, 78
Allen, Woody 11
Antonius 163
Aristogeiton 194
Aue, Hartmann von 45
Augustinus 135, 136, 142, 221

B
Baudelaire, Charles 198, 206
Beethoven, Ludwig van 190
Bertram, Ernst 188, 203
Bilse, Fritz Oswald 87
Blüher, Hans 194
Blumenberg, Hans 150
Boccaccio, Giovanni 19
Boetius, Henning 12
Borsche, Dieter 31
Bourdieu, Pierre 81
Bowie, David 182
Brecht, Bertolt 114
Britten, Benjamin 11
Buch, Hans Christoph 12
Butler, Judith 74

C
Carossa, Hans 59
Cervantes, Miguel de 210, 211
Chomeini 124
Corti, Maria 212
Cunningham, Michael 12

D
Dante 211
Darwin, Charles 145
de Gobineau, Arthur 26
Demosthenes 194
Diebold, Bernhard 197
Dilthey, Wilhelm 77
Dostojewski, Fjodor Michailowitsch 33, 66
du Maurier, Daphne 12

E
Ebermayer, Erich 170
Ebers, Georg 45
Ebert, Friedrich 192, 194
Eichendorff, Joseph von 214
Einstein, Carl 77
Eloesser, Arthur 40, 113
Euripides 164

F
Fidus 168
Fontane, Theodor 9, 127
Foucault, Michel 11, 218
Franco 124
Freud, Sigmund 49, 154

G
George, Stefan 128, 154
Gerhardt, Paul 92
Giraldi, Giovanni Batista 148
Goethe, Johann Wolfgang von 10, 12, 19, 47, 48, 63, 90, 108, 131, 134, 142, 143, 153, 155, 156, 167, 172, 190, 199, 200, 202, 203, 205, 209, 218, 219
Grass, Günter 187
Grautorff, Otto 86
Grillparzer, Franz 22
Grimm, Brüder 31
Grimmelshausen, Hans Jakob Christoffel von 143
Groddeck, Georg 198

Gumbrecht, Hans Ulrich 185

H
Hadrian 163
Haeckel, Ernst 23, 135
Hamburger, Käte 48
Harmodius 194
Hauptmann, Gerhart 188, 189
Heine, Heinrich 51, 79, 89, 91, 134, 137, 218
Hesse, Hermann 81, 122
Heydrich, Reinhard 41
Heyse, Paul 82, 83, 144, 149
Hitler, Adolf 41, 43, 44, 50, 51, 62, 71, 196, 208
Hoffmann, E.T.A. 108, 148
Hofmann, Ludwig von 128
Hölderlin, Friedrich 30
Holthusen, Hans Egon 59

I
Ibsen, Henrik 199

J
Jonas, Hans 144
Jünger, Ernst 40

K
Kaddour, Hedi 12
Kerényi, Karl 49, 168
Kittler, Friedrich Adolf 80
Knappertsbusch, Hans 197
Koeppen, Wolfgang 12

L
Lacan, Jacques 162
Lenbach, Franz von 27
Lenin, Wladimir Iljitsch 61
Lessing, Gotthold Ephraim 153
Leuwerik, Ruth 31
Liszt, Franz 203

M
Mahler, Gustav 149
Mahrholz, Werner 62
Makart, Hans 202
Mann Borgese, Elisabeth 12
Mann, Elisabeth 170
Mann, Erika 10, 40, 41, 43, 59, 82, 169, 171, 208, 209
Mann, Golo 41, 49, 59, 170
Mann, Heinrich 26, 32, 34
Mann, Katia 20, 21, 27, 29, 32, 33, 78, 59, 97
Mann, Klaus 39, 40, 169, 170, 172, 181, 222
McCarthy, Joseph 9, 59
McEwan, Ian 12
Meyerbeer, Giacomo 107
Michelangelo 50
Molo, Walter von 59
Mozart, Wolfgang Amadeus 107

N
Napoleon 70, 91
Nietzsche, Friedrich 9, 17, 26, 57, 71, 79, 80, 81, 124, 155, 164, 167, 190, 198, 199
Novalis 190, 192, 193

O
Ovid 161

P
Pfitzner, Hans 197
Philipp II. 175
Pinker, Steven 121
Pleschinski, Hans 12
Pobedonoszew, Konstantin Petrowitsch 66
Poe, Edgar Allan 108

Pringsheim, Katia s. *Mann, Katia*

R
Rainis 46
Roosevelt, Franklin D. 47
Rousseau, Henri 152
Rousseau, Jean-Jacques 66, 90

S
Savonarola 26
Scheler, Max 144
Schiller, Friedrich von 10, 51, 63, 122, 131, 153
Schnitzler, Arthur 53
Schönberg, Arnold 55, 78
Schopenhauer, Arthur 9, 21, 102, 109, 204, 205
Schrader, Paul 12
Schubert, Franz 37, 122
Shakespeare, William 105
Sokrates 190
Spranger, Eduard 191
Storm, Theodor 9, 82, 83, 108
Strauss, Richard 197
Süskind, Wilhelm Emanuel 177
Szymanowski, Karol 11

T
Taylor, Elizabeth 12
Teilhard de Chardin, Pierre 144
Tolstoi, Lew 9, 33, 34, 66
Tschechow, Anton Pawlowitsch 66

V
Verdi, Guiseppe 121
Visconti, Luchino 11

W
Wagner, Friedelind 208, 209
Wagner, Richard 9, 22, 26, 28, 29, 47, 62, 81, 87, 92, 94, 106, 150, 167, 192, 195, 195, 197–208, 217, 220, 221
Walter, Bruno 204
Weber, Max 76
Whitman, Walt 193, 194
Wilhelm II. 30, 31, 37, 192
Williams, Tennessee 12
Witkop, Philipp 83

Z
Zuckmayer, Carl 137

Sachregister

A
Ägypten 45, 46
Amsterdam 102, 195
Apoll 130, 131, 150, 160, 161
Artemis 131
Atombombe 67

B
Bibel 44

C
Ceres 68
Chicago 57

D
Daghestan 112
Darwinismus 124
Dekameron 148
Dionysos 109, 130
Diskurs 218
Düsseldorf 12, 60

E
Europa 36

F
Filmadaption 10, 11, 31
Fin de Siècle 19, 23, 56, 154, 215
Franzosen 34

G
Galizien 113, 124
Gender 24, 25, 26, 120, 136
Gral 117, 222
Gründerzeit 23, 26, 120, 136

H
Hades 141, 152
Hamburg 45, 100
Helios 22
Hermes 48, 80, 140, 150, 151, 152, 165, 167
heteronormativ 126
homme fragile 19
Hyakinthos 161

I
Interdiskursivität 9
Islam 123

J
Jakobiner 120
Jesuiten 123
Jugend 25
Jugendkulturen 169, 170, 173, 179
Jugendstil 150, 166

K
Kemalismus 123
Kultur 9, 10, 32, 36, 37, 46, 52, 61, 63, 67, 69, 70, 71, 72, 73, 81, 136, 153, 165, 167, 185, 189, 194, 212

L
Lemberg 28
Leto 131
Lübeck 45, 76, 85–111, 212

M
Makrotext 212
Märchenseele 33, 37, 43, 54, 57, 68
Mengstraße 95
Mithras 80
Moses 49–51
München 13, 26 f., 41 f., 45, 83, 103 f., 149 f., 195, 197, 204
Mythos 46

N

Narcissus 162
Nationalsozialismus 67
Naturalismus 19
neoaristotelisch 149
Nervenkunst 22, 90
Neuklassik 148
Novelle 19

O

Osmanisches Reich 123

P

Pacific Palisades 13
Palestrina 86
Parze 104
Philomele 131
Pietismus 102
Prag 65
Princeton University 82, 209
Prix Goncourt 12
Psychoanalyse 154, 198
Python 130

Q

Queerness 73

R

Reformation 57
Regenstauf 29
Renaissance 9, 21, 26 f., 50, 56, 79
Riga 95
Risorgimento 120
Rom 12, 21, 22, 50, 86
Russland 33, 100

S

Sanary sur Mer 41
Schloss Benrath 12, 60
Schweiz 41, 43, 58 f., 80, 94, 112–132, 192, 197, 208, 209, 214 f., 217
sensus allegoricus 219
sensus litteralis 219
Simplicissimus 25

T

Technologien des Selbst 117
Todesstrafe 34
Transkulturalität 10, 70, 182
Trevibrunnen 21

U

Unitarismus 145

V

Valparaíso 90
Vormärz 99

W

Weimarer Republik 62
Weltliteratur 9, 10, 148, 210, 219
Weltzivilisation 10, 11, 69, 119
wilhelminisch 19

Z

Zeus 167
Zivilisation 32, 34–36, 51, 66, 72, 121, 131f, 134, 164, 212

Bisher erschienen

268 Seiten , 14,90 €
Paperback 17 x 17 cm
ISBN 978-3-8288-2924-4

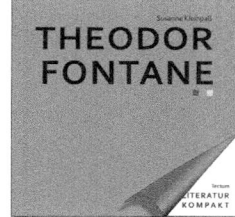

240 Seiten, 14,90 €
Paperback 17 x 17 cm
ISBN 978-3-8288-2925-1

240 Seiten, 14,90 €
Paperback 17 x 17 cm
ISBN 978-3-8288-2969-5

192 Seiten, 14,90 €
Paperback 17 x 17 cm
ISBN 978-3-8288-2970-1

270 Seiten, 14,90 €
Paperback 17 x 17 cm
ISBN 978-3-8288-3118-6

224 Seiten, 14,90 €
Paperback 17 x 17 cm
ISBN 978-3-8288-3119-3

270 Seiten, 14,90 €
Paperback 17 x 17 cm
ISBN 978-3-8288-3291-6

224 Seiten, 14,90 €
Paperback 17 x 17 cm
ISBN 978-3-8288-3327-2

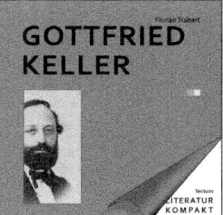

208 Seiten, 14,90 €
Paperback 17 x 17 cm
ISBN 978-3-8288-3486-6

Bisher erschienen/ erscheint demnächst

208 Seiten, 14,90 €
Paperback 17 x 17 cm
ISBN 978-3-8288-3531-3

216 Seiten, 14,90 €
Paperback 17 x 17 cm
ISBN 978-3-8288-3758-4

240 Seiten, 14,90 €
Paperback 17 x 17 cm
ISBN 978-3-8288-3908-3

252 Seiten, 14,90 €
Paperback 17 x 17 cm
ISBN 978-3-8288-4016-4

252 Seiten, 14,90 €
Paperback 17 x 17 cm
ISBN 978-3-8288-4208-3

216 Seiten, 14,90 €
Paperback 17 x 17 cm
ISBN 978-3-8288-4228-1

228 Seiten, 14,90 €
Paperback 17 x 17 cm
ISBN 978-3-8288-4448-3

306 Seiten, 14,90 €
Paperback 17 x 17 cm
ISBN 978-3-8288-4449-0

258 Seiten, 14,90 €
Paperback 17 x 17 cm
ISBN 978-3-8288-4467-4